U0806624

青鸟新知

青鸟
新知

大自然的收藏家

詹姆斯·索尔比的艺术人生

〔英〕保罗·亨德森 — 著
赵婕 — 译
周伟 — 审订

江苏凤凰科学技术出版社 · 南京

图书在版编目（CIP）数据

大自然的收藏家 ： 詹姆斯·索尔比的艺术人生 / （英）保罗·亨德森著 ； 赵婕译. -- 南京 ： 江苏凤凰科学技术出版社， 2025. 3. -- ISBN 978-7-5713-4786-4

Ⅰ. K835.616.15

中国国家版本馆CIP数据核字第20249DZ395号

James Sowerby The Enlightenment's Natural Historian

© The Board of Trustees of the Royal Botanic Gardens, Kew

Illustrations © The Board of Trustees of the Royal Botanic Gardens, Kew or The Trustees of the Natural History Museum, London, unless otherwise indicated.

Text © Paul Henderson

Simplified Chinese Language Translation copyright © 2024 by Phoenix Science Press, Ltd.

江苏省版权局著作合同登记图字：10-2023-297号

大自然的收藏家 詹姆斯·索尔比的艺术人生

著　　者	〔英〕保罗·亨德森
译　　者	赵　婕
审　　订	周　伟
总 策 划	傅　梅
策　　划	陈卫春　王　崇
责任编辑	钱馨平　吴　杨
责任设计编辑	蒋佳佳
责任校对	仲　敏
责任监制	刘　钧
出版发行	江苏凤凰科学技术出版社
出版社地址	南京市湖南路1号A楼，邮编：210009
编读信箱	skkjzx@163.com
照　　排	江苏凤凰制版有限公司
印　　刷	南京新洲印刷有限公司
开　　本	718 mm×1 000 mm　1/16
印　　张	21
插　　页	4
字　　数	330 000
版　　次	2025年3月第1版
印　　次	2025年3月第1次印刷
标准书号	ISBN 978-7-5713-4786-4
定　　价	108.00元

图书如有印装质量问题，可随时向我社印务部调换。联系电话：025-83657629

目录

CONTENTS

Oct 1 1814 published by Jas. Sowerby London.

致谢

研究并撰写关于詹姆斯·索尔比的故事是快乐的，在这一过程中我得到了很多来自朋友、同事和各界人士的慷慨分享。他们的见解、知识和观点让我的写作得到了有效提升。我对他们深表谢意。本项目的启动，最大的动力来源是罗恩·克利夫利显赫的学术成就。没有他早期的出版物和后续的关注，我的任务将更加艰巨。

“索尔比的世界”覆盖了如此之多的博物学知识。如果没有那些比我知识更加渊博的人们慷慨给予的建议和直言不讳的批评，我无法完成这项任务。感谢来自伦敦自然博物馆的多位同事：查理·贾维斯在植物学和评论方面的帮助，特别是关于林奈和历史方面的问题；狄克·范·赖特关于昆虫学细节和历史的建议；克里斯·斯坦利关于矿物学和颜色的指导；艾伦·哈特和彼得·坦迪关于矿物标本的支持；萨拉·罗素和卡罗琳·史密斯关于陨石的研究；杰夫·博克谢尔对寄生虫的研究；佐伊·休斯和诺埃尔·莫里斯对索尔比化石标本的研究；马克·斯宾塞对索尔比植物标本的研究；霍尔格·图斯对索尔比真菌模型的研究等。

我曾与斯蒂芬·哈里斯（牛津大学植物科学部）、萨拉·沃特金森（牛津大学植物科学部）以及保罗·坎农（英国皇家植物园邱园）就真菌学和木腐病进行过多次富有成效的讨论，并与汤姆·肯内特（林奈学会）进行过探讨。非常感谢他们对初稿部分的建设性评价（其他所有错误完全是我个人的责任）。休·托伦斯（基尔大学）对早期科学社团的研究、已故的科林·皮林格（开放大学）对陨石学历史的研究，以及保罗·史密斯（牛津大学）对索尔比鲸鱼的研究，都给我提供了有力的帮助。

这个研究项目让我走遍了英国各大图书馆和其他需要造访的地方。自然博物馆精美的索尔比标本、手稿和书籍收藏，是一套极其丰富的材料；图书馆的工作人员也对我的研究工作给予了极为有用的协助。作出贡献的人数众多，我特别要感谢安德烈亚·哈特，是他引起了我对植物艺术作品的关注并给予建议。此外，非常感谢海伦·佩瑟斯持续的关注、提问和支持。英国皇家植物园邱园和林奈学会——这两个与索尔比相关、材料丰富的机构为我提供了很多帮助和有价值的研究。特别感谢英国皇家植物园邱园的克里斯·米尔斯和琳恩·帕克，以及林奈学会的伊莲娜·查尔瓦特和吉娜·道格拉斯。同时，也感谢为我提供重要信息的众多图书馆，包括布里斯托尔大学图书馆、英国图书馆、康沃尔档案办公室、伦敦地质学会图书馆、霍尼曼博物馆图书馆、牛津大学图书馆、皇家园艺学会林德利图书馆、皇家学会图书馆和伦敦大学学院图书馆等。

感谢圣彼得堡的国家艾尔米塔什博物馆向我开放了访问其宝贵材料的权限。感谢皇家园艺学会、林奈学会和牛津大学自然博物馆，在提供可出版图像方面，为我提供了大力支持。感谢英国皇家植物园邱园和伦敦自然博物馆的出版团队，给予了我热情的关心与帮助。

^ 树胶桉（*Eucalyptus resinifera*）

在过去几年的研究和写作过程中，许多朋友和家庭成员都对我的研究表现出了强烈的兴趣和鼎力的支持，包括我的妻子伊丽莎白和女儿劳拉在内的很多人，都为我提供了有益的建议；还有迈克尔·文宁，他在摄影方面也为我提供了许多帮助。

我希望所有以各种方式为本项目作出贡献的人，都能从最终的出版成果中获得一定的满足感。

序章

1805 年 2 月，英格兰北部，安普敦附近的达灵顿，有一位地位显赫的绅士——约翰·霍金斯先生。他曾是一名旅行者，熟知植物学和矿物学，并且刚刚给诺里奇的另一位绅士——林奈学会会长詹姆斯·史密斯博士写完一封信。[1]霍金斯感到很焦虑，他希望得到一些认同。他写道：

“您说，许多重要人物可能去找索尔比先生，但他们会去两次吗？这些人通常也会去找怀特先生。一位是住在远郊的雕版师，另一位是住在城市最繁华地段的书商，是公认的书籍库存量最大的人，而且专门经营博物学类的作品。那我们在决定找谁时还会犹豫不决吗？”

索尔比先生是谁？霍金斯和史密斯为何还能为他而发生争论？他有那么值得关注吗？另外，为什么“重要人物”都会去他家？

詹姆斯·索尔比并非一位“绅士”，也没有受雇于任何人。他是一个有目标，并且对目标有着强烈献身精神的工匠。正如霍金斯所说的，他是位雕版师。但他不仅仅是一位雕版师，他是一个有目标，并且对目标有着强烈献身精神的工匠。他不仅是一位艺术家，还是一位博物学方面的科学家、作者，一位极富创造力的父亲。此外，他还是林奈学会的活跃会员、出版人，而且还从事经商活动。霍金斯在他的短篇文章中贬低了他，但霍金斯是位绅士，并非所有的绅士都情愿与工匠打交道，尤其是当他们没有保持自己的社会地位时。[2]此外，索尔比不符合他习惯或期望的任何样子，他需要制订清晰确定的决策，才能感到安心。索尔比还有一种特别烦人的习

对文本的注释和引文从第 300 页开始列举。
* 来自信件等的摘录按照原样抄写，如存在拼写、语法或其他错误未进行更正。

^ 0/1《希腊植物志》第一卷扉页。此图为希腊的帕纳索斯山。

惯——坚持为自己辩护。

霍金斯是一个诚实正直、具有强烈责任感的人，这些特质对他作为牛津大学植物学教授、斯宾索普博士遗嘱执行者的角色至关重要，他的特别任务是将斯宾索普博士的慷慨捐赠翻译成精美的《希腊植物志》。[3]

这部作品的基石是斯宾索普和霍金斯的旅行以及他们所携带的三千多种标本。这些标本还附带了备受赞誉的植物艺术家费迪南德·鲍尔的画作和草图。这个任务并不像看起来那么简单——整个项目要花费 30 年以上的时间，分期发布，成本会超过三万英镑。值得一提的是，《希腊植物志》后来被描述为所有植物学作品中最稀有、最美丽的一部，无论是插图还是排版都是如此。[4]它的精美程度超过了它的实用性。

这个项目展现了不同个体角色独特又有趣的光辉，以及 18、19 世纪之交博物学的运作。霍金斯写给史密斯的信只是关于他处理《希腊植物志》第一部分的生产和销售的繁琐行政事务时写的诸多信件之一。信中表明，他并不想牵扯到索尔比。但是，他却越来越认识到索尔比对《希腊植物志》项目的重要贡献。关于这件事是怎么发生的，我们将在后面讲述“索尔比为了加入另一项重大工作的艰巨任务”时，回到这个问题上。

这本书讲述了一个了不起的人物故事。他在科学兴趣的广度上十分独特，并且成功对这些兴趣加以应用；他的学习欲望始终如一，热衷于广泛的知识传授；同时他还自己做研究员、作家、插图画家、教师、出版商和书商……他创作的作品数量极多、创新性极强、质量极高、影响力极大；他还将自己的孩子培养为成功的博物学家。同时，这还是一个谦逊的、自力更生的人物故事，他宁可避免与家庭之外的其他人产生接触，静静地表达着他对上帝自然恩赐的信仰和尊重。此外，尽管他的社会地位相对较低，但他仍然坚定地展现着他真正的价值。

霍金斯和索尔比同在一个热衷于博物学研究的社会小团体中进行活动，这个团体在很大程度上，避免了其他人可能面临的诸多紧迫性的问题。18 世纪的这些活动有着不同但相互交织的脉络，比如草药和医学书籍由药剂师和医生撰写，旨在展示哪些植物和自然中的其他物质能够有益于健康并且治疗疾病；由兼有其他职业的、热衷植物学的人编写本地和区域性植物志，来帮助人们欣赏他们自己环境的价值；拥有足够财富和时间的人，能够通过他们的藏品柜和著作，来积极地传播知识。这是一个收集、编纂、观察和分类的时代。[5] 收集需要到本地或更远的地方考察，并通过一群志同道合的好友关系网分享成果。其中大多数人是业余爱好者，但他们想要看到异国情调的欲望被文化上的追求激发出来。绅士们的重要旅行，如到欧洲的主要中心或地区，以及较少见但非常重要的航行，如詹姆斯·库克 1768—1771 年的太平洋、塔希提、新西兰及更远地方的航行。游记、独特的标本和美丽的艺术品激发了人们的想象力，促使人们来共同参与这个启发心灵的过程。

参与其中是文化生活的一部分，也是获得地位的一种方式。当富裕阶层的职业范围有限时，它能够给人一种目标感，并留给后人许多印刷十分精美的、带有插图的书籍。

通过他们的观念和扶持，大家推动了这个项目的进程。这里的关键人物是约瑟夫·班克斯，他作为库克首次航行中的成功角色而享有盛誉。他是英国皇家学会的主席，用他的权力和财富鼓励着其他人建立联系，并创建了他自己的植物标本研究室。他的影响力已经扩展到了乔治三世国王和夏洛特王后，并促成了英国皇家植物园邱园（以下简称为“邱园”）的建立。由著名的瑞典科学家卡尔·林奈设计和建立的植物分类系统是另一个刺激性因素。[6]它的优点在于实用简洁，以至于几乎所有人都可以用它来进行植物识别。人们希望植物和化石的艺术描绘、命名和描述能够具有准确性。否则，他们如何才能得知是否拥有一些稀有、独特或特别有趣的东西呢？艺术家的技巧常常是其中的关键。

采矿和矿石的使用，为工业发展和出口提供了动力，促进了矿物和岩石的收集工作。虽然不像生物领域那样拥有众多的追随者，但那些参与其中的人，特别是那些生活在矿区内，或邻近采矿区的人，制作了重要的收藏品，并参与了交流和写作。这项活动既时髦又备受尊重。人们将这个兴趣与博物学的其他领域相结合，索尔比就是其中之一。[7]

矿物学追求者得到了手册、要点、指南以及有关分析指示方面的协助，这些都是由受人尊敬的作者所撰写的。[8]收藏家们热衷于设立自己的小型分析工作室，并尝试在使用化学喷灯的同时成为专家。索尔比也做了同样的事情，他甚至走得更远——与英国皇家学会的汉弗莱·戴维和迈克尔·法拉第进行化学方面的合作。矿物的分类和分析是一类常见的实验，索尔比和他的儿子们也参与其中。

收藏家们也因优秀的矿石、化石交易商的存在而备受鼓舞。不可避免的是，收集、运输、存储和展示矿石标本，往往比植物标本更加容易。交易商通常能够从海外获得更好、更有趣的同种类矿物，即使需要花费一大笔钱，也能大幅提升他们收藏品的视觉奇观。

许多人对源起的探索、地质过程、矿石用途，都并不是那么感兴趣，但他们被各种材料的多样性深深吸引着，并被所有真正的收藏家内心的激情打动着，无论他们收藏的是什么。

除一些大学和植物园外，很少有非常合适的机构成为人们研究博物学的聚集地。这些机构的成员大多是业余爱好者，包括当时的贵族、地主、神职人员和园丁。他们相互帮助，从而获取建议、样本、信息，以及相互鉴定，交换样本或提供简单设备。寄送邮件是他们主要的交流手段。然而想要进入这个交际网络并不容易。

寄一封自我介绍信，陈述你能够提供的必要支持，都不一定有效。如果你足够幸运，有不错的人际关系网，你就可能通过推荐或介绍获得进入的机会。

约瑟夫·班克斯就掌握了一些特别的关系网，对其加以利用，来影响这个交际网的联络并参与各项活动。詹姆斯·索尔比稳步融入了多个关系网，因为班克斯对他非常看好，所以这也成为他的一大优势。

各个学会的建立，大大地改善了沟通效率。为研究和传播博物学知识，1788 年创立的林奈学会就显得尤为重要；1807 年伦敦地质学会的创立也同样关键。索尔比被遴选为这两个学会的早期成员。当时能有机会去伦敦的会员们，就可以聚会讨论他们的研究，并听取论文的报告。虽然也可以通过人际关系来得到机会，但渴望参与的人首先必须在相关领域展现出足够的知识储备和活动能力，才能被选中。这些学会，特别是英国皇家学会的会员资格，都是声望很高的象征。工匠通常需要作为艺术家与博物学家的集大成者，才有资格成为会员。

博物学家除了自身需要广泛的知识储备和对自然深刻的理解，大多数的时候，还要看学术论文、书籍或定期出版的纸质期刊。作者们既然将作品寄送给行家，也希望借此增光。如果他们的书中有插图，这些书就可能非常昂贵，并且限量生产，而且通常是通过订阅的方式才能获得。因此，这些书籍的获取渠道通常严重受限。威廉·柯蒂斯是索尔比早期的雇主。事实上，詹姆斯·索尔比本人就是改变这种做法的先驱者之一。他们非常重视书籍的易获取性，即使是部分基于收入的需要。他们都热衷于创新、教学，并在其各自的专业领域中鼓舞他人。他们有人修建了花园，也有人创立了博物馆。他们不断努力并最终成为了榜样，但取得榜样的地位却并不容易。

对知识和文化的渴望，当然并不仅限于博物学和其他科学。人们会因广泛的文化原因而出门旅行。人们对许多主题的绘画和版画的热情都很高，而且不仅限于人物肖像、历史事件或美丽的花朵。绘画也是当时女士们喜爱的高雅活动——无论是画风景、植物，还是家庭成员。英格兰的人口正在增长，一切都在欣欣向荣。人们从工业革命和在那个时期的新发现中感受到了兴奋。1769 年英国皇家学院的创立，以及 30 年后英国皇家学会的创立，都帮助了许多参加他们的展览或讲座的人们，满足了他们对知识的渴望。艺术、哲学甚至是本地科学或艺术团体都如雨后春笋纷纷开始建立。文化，蓬勃发展；启蒙，触手可得。

让我们回到霍金斯写给史密斯的信，这封信开启了本篇序言，也提出了一个问题：重要的人会去索尔比先生的家两次吗？答案肯定是“会的”——而且绝对不止两次。不仅仅是贵族们，还有来自社会各个阶层和行业的人们。霍金斯信中，位于“郊区偏远位置”的兰贝斯，对他们来说并没有构成阻碍。他们是为了带来或交换样本、讨论植物知识、学习绘画或使用颜色的课程才到那里去，参观他的博物馆、购买他的各种出版物或艺术作品，并为他们自己的出版物寻求相关帮助。他在兰贝斯的房子是一个卓越人际网络的中枢，这个网络延伸到了英国的许多地方，有时甚至更远，尽管那时候，通信和旅行存在很大的困难。索尔比所取得的成功部分归因于他愿意适应环境、乐于助人、富有同情心，有时甚至愿意受一些委屈。他可以卑微求人，以期他人能够帮上大忙。但是，他始终都是为了科学，愿意成为一个创新者和实验者。在人们渴望了解自然世界知识的背景下，他对于做什么能成功，有着敏锐的眼光。他也很幸运，因为妻子和几个孩子都对他的目标给予了大力支持。索尔比构建了一个非同寻常的科学模型，并给我们留下了优秀且历久弥新的文化遗产。

由 L. 赫菲于 1816 年 5 月绘制。　　由 J. C. 爱德华兹雕刻。

詹姆斯·索尔比 —— 林奈学会会员、伦敦地质学会会员等

生于 :1757 年 3 月 21 日，卒于 :1822 年 10 月 25 日

第一章
风雨飘摇的开始

詹姆斯·索尔比于1757年3月21日出生于伦敦弗利特街旁边的博尔特因通巷2号。他的家庭人数并不多，有三个哥哥和两个姐姐迎接他。

他的大哥约翰，当时十一岁，下面还有一个姐姐和两个小一点的哥哥。家里之前还生了一个男孩，但在婴儿期就夭折了，两个小哥哥也去世得很早。他的父亲约翰·索尔比，是一个成功的宝石打磨工；他的母亲是阿拉贝拉·古德里德。

詹姆斯出生的时候，他的父母都还并不算年迈——约翰39岁，阿拉贝拉32岁。但他父亲在他9岁的时候就去世了，这对詹姆斯的人生产生了极为重大的影响。[1]

当时，家族的宝石切割和打磨生意依然兴旺。约翰足够自信地认为他的儿子对岩石和矿物，以及对珠宝有着浓厚的兴趣，于是他决定让索尔比的哥哥在15岁时去当七年的学徒。这份学徒契约签订于1761年4月1日，直到现在还保存着。上面有那个时代通常会出现的契约限制，比如："他不得犯奸淫之罪。不得玩牌、骰子、桌游或其他非法游戏。不得出入酒馆或剧院。"[2]

< 1/1 詹姆斯·索尔比。由 J. C. 爱德华兹根据詹姆斯·赫菲 1816 年作品雕刻。

约翰除优秀父亲的身份之外，还是一个备受尊敬的商人、伦敦市拥有公民权的自由人，同时，他还是礼品商公会的成员。

对于詹姆斯而言，一个看似充满希望和安全的未来，似乎就在前方向他招手。

如果家庭住所的环境是宜人的，那么它的位置对于商务和人脉也将是非常有利的。博尔特因通巷紧邻博尔特通院，其南端有一个繁忙的客栈，很多马车从这里出发前往英格兰南部和威尔士各地，如赫里福德、巴斯、多佛、奇切斯特和阿伯里斯特威等。[3] 这里对于路过的客户以及经常光顾的顾客或参观者来说潜力巨大。他们来弗利特街可能是为这里的各行各业、商店、居民、餐饮场所甚至是蜡像馆而来。这里的行业繁多，形成了出版商、书商、银行、金匠、制鞋商和吊灯制造商等丰富多彩的综合体，而客栈、酒馆和咖啡馆也颇受欢迎。萨尔蒙夫人的蜡像馆提供了与众不同的娱乐方式，它以展示国王和王后而闻名，最初以一些极为逼真的细节制作，比如查尔斯一世站在刽子手的绞刑台上；或者展示不寻常和难以置信的场景，如赫宁伯格伯爵夫人玛格丽特，她躺在床上一次生下了 364 个孩子，其中几个模型还为可动部件。[4] 这个地方的一些商人也颇为有名，比如威廉·帕克，他接到了为 1771 年开业的巴斯会议厅茶室制作吊灯的委托，后来还为他们的舞厅制作了吊灯。[5] 巷子中的霍尔银行至今仍作为私人存款银行运营着。[6]

弗利特街是一条十分难闻、嘈杂、拥挤的街道，而且满是马车和货车，拥挤的交通让这里充满安全隐患。直到 1766 年，这里才铺设了人行道。在其东端是弗利特街监狱。这座阴暗、几乎没有窗户的建筑位于弗利特溪东侧，主要关押着债务人，即使他们在其他方面可能是正派的，但作为囚犯，他们遭受的待遇也十分恶劣。[7] 然而所有这些并没有阻止这条街成为一片受人欢迎的居住区，附近的法院和小巷建有较好的住宅。来这里的人们普遍都更喜欢咖啡馆文化，而不是伦敦广场那种更加安静、高雅的环境。这里还有一个很受人欢迎的原因，就是有很多名声显赫的人住在这里，人们以此为激励，也希望试图为自己带来一些声誉。塞缪尔·约翰逊在弗利特街及其周边居住了很多年，他人生的最后几年（1776—1784 年）是在博尔特法院度过的。旅行家托马斯·佩南特以其极为独特的风格，在他的著作《伦敦纪事》中提到了他："我绝不能忽略了博尔特法院，这里是塞缪尔·约翰逊博士长期居住的地方。他天赋极高、博学多识、记忆力超群，并且深具虔诚和道德之心。但同时，他也有很多弱点和偏见，他的朋友们善意地揭示了他的这些弱点。"[8]

博尔特法院仍然位于弗利特街北侧，但几乎与其相对的博尔特因通巷却已经不复存在了。[9] 詹姆斯·索尔比有很多机会能够在相当多的场合见到约翰逊，他可能还看到过詹姆斯·博斯韦尔陪同他进入米特酒馆——这是约翰逊最喜欢的去处之一。1776 年，詹姆斯·索尔比曾是约翰逊在博尔特法院的邻居，但他很快就认识了另一个人——莱特森博士，他是一位贵格会成员，也是伦敦最受欢迎的医生之一。同时，他也是一位颇有影响力的绅士。莱特森很快成了索尔比早期的支持者之一。

当时的弗利特街靠近伦敦地理位置的中心。向北、向东或向西直线行走两千米，就足以离开城市的大部分地区，而南面的泰晤士河则形成了一道自然屏障。因兰贝斯宫、木材厂和其他工业建筑占据了整个南岸，向南的发展即将全面启动。弗利特街及其旁边的小巷和兰贝斯将在詹姆斯的生活中起到至关重要的作用。

詹姆斯·索尔比是个活泼而富有创新精神的男孩，即使在艰难的环境中，他也能照顾好自己，并能很好地利用一切资源。这些优点在他父亲早逝后，对他极有帮助。当时詹姆斯只有 9 岁，而他的哥哥约翰也才刚刚成年。他没有完成学徒应有的七年训练，而只是训练了不到五年。由于父亲约翰没有其他的商业合作伙伴或同事，导致家族企业突然没有了生存技能和经验。现在必须依靠儿子约翰所学到的有限技能，以及多年积累的宝石和岩石库存来谋生。

詹姆斯被送到学校读书，部分原因是为了打好拉丁语和法语的基础，这是受过良好教育的人必备的技能。[10] 尽管拼写不是他的强项，但他学得也相当不错。并且他还在后来的生活中，很好地利用了所学的法语写作技巧。当时学术出版物从拉丁语转向英语的普遍趋势意味着，虽然詹姆斯能够阅读拉丁文，但他很少书写这种语言。

他并不是最用功的学生，但他所受的教育和早年的生活经历给了他良好的价值观、文学鉴赏能力和对自然世界的认知。通过制作艺术性的剪纸、小雕像、微缩模型、盔甲人偶、船头模型雕刻和各种其他玩具，并为自己和母亲的朋友们绘制彩色的素描，他的创造力可以得到自由的表达。通过出售部分素描作品，他赚到了足够的钱来支持他日益增长的艺术兴趣，甚至能够帮助维持他的家庭生活开支。[11]

^ 1/2 奎伯龙湾战役，1759 年 11 月 21 日：战后第二天。理查德·赖特于 1760 年创作的油画。这场战役是七年战争（1756—1763 年）中一次重要的海战。图片来源：英国国家海事博物馆。

詹姆斯不想继续从事宝石加工行业。他的家人通过朋友和家庭的人脉关系，筹集到了足够的资金，让 14 岁的詹姆斯成为艺术家理查德·赖特的学徒，为期七年。这笔学费的金额是100英镑，相当于普通牧师年收入的一大部分。这确实是一桩严肃的生意，不仅因为学费不菲，艺术家也是大名鼎鼎。赖特在 1759 年前后从利物浦来到伦敦，拥有海洋画家的身份，并且已经小有名气。他在 1764 年伦敦的艺术、制造和商业鼓励协会举办的首次海洋画比赛中就赢得了一等奖。他获得了 30 枚金银币，声誉也由此而迅速提升。此后，他还通过这个协会赢得了更多的奖项，同时通过一个“另类”团体——大不列颠艺术家协会（该组织于 1768 年成为皇家艺术学院）成功展出。他是一个举止粗鲁的顾家男人，拥有显赫的职业成果，能够与皇室、贵族以及购买版画的公众建立良好且可商业化运作的各种联系。[12]

赖特的画布主题以海洋为主。不过，他也将画笔用于月光下的风景和山水画。沙场英雄、旋转的黑白云、炮火、鼓起的帆和海上的浪花，均成为历史海战或描绘夏洛特女王在暴风雨中航行的必要元素。这些画作都通过戏剧性和情感的表达，以激发强烈的民族自豪感，增强对国王的忠诚，并提醒城市居民，意识到大自然的强大威力。如果说海洋画在美术领域的排名并不算靠前，那么它肯定在流行领域占有一席之地。[13]

因此在 1771 年，詹姆斯在一位德高望重的大师门下成了学徒，但大师的才华与名声却跟詹姆斯所期望的领域大相径庭。詹姆斯注重细节、精致和相对较小的规模；而赖特则擅长大幅面和具有动感的作品。赖特是一个居家好男人，拥有稳定的生意，还有妻子和孩子，他们在父亲的帮助下，也正在成长为独立的艺术家。赖特真的是一个最好的选择吗？他确实拥有广泛的人脉和志同道合的朋友，包括乔治·斯图布斯，这位著名的马匹和动物画家。詹姆斯有充分的理由希望进入这个圈子。他还应该可以学习新技巧，以在初出茅庐的阶段拓宽作品的范围。但在一个对植物画、肖像和微型画等细节性作品具有高度鉴赏和需求的世界里，这个师生组合似乎显得有点奇怪，如果质量上乘，需求则可能是无穷的。詹姆斯的支持者一定在想，这样能否取得成功。

从某种意义上来讲，他们是不必担心的。詹姆斯的主动性十分突出，他非常清楚地理解金钱的价值。他现在处于良好的工作环境当中，环绕着一个温暖的家庭。他热爱他的工作，并且能够为自己的目的来尽量作出调整。他所拥有的技能用来为赖特的原创作品增加细节，比如人物和动物，并且还能以相当高的质量和准确性，来复制其他画家和自家大师的作品——这些作品都拥有现成的市场。在空闲时间，赖特就允许他绘制自己想作的画，并创作个人作品集。仅在成为学徒的三年后，即1774 年，詹姆斯就在艺术家协会展出了他的画作《视觉欺骗》（*A Deceptio Visus*）。他拥有属于自己的艺术独立性，但这个标题并没有透露他是如何对其加以使用的。[14]

时间流逝，工作继续，赖特虽然能够养家糊口，但他没有因此而变得富有。为了维持理想的生活水平，艺术家必须保持良好的销售产出。然而，时尚风向可能会发生变化，画作委托也可能会减少。然后还有一些问题，比如导师的健康状况不佳甚至去世。这是一个可能会出人意料地使学徒期提前结束的严重因素。

詹姆斯现在就经历了类似的事件，就像他的哥哥约翰 9 年前所经历的那样。赖特中风了，尽管他通过教导和指引学生，还能进行一些艺术创作，但这种状况并没有持续很久。赖特最后一次展出作品是在 1773 年，1775 年夏天他就去世了。[15]尽管他的孩子们还在继续作画并展出他们的作品，但却并不足以为詹姆斯提供他所需的任何支持。因此，他不得不离开皮姆利科，而最终回到弗利特街的家。

詹姆斯对自己的境遇感到十分沮丧。他知道自己拥有一技之长，就是能够时不时去展示和出售自己的作品。但他还没有准备好成为一个足够称职的专业人士，从而维持独立的生活。再次无法完成学徒期的失败加剧了他沮丧的心情。这一次是在伦敦一位颇有名气的画家威廉·霍奇斯门下——他给了詹姆斯试用的机会。霍奇斯还没有结婚，他近期刚从詹姆斯·库克的第二次南太平洋航行（1772—1775年）返回。他是此次航行的官方画家，为人物和风景制作素描和绘画。他很快就参与到了检查和组织库克航行官方史料插图的雕刻工作当中。他没有真正获得一份稳定的专业工作，而这种情况在一段时间内一直困扰着他，所以一个未经训练的助手或学徒，对他而言可能更是麻烦，而非帮助。詹姆斯之前是在一个和谐多产的家庭环境中工作。而现在，他基本上是自己一个人与大师和来访的雕版师，在完全不符合他期望和标准的环境——肮脏的画室中工作，还要忍受难以下咽的伙食。[16]因此，他很快就决定要离开。

现在他下定决心要回博尔特因通巷的家，那里有一种自由的氛围，但同时也有新的责任。因为家庭无法再继续支持他，他必须得依靠自己，并且要鼓起十分的干劲儿。1776 年，他在艺术家协会展出了三幅画作：一幅风景画、一艘着火的船和一条鱼——这些主题与他喜爱的内容或所学的技能交相呼应。

他还很快就开始了肖像画、微型画和复制画的绘制，从而一边发展自己的技能，一边赚取所需的生活费。《每日新闻》注意到了他展出作品的质量。他的声誉也在通过雇佣作画逐步建立，同时加大了对他创作的艺术种类的需求。[17]但是，对于像詹姆斯这样一位即将开始职业生涯，却又没有赞助人的年轻人来说，他下一步最好的选择会是什么呢？在汉诺威时代的伦敦，还是其他地方？……会有什么样的机会在等待着他呢？

社会和工作条件中的作家对人们所在的社会等级进行了有理有据的划分。

其中，“下层阶级”位于绅士、神职人员和商人所在的阶层之下，他们的行业范围从手艺工匠和小商贩，到流浪者、乞丐和贫困人群。[18]虽然可以说，索尔比的家庭在“下层阶级”中处于较高的地位，但即使在保持良好健康状态的情况下，也并不意味着生活一定能过得舒适、稳定。作为一名熟练的工匠，如果詹姆斯想在艺术生涯中获得一定的稳定性，他就需要找一份稳定的工作，比如，作为一个熟练工种，或者因为拥有足够高的声望，从而能够在来来往往的客户群体中赚取佣金。但由于詹姆斯自身的性格和当时的环境，导致产生了完全不同的结果。

一位名叫威廉·柯蒂斯的红脸绅士，已经为很多人所熟知。他个子矮小、精力充沛，性情善良温和，并对博物学（特别是植物学）十分热爱。他曾是一名药剂师，在伦敦工作。但现在，他成了国际知名的切尔西植物园的园艺主管和药剂师协会的演示专员——自1772年以来，他一直担任这个职位。他发表了一些关于植物学的文章，现在正在计划出版一部关于伦敦周边野生植物的重要著作。这部作品配有精美的彩色插图，并以月刊的形式进行连载。他需要艺术家，而且他们必须是优秀的。[19]

詹姆斯·索尔比是如何以及何时得到柯蒂斯聘用的并不清楚，但他很有可能知道柯蒂斯的新项目，并向他申请参与其中。或者，他可能是受人推荐，而介绍给正在寻找人才的柯蒂斯的。无论如何，在离开霍奇斯工作室后不久，1776年之前，他就已经受雇于柯蒂斯了。同时，他还为约翰·莱特富特绘制插图。莱特富特正在出版一本关于苏格兰植物的书，是他与托马斯·佩南特在1772年经过五个月的旅行获得的成果。[20]的确，佩南特资助了这项工作。他的私人画家摩西斯·格里菲斯提

^ 1/3 威廉·柯蒂斯。皮特·派卢于1798年画的微型水彩画。

供了大部分的图画。与那些热心并活跃的植物学家们一起工作，其中包括一些颇有影响力的人，对于索尔比来说是非常关键的一步。另一步是意识到，有更多获得指导和艺术训练的机会，而且这次并不是作为学徒，而是通过在皇家艺术学院学习这种更为正式的方式。

接受约翰·莱特富特的委托是一个及时到来的机会。莱特富特是英格兰教会的一位牧师，同时也是狂热的博物学家中的一员。他所处的环境，非常适合追求科学的梦想。他被任命为米德尔塞克斯郡科尔布鲁克的牧师助理和讲师，后又于1767年被任命为比肯斯菲尔德一位富有的波特兰公爵夫人的牧师。[21]拥有可观的收入、拥有工作保障、拥有时间的人都是幸运的。参与莱特富特的《苏格兰植物志》的创作正是当时许多博物学家想要得到的工作种类。此时人们对博物学的兴趣正在蓬勃发展，贵族不仅用精美或不同寻常的标本丰富着他们的藏品，他们还试图发展出一些科学兴趣，并使他们的收藏成为社交交流的目的与手段。因此，对地区性植物的描述（在较低程度上也包括动物）是备受欢迎的。

1777年3月，莱特富特写信给柯蒂斯，为作品中一些插图的制作寻求帮助。[22]画家摩西斯·格里菲斯无法在极短时间内制作这些插图，因此索尔比通过绘制海藻填补了其中的空白。《苏格兰植物志》分为两卷，于当年晚些时候出版，因其涉猎范围极广和较高的严谨性，立即得到了好评。其中涉及约1 250个物种，包括非开花植物（苔藓、真菌、蕨类和藻类等）全部都是通过一手科学实地采样而得到的。莱特富特身处一个比较小，但十分重要、有影响力的绅士圈子。通过与波特兰公爵夫人之间的联系，他让这个圈子获得了有力的支持。

^ 1/4 索尔比为《伦敦植物志》绘制的颠茄（*Atropa belladonna*）。柯蒂斯写道：“这些植物数量的减少不仅是因为它们有毒，还因为当时人们‘对建筑的狂热，再加上伦敦周边不断进行的大量变革’。”这幅画细致描绘了各个器官的鉴定特征，因而显得十分别致有趣。

这个圈子里还有约瑟夫·班克斯、丹尼尔·索兰德和塞缪尔·古德纳夫等人，他们在科学研究方面都非常活跃并且享有盛誉。如果说索尔比的职业道路将走向博物学而非肖像画，那么这群人则可能会对他的职业生涯产生重大的影响。《苏格兰植物志》将为他赢得更多的认可，而他为柯蒂斯所做的工作则可能具有更为深远的影响。

精力充沛的柯蒂斯已经为他的伦敦项目制作了一些内容。早在1774年，少数人就已经拥有了部分首批对开本的图版，包括爱丁堡植物学教授约翰·霍普，但这些图版的出版工作始于1775年，以未装订的期刊或“六个图版的单号”形式出现，每一个都配有相应的印刷文字。[23]《伦敦植物志》是关于伦敦周边野生植物的图版和描述，旨在用拉丁语和英语为植物提供植物学描述，以及关于它们在医学、农业和农村经济中相关用途的信息，并配以精美的大幅图版。为了不与其他正在研究郡植物志的人发生冲突，柯蒂斯限制自己只研究伦敦十英里范围内的植物，但他宣布一旦伦敦的工作完成，他将着手为整个英国进行另一项工作。这些图版质量极高，非常适合装裱展示。每份6张图版的价格是2先令6便士，如果上色，则为5先令。[24]

柯蒂斯的《伦敦植物志》是一个宏伟而昂贵的项目，需要大量资源和可持续的订阅顾客量。对于后者，产品的质量至关重要。艺术家必须拥有顶尖水平，并且他们还期望得到相应的报酬。

其中一位是威廉·基尔本，他负责早期的插图。他住在伯蒙德西，靠近泰晤士河南岸的一小块土地上，柯蒂斯就在那里种植本地的植物。[25]但是，索尔比是否也绘制了一些最初的图画呢？非常可惜的是，早期图版上很少会有绘图师或雕版师的署名。这种情况并不少见，因为艺术家们在签名上并不一致，所以不能直接将艺术家与特定的图版相互关联起来。不论如何，索尔比为柯蒂斯工作，还与他一起参加了在伦敦周边地区的植物学考察。到1777年，柯蒂斯已经出版了《伦敦植物志》的前十二期，包括72个图版，彩色版售价3镑4先令，普通版售价1镑4先令。他在前言中提到，出版的速度曾因失去一名艺术家而放慢，但这已经通过聘请另外两名杰出的艺术家得到解决。“因此，以前由一人完成的绘图和雕刻，现在可以分派给两个人……”索尔比肯定是其中的一位。据说这部作品包含“有史以来最精美的英国植物插图”。[26]

1/5 索尔比绘制的铜绿球盖菇（*Agaricus aeruginosus* 是 *Stropharia aeruginosa* 的异名）。柯蒂斯写道，他希望每种真菌的特征都能像这种一样鲜明，并且说：“想要熟悉真菌，我们就必须每天、每年认真观察它们。简而言之，我们必须与它们生活在一起。”这是索尔比为《伦敦植物志》绘制的真菌图之一。

249
Scandix Pecten

< 1/6 欧亚针果芹（*Scandix pecten-veneris*）。英文俗称牧羊人针或维纳斯梳。记录显示：它在麦田中十分常见。因其果实带有长喙、形状酷似梳子齿而又得名长喙芹。这是索尔比为《伦敦植物志》绘制的插图，细节十分精致。

在同一年，柯蒂斯还出版了他的《林奈植物学系统》。这是一本通俗易懂且很有帮助的指南性读物，介绍了林奈植物分类的性别系统是如何运作的—— 这个系统在植物学界迅速得到采用。

柯蒂斯为他的学生编写了这本书，且它广受欢迎的原因之一，可能就包括它的四个图版中，每一个都有索尔比绘制的几张植物组件的图画，这些组件用于分类。这些小图画的风格与《伦敦植物志》中的大图画不同，它们展示了索尔比在早期阶段准确清晰地描绘细节的能力，同时保持了一种引人入胜的轻盈感。柯蒂斯在前言中就林奈对其分类的描述作出了评论：

“如果为此提供的插图与作者的描述同样出色，那么它无疑会取得更快的发展，而且现在理解起来也会更加广泛和完善。那些在这个国家从事解释和简化林奈体系知识的人（最近已有足够多的人数）一次又一次地给我们展示了同样的陈旧的分类图版，并逐渐又积累了新的问题，以至于最初几乎无法理解的设计，现在都变得毫无用处，甚至更糟，因为它们会对人构成误导。”

柯蒂斯强烈希望避免这样的重复。为此，他对索尔比的艺术和其植物学表达的准确性充满信心。

林奈在1753年建立的分类法是以良好的插图为基础的，因为该系统是基于花的部分形态特征，并旨在帮助对它们进行识别。对于开花植物，他提出了23个类别，每个类别都基于雄蕊的数量和位置，如单蕊类有1个雄蕊、五蕊类有5个雄蕊；所有的非开花植物，如苔藓、蕨类和地衣，都归入了第24类隐花植物。根据花的雌蕊的数量，这23个类别又划分为多亚目。

< 1/7 “植物各纲图解”。顶部的插图展示了 1~11 类的雄蕊，从单蕊纲到十二蕊纲；其他插图展示了其他类别，例如右下方的第 23 纲是多性蕊纲，展示了“雌雄同株的两性花或单性花”。左下方插图描绘了第 24 纲，隐花植物纲，没有雄蕊。索尔比绘制的第一幅插图收录于柯蒂斯的《林奈植物体系》中。

如果索尔比因其工作而获得了认可并存在填补市场空缺的机会，那他为什么现在选择加入皇家艺术学院呢？原因之一，是他对自己的能力和作品质量的不自信。他曾经被要求参加工作，但因缺乏自信而婉拒。学院为学徒期较短的学生提供了针对其弱点加以纠正的机会。这个机会相当新颖，因为（自1769年起）学院成立才几年，只要申请者具备足够的潜力能够得到录取，那么，六年学制的学费将全部免除。每年有九个月的时间，教授和皇家学院的“访问者”都能轮流讲授课程。这是一个学习技能、在表达上增强自信的机会，而且也不会给家庭带来任何经济负担，也无需赞助商。这个机会不容错过。

在得到有力的推荐后，索尔比于1777年12月31日获得录取资格，成为绘画专业的学生。（学院的院长是乔治·莫泽，爱德华·潘尼是绘画教授，塞缪尔·瓦尔是透视教授，威廉·亨特是解剖学教授，弗雷德里克·巴尔夫是化学教授）[27]每年年初学院都设立艺术竞赛，学生们参与其中，竞争奖品、提升声誉，并从中获得一些经济利益。索尔比当年20岁，在柯蒂斯和学院的大力支持下，终于为自己的职业生涯确定了清晰的方向。然而，仍有一个问题尚未解决。目前的选择是否能支持他成为一位艺术家，甚至是备受赞誉的艺术家？他应该为了帮助实现他人的需求和抱负而工作，还是应该让他的艺术技巧成为实现他自己宏大愿景或更大梦想的重要组成部分呢？

Bromus giganteus.

J. Sowerby del. et sculp.

第二章
名声鹊起

约翰·斯图亚特作为第三代布特伯爵，是一位非常富有且有权势的人。他也是一位热爱植物学和矿物学，并能为研究科学提供资金帮助的人。布特伯爵在1723年继承了父亲的财产，后来成为弗雷德里克王子的卧室侍从之一。王子于1751年过早地去世，布特又成了弗雷德里克王子的儿子、未来的乔治三世的导师，这使他在几年内获得了相当大的影响力。此后，他妻子的父亲——极为富有的爱德华·沃特利·蒙塔古于1761年去世，使更多的钱流入布特家族的金库。他的财富为研究博物学提供了重要的支持。

布特的社会关系和他对植物学的兴趣，与他为了英国皇家植物园能进一步发展，对弗雷德里克王子的遗孀奥古斯塔公主提供的支持相结合，使其成了一个植物学人际交往中心。无论是建筑还是园艺方面的发展，他都积极参与规划和监督方面的工作。他于1759年任命了园艺总监威廉·艾顿，并确保林奈分类系统得到使用。他还积极采购了诸多草本植物和树木等，特别是外来的物种。[1]

乔治三世于1760年登基，布特迅速成为政治圈内的中心人物，1762年，他担任了首相一职。但他在同事中非常不受欢迎，而且他也没有跟人发生冲突的勇气。1763年，他辞去首相职务，不久之后便失去了国王的信任。他后来的生活，专注于旅行和学术研究等方面（并于1792年去世）。威廉·柯蒂斯是其中的受益者，而柯蒂斯受益之处，索尔比也同样受益。

‹ 2/1 大羊茅（*Festuca gigantea*）。索尔比为《伦敦植物志》所绘制素描的版画。柯蒂斯指出，这种植物在泰晤士河边和沟渠中能够找到。索尔比在绘画中栩栩如生地捕捉到了草的特点。

从《伦敦植物志》出版之初，柯蒂斯似乎就遇到了财务方面的困难。他写信向布特寻求帮助，期望能以5%的利率借到300英镑，三年内偿还，而这是一个相当乐观的时间期限。幸运的是，有人告诉他，布特并不习惯于借贷，他更愿意在没有利息的情况下支持这项工作。有人建议柯蒂斯，如果把这套作品献给布特，那会得到他的资助。[2]柯蒂斯采纳了建议。第一册编订的多个单元中，有一篇精美的献辞，称布特为“当代的梅开纳斯”。因此，柯蒂斯得到了他的资助。

1777年，柯蒂斯辞去了他在切尔西医药园的职务，因为他没有足够的时间同时从事自己的出版、园艺事业和教学事务。他也意识到自己没有满足任命的条件，例如，未能开展一些讲座。他的精力现在还额外投入到建立一个新植物园中——一个人们愿意支付费用前来参观的植物园。他对当前人们对植物学价值和重要性的无知状况感到遗憾，并希望帮助提升大众的认知。这一愿望得到了多位慷慨赞助人的支持，包括尊贵的戴恩斯·巴灵顿和托马斯·怀特先生，他们是较为富裕的植物学爱好者。他的印刷宣传册名为《拟议通过定期付费形式建立一个植物园，名为伦敦植物园：专为医生、药剂师、医科学生、科学种植者、植物学家（尤其是英国植物学家）、花卉爱好者和公众而设计》（1778年）。他确信许多人都会为植物学事业作出贡献，包括布特伯爵和波特兰公爵夫人，以及一些其他的花园，包括英国皇家植物园。他继续道：

“拟议中的植物园，尚处于初期阶段，位于黑衣修道士桥的第四侧、兰贝斯沼泽地的希格勒巷，以及马格达伦医院附近。它的两侧有水环绕，随着潮汐的涨落，水进入其中，非常适合水生植物的生长。”

这个花园将按照林奈系统进行布置，并设有学习室和图书馆，每周二至周五从早上六点到晚上八点开放。园区于1779年1月1日开张。除了已经描述的一切，柯蒂斯还经常开展植物学和园艺方面的讲座，包括“植物的性别”和“植物与动物的比较”等主题。[3]

人们可能会想，为什么柯蒂斯会创建一份这样的事业，毕竟邱园已经是一个重要的植物园了。因为后者是一座皇家的住宅，出入将会受到极为严格的限制。约瑟夫·班克斯在早期，于1764年与威廉·艾顿见面，并于1767年委托艺术家悉尼·帕金森绘制了一些英国皇家植物园的花卉，因此在花园中获得了一席之地。在他于1773年回到英国后不久便赢得了国王的信任，在花园中获得了一个非正式主管的职位，且他经常于周六在邱园与国王会面。[4]班克斯也很了解柯蒂斯，因为他们两人曾在1773年的一次威尔士考察中成为植物学小组的成员。[5]他对柯蒂斯的出版物印象深刻，并且给予了慷慨支持。所以在某种程度上，二者并不存在竞争，只是班克斯鼓励让尽可能多的人，把来自世界各地的草本植物和树木标本送往邱园。

与柯蒂斯的交往，让索尔比受到了强烈的影响。他在植物学、绘画和雕刻方面学到了很多东西，并理解了谋生方式，或无法谋生的原因。柯蒂斯有时候并不能按时支付艺术家的报酬，可能是因为他在现金流和项目的高昂成本方面存在问题。索尔比并不依赖柯蒂斯，他也不能这样做，尽管柯蒂斯是他最主要的雇主。他在皇家美术学院学校的学习生活十分忙碌，并经常在美院和艺术家协会展览，包括人物肖像和描绘风景、花卉和水果等的其他作品。[6]他最后一次在皇家美术学院参展是在1790年，他在17年间共展出了11件作品。参展帮助他获得了认可和聘用。1780年，他在皇家美术学院展出了《一家人的肖像》，在展览的34天内，有超过6万人次参观了展览。[7]

索尔比的声誉足以使他在母亲去世时（1782年8月1日）能够经济独立，从而离开博尔特因通巷2号。在接下来的几年当中，他居住在不同的地方，包括费特巷、克鲁恩庭院、纽因顿的布兰登路等。后来，他在兰贝斯定居并度过了余生。虽然失去了母亲，但他在一定程度上通过结交新朋友、建立新社交关系获得了平衡。他拥有推动他事业发展的诸多好友。其中一位，在他的事业和私人生活中，都以重要的方式为他提供帮助。罗伯特·布雷廷汉姆·德·卡尔通过艺术界与詹姆斯成了朋友。他是石匠兼砖匠罗伯特·德·卡尔的儿子，在诺里奇接续经营成功的家族生意。罗伯特的兴趣有一部分与他的家庭一致，但他在年轻的时候就离开了诺里奇来到了伦敦，在兰贝斯定居，并于1774年与安·戴维结婚，在兰贝斯的科德石工厂工作。在那里，他为自己赢得了一定的声誉，并制作了几件重要的科德石雕塑。[8]尽管他没有在皇家美术学院就读，但1785年他在那里展出了作品。[9]在罗伯特的短暂一生中，詹姆斯和他成了非常亲密的挚友。他于1791年2月去世，年仅42岁。

2/2 位于伦敦的邱园，狮子门入口的科德石雕狮子。由托马斯·哈德威克设计。照片来源：杰夫·伊登。

他们不仅是朋友，而且还成了同一个家庭中的成员。据索尔比的长子说，当索尔比听到德·卡尔对他最小的妹妹安妮生动的描述后，就为她画了一幅肖像，然后在拜访过德·卡尔的家后，发现这幅画非常真实。[10]这就是他们关系的开始，而最终，安妮和索尔比结为了夫妻。虽然很难判断这个浪漫故事的真实性，但很可能他在两年或更长时间里，逐渐了解了他的未来妻子。她看上去是一个温柔而且迷人的女人，拥有略微细长的脸庞、匀称的鼻子和干净的嘴唇。她的眼神给她带来一种悲伤或沉思的神情。[11]在1784年和1785年间，索尔比曾多次访问罗伯特在诺里奇的家，这对夫妻于1786年2月9日在萨里郡的基督教堂举办了婚礼。随着索尔比对诺里奇的拜访，他开始结识一群非常活跃的植物学家，并且逐渐相互熟知，他们其中的几位生活在诺福克和萨福克。其中一些人，如托马斯·伍德沃德，富裕到可以不计成本地投入到植物学的研究中去。[12]

∨ 2/3 安妮 · 索尔比。詹姆斯为妻子画的一幅铅笔肖像画。1797 年前后，安妮大约 33 岁。图片来源：伦敦自然博物馆。

伍德沃德居住在萨福克郡的邦盖小镇。他对海藻和真菌特别感兴趣，知道索尔比的技能和兴趣对他有用。1784年12月，他寄给索尔比一些标本，要求他严格作画，并要求雕版，但他知道索尔比当时留在诺里奇可能会有些困难。在信中，他提到了社交圈里的其他植物学家：詹姆斯·史密斯、詹姆斯·迪克森、威廉·柯蒂斯和一位克罗先生，并建议在九个月后合作出版。因为他收到了一些关于真菌的精美图画，真菌的版画将会是一本很好的出版物。**“如果克罗先生和你认为这个地方适合，你们就可以安排在春季待上大约两个星期、秋季呆上一个月的时间。在诺里奇和这里，你们可能会有足够的素材，由克罗先生和我本人提供足够供应每两个月出一期6张版画的素材。”**[13]

这个计划从未得到实现，但索尔比现在与这些人有了个人的接触，并了解到他们对他作出的高度评价。事实上，詹姆斯·史密斯后来成了索尔比一生的朋友和合作伙伴。詹姆斯·迪克森为索尔比的一些最为敏感的画作提供了早期平台，而克罗先生则是知识的持续来源和标本的重要提供者。这些人尽管性格和境况均有所不同，但他们却能够经常保持联系，并成为当时为英国植物学作出重要贡献的群体。在索尔比的早期阶段，他们对他产生了深远的影响。

特别是詹姆斯·史密斯，他通过一系列特殊的环境和事件，协助塑造了英国科学的主要特点。他出生于诺里奇，是一位新教背教者及富裕布商的儿子，在家中接受教育，并在爱丁堡学习医学和植物学。1783年秋天，他来到伦敦，在外科医生约翰·亨特博士和医生威廉·皮特凯恩的指导下学习医学；在植物学教授约翰·霍普的指导下学习植物学。他很快与约瑟夫·班克斯爵士取得联系，然后在短时间内，就将大部分时间投入到了植物学上，而不是医学。[14]

他抵达两个月后，史密斯与约瑟夫爵士共进早餐时，得知约瑟夫买到了已故卡尔·林奈的植物标本并收到了其他收藏品的邀请。林奈的遗孀现在想要出售这些收藏品。班克斯自己有一个相当大的植物标本馆，所以对此邀约可能不感兴趣或无法接受，但他看到了这位热忱的年轻植物学家和早餐伙伴具有成为买家的潜质。到1784年春天，史密斯说服了他父亲提供资金，然后购买了这些收藏品，并在包裹于10月份到达时，将藏品安置在了他位于切尔西的公寓中。他以1 088英镑的成本（相当于今天的85 000英镑[15]）获得了约14 000种植物标本、3 000多种昆虫、大量贝壳，以及大量手稿和珍贵书籍等藏品。[16]史密斯和索尔比很快就与林奈的收藏品紧密联系在了一起。

^ 2/4 约瑟夫·班克斯年轻时的画像（1771—1773 年前后）。
约书亚·雷诺兹爵士的油画。图片来源：伦敦国家肖像画廊。

∨ 2/5 a、b 标本。
详见迪克森《英国干燥植物图鉴》(a，上图)。苔类瘤冠苔（*Marchantia androgyna*）(大小约 5 厘米 ×2.5 厘米)(b，下图)。结晶岩上的地衣（*Lichen rimosus*），地衣在反面粘贴到一张大型对开页上，大小约 2.5 厘米 ×5.5 厘米。迪克森制作了约 50 份此类作品的标本。

詹姆斯·迪克森与史密斯形成鲜明对比，尤其在于他的家庭出身很普通，受教育程度也不高。[17]他曾在园艺和苗圃工作，并于1772年在科文特花园创建了自己的种子供应和苗圃业务，通过这一业务与包括约瑟夫·班克斯爵士在内的许多植物学家结为了朋友。迪克森对苔藓、草本植物和真菌有着浓厚的兴趣。他收集了大量标本，还出版了几本著作。其中一本在1785年开始创作，并由索尔比绘制插图，我们将在后面详述。另一本不仅展示了他的热情，还展示了植物学家如何使用不同的技术，来帮助人们进行标本鉴定。这部杰出的作品《干燥植物集》以林奈标本馆和其他原始收藏品的权威命名（1789—1792年），包含了干燥的植物标本。书中每页只有一种植物，质量上乘，并且是对开本大小，附有印刷标签。其中一些标本是詹姆斯·史密斯在欧洲之旅中收集的；还有一些来自英国各地或切尔西药用植物园。其目的是推广罕见的、不为人知的植物学知识，并提供用于比较和鉴定的标本作为佐证。当然，这样做的方法是有问题的，与迪克森的目标相悖，正如迪克森在他自己作品的广告中所说：“令人遗憾的是，这类作品的范围非常有限，因为收集所需的标本数量极为困难。因此，仅印刷了50份副本。”尽管出版数量很少，但它仍然能满足英格兰东南部相对较少的富裕植物学家的愿望。有限的出版数量并没有削弱他的热情和坚持。在制作了四本25种植物的各个部分后，他将重点转向了一个新的系列，应之前作品购买者的要求，这个系列致力于描绘英国本土的植物。随后的九年时间里，于1802年前后出版了包括地衣、海藻和苔藓在内的475种开花和非开花植物的《英国干燥植物图鉴》共19册。某种情况下，一个地衣种类的植物附着在岩石薄片上，粘贴在书页中。[18]

2/6 克罗柳（*Salix croweana*）。以外科医生、植物学家詹姆斯·克罗的名字而命名。索尔比为《英国植物学》制作的彩色版画。

迪克森将这些作品的各个部分献给了他圈子里的人，包括詹姆斯·克罗、托马斯·伍德沃德和威廉·柯蒂斯等。如今这些作品的副本在世上应该很少有机会见到了。不仅是因为很多植物十分脆弱，还因为很多所有者将标本取出来放进了自己的植物标本库中。这项工作是出于热爱和奉献精神的——其规模和持续时间都非常少见。相比之下，聘用索尔比这样的艺术家兼雕版师，是一种相对简单且持久的好办法。

詹姆斯·克罗先生是诺里奇莱肯纳姆的居民，是一位成功的外科医生，也是一位土地所有者。他对园艺和植物学有着浓厚的兴趣，并通过提供标本或帮助研究来鼓舞他的朋友们。[19]他向柯蒂斯寄送标本，并不畏艰苦地去寻找珍稀物种。虽然没有出版过任何植物学的著作，但他是某些植物群体方面的专家，尤其是柳属（*Salix*）。他建立起了自己的柳树园，并向索尔比提供了大量物种样本。他并不追求诺里奇之外的聚光灯，但作为一名植物学家，他的技艺得到了广泛的认可，特别是老朋友詹姆斯·史密斯。詹姆斯以他的名字，命名了植物属克罗菊属，柳树物种的命名也含有克罗的名字。史密斯在诺里奇的住宅中仅有一个很小的小花园，他向克罗先生的园子提供种子和插条，那里面还设有一个温室。克罗则为史密斯和索尔比的植物学著作，特别是《英国植物学》提供了标本和各种所需的信息。克罗先生是林奈学会的创始会员，也是他们一贯的称呼方式，在植物学界的通信中经常出现。

∨ 2/7 约翰·科克利·莱特索姆与家人们。英国艺术家绘制（1786年前后）。图片来源：威尔康信托基金会，伦敦威尔康图书馆。

索尔比的人脉关系不限于诺福克。1785年6月，医生约翰·科克利·莱特索姆（博士）在伦敦巴辛霍尔街的医疗中心写信给索尔比，里面只有一句话：**“如果索尔比先生方便的话，请在任意一个星期四或星期二下午4点至7点，或者是星期一或星期五上午来拜访我，我很开心见到你。”**[20]

莱特索姆是一位贵格会的教徒，通过婚姻和成功的职业生涯获得了他的财富。他精力充沛，同时拥有多种兴趣爱好，包括博物学。他与英国国内外的知名人士通信，还写作各种主题文章，尤其是关于茶叶。此外，他还非常善于交际。富有的资产让他在泰晤士河以南的坎伯韦尔建造了一座豪宅，名为格罗夫希尔。房子旁边是他的图书馆和博物馆。图书馆长39英尺（1英尺≈0.30米），宽20英尺，分为

16个隔间，每个隔间上方都有一个卓越人物的半身像，例如，牛顿在艺术与科学隔间上方，洛克在神学与法律上方，霍加斯在版画与地图上方，约翰·卫斯理在小册与宣传品上方。建筑物的外面是温室、热室及洗衣房、马厩、花园、菜园、牧场、果园、接续式花园、灌丛或小树林、池塘和爱神雕像、西比尔神庙、冷水浴池和水盆、圆形建筑和莎士比亚步道上的雕像。[21]这一切都十分精美。莱特索姆经常在这举办盛大的聚会。他的花园中有众多的品种，他的客人、园艺学家都对这里很感兴趣，从而无疑提升了他的地位和影响力。有谁比詹姆斯·索尔比更适合绘制在莱特索姆花园中生长的特殊植物和灌木呢？从索尔比在莱特索姆的邀请函上记下的便签显示，他很快就收到了作品和部分材料费的款项。其成果就是一系列优美的水彩植物绘画，描绘了在莱特索姆位于格罗夫希尔花园中的植物。[22]莱特索姆还以在柯蒂斯的《伦敦植物志》事业中提供支持而著称，其中第二卷（1798年）就是献给他的。

其他人开始向索尔比提供博物学相关的雇佣委托。康沃尔郡威尔德的亨利·哈里森先生在1785年的几次信件中，要求索尔比画一只“雀鹰”并“展示其眼中的凶猛性与明亮的黄色”。[23]他说，他希望画作尺寸为半实物大小。后来，他要求索尔比以10先令6便士的价格画一朵波兰堇菜。索尔比的收费视工作量而定，从半块到一块金币不等。但是四个月后，哈里森写信问道：“您是不是已经忘记了履行几个月前所做的承诺呢？按道理波兰堇菜应该已经完成了。”索尔比回信说，他需要一张素描或其他原始素材：“无论主题是什么，只要可以提供一份从‘创造之主’到最低等级的爬行动物的原作。”他为延误工期表示道歉，继续写道：“但是我一直在从事肖像画，我的意思是，与画人有相似之处。虽然我也为德国的博物学家画了一只蟾蜍，此类鲜明的相似之作，让我对自然奇珍非常热衷。”工作在一个月后完成了，哈里森对其中很多部分都非常满意，以至于他要求索尔比，现在画一只“……彩色金翅雀和一只公牛雀，姿势要十分优美。”人们愿意忍受延迟交付，只为了得到他们最想要的艺术家。

> 2/8 龙头花，也叫燕水仙（*Sprekelia formosissima*）。詹姆斯·索尔比在约翰·莱特索姆位于格罗夫希尔的花园中，为众多植物创作的水彩画作之一。如今这种植物已经成了常见的栽培植物。

Drosera anglica

< 2/9 英国茅膏菜（*Drosera anglica*）。詹姆斯·索尔比在莱特索姆花园中创作的食虫植物水彩画。这种植物可以捕捉并消化小型昆虫。

∨ 2/10 刺猬百合，魔镜花（*Massonia depressa*）的俗名，天门冬科白玉凤属植物。原产于南非，通过小型啮齿动物进行异花授粉。詹姆斯·索尔比在莱特索姆花园中创作的水彩画。

索尔比忙于处理目前接手的、众多小型和大型画作的委托，并向几位学生教授绘画。他对于可以绘制植物画而不再画肖像画而感到十分满意，而且无论是绘画还是雕刻，一直都有工作。剑桥大学国王学院的牧师兼植物学家理查德·雷尔汉于1785年出版了他的《剑桥植物志》，其中的七幅插图都是由詹姆斯·索尔比根据詹姆斯·波尔顿的原始画作进行雕刻的。[24]这是一部典型的作品，有数百页的文字描述，并且用拉丁语按照林奈分类法对植物进行了描述，明显是为要求严格的植物学家而精心准备的。索尔比正在向专业领域进军，但在满足他追求研究植物的愿望的同时，他也倾向于服务更为广泛的受众，包括那些有兴趣来了解周围自然世界的人们。

然而，威廉·柯蒂斯并不打算让索尔比转向完全受聘于其他人。除他的《伦敦植物志》之外，他还开始准备制作一份新的出版物《植物学杂志》（此指《柯蒂斯植物学杂志》，下同）或《花园中展示的植物》。他想准确地以植物的自然颜色展示这些在露天种植、温室和暖房中培育的、最具展览性的外国植物。此举的目的是为那些希望对自己种的植物有一定科学认识的女士、绅士和园丁们提供服务。[25]

索尔比绘制了第一版波斯鸢尾（*Iris persica*），日期为1786年3月，之后还继续绘制了60多版。另一位重要艺术家是西德纳姆·爱德华兹，他们两人都是根据活体植物进行插图绘制的。索尔比完成任务的准确度和技巧让柯蒂斯有一次（在第四卷，虫根石斛）得以轻松地宣称："我们的插图将使对植物的描述变得多余。"在一个小小的页面上，索尔比以非凡的优雅和真实尺寸描绘了这种高大植物的球茎根、长茎、弯曲叶和花朵。第一部分于1787年2月出版，包含三张彩色插图，售价为1先令。《植物学杂志》一经出版立即取得了成功，很快发行量达到3 000多份，并且经济收入保持稳定。柯蒂斯称，《伦敦植物志》给他带来了"赞扬"，而《植物学杂志》则给他带来了"布丁和面包"。

为什么《植物学杂志》取得了巨大的成功呢？因为它每期的价格更加低廉，为1先令，而彩色版的《伦敦植物志》则为5先令。当然了，《伦敦植物志》每期中都含有两倍多的插图（六张而非三张），但每一次更多的开销也是价格更贵的一个重要的因素。

《植物学杂志》的页面大小是《伦敦植物志》的四分之一，尺寸小，更易读。它没有那么宏伟，更加平易近人。它以简单易懂的英文吸引了更广泛的读者，同时兼具科学性，并提供了有关植物栽培的清晰指导。它只以彩色页面出版，而《伦敦植物志》则面临订阅黑白版本2先令6便士，或彩色版本5先令的两难困境。还有就是它以相对稳定的频次出版，不像《伦敦植物志》那样每年大约出版十二期。当然，其中的插图质量也是很高的。

索尔比为柯蒂斯的出版物所作的工作质量得到了广泛的认可。许多作者都想聘请他在出版物中制作插图。一些人甚至在广告或介绍中就已经对他大加赞扬。其中之一就是《英国果园展示》。该书于1788年由多位作者撰写出版。两页的广告是这样说的："样本一般都是由索尔比先生制作绘图并进行雕刻，他的才能是在近期多个植物学作品中，公众判断挑选出来的。"并在脚注中提到："见《伦敦植物志》《植物学杂志》等。"书名表明它将是一个大部头的出版物，但是却未得到实现，只出版了一小部分。

> 2/11 波斯鸢尾（*Iris persica*）。由詹姆斯·索尔比绘制的第一幅插图刊登在柯蒂斯 1787 年版的《植物学杂志》中。可能是因为“美丽、早期开花和花朵的芳香，使它受到了所有花卉爱好者的高度赞赏”。

N.116
Pub. as the Act directs, Apr. 1, 1790, by W. Curtis, St. George's Crescent.

< 2/12 美须兰（*Limodorum tuberosum*）（即：*Calopogon tuberosus*）。对于索尔比绘制的《植物学杂志》中的插图，柯蒂斯曾写道：“我们的插图将使对该植物的描述变得多余。”这种兰花是北美洲的本土植物。

> 2/13 猩猩舌（*Fuchsia coccinea*）或猩红倒挂金钟。这是一幅大胆的插图，由索尔比为《植物学杂志》绘制，当时（1790年前后）这种植物价格十分昂贵，但柯蒂斯称，“由于它容易通过扦插和种子繁殖，很快就能供应给每个植物爱好者”。

< 2/14 杂色豹皮花（*Stapelia variegata*）。展示了《植物学杂志》早期插图中的一种十分特殊的植物。

这一小部分是樱桃、覆盆子、佛手柑、杏、苹果和李子等各种树木、叶子和果实的精美绘画。部分原始绘图保存在伦敦自然博物馆中，它们具有干净细腻的纹理和色彩表现。在一幅樱桃的绘图上，索尔比亲笔写下了关于果实口感与其他水果相比较的铅笔注释，所以很有可能索尔比对文本也作出了一定的贡献。[26]文本中还包含了对植物生长和园艺知识的现有了解等线索，例如，关于“空气”的描述：

“很多作者一直认为空气是植物生长的主要因素之一。

它是一种弹性流体，其中飘浮着许多不同性质或性状的颗粒，适合植物生存。没有它们，植物就无法生存，更不用说茁壮成长了。它不仅对植物表面能够起作用，而且在地球的深处也同样能够起作用。残留物质在稀释后，各种盐和汁液得到收集。无论是仅存于空气中的，还是在隐藏于地球的各种角落处收集的，都能够使各种物质渗入植物的汁液中，进入根部，并通过太阳的协同作用，进而稀释树木的上部汁液。”

索尔比并不是此类信息的原创者。他清楚自己能力的局限性。现在，他正试图更好地掌控自己的命运。自从德赖弗夫妇的《波莫纳·布里坦尼卡》出版后，索尔比就开始以自己的名义出版作品了。其中许多作品中，他都是唯一的作者。在大多数作品中，他都处于主导地位。

2/15 a 和 b。小书《不列颠水果志》中的两张雕版插图。（a，左）瑞士佛手柑梨。这种水果的描述为：“法国本土品种，在餐桌上因其美丽的外观和丰美的甜味而备受赞赏。”梨的品种繁多，而且它们的命名并不总是一致的。（b，右）一种未被命名的李子出现在一些副本的书末，没有任何印刷文字。

Sowerby Del.
Published by W.m Darton & C.o W.t Lion Court. Birchin Lane. London. 1783.

2/16 a 和 b。索尔比原始的彩色素描（a，左）带有光泽的李子，另见 2/15（b）；以及（右）苹果，上面有他关于水果特征的铅笔记录（例如：“一种柔软多汁的可食用的苹果。”）这些草图原本是为德里弗的《不列颠水果志》（1788）绘制，但一般版本中未见收录。

This sort is generally a little streaked with a brigh
but seldom stays on the tree so ripe as the near
e represented a soft and mellow eating apple
ter a large and open core, front of foliage a bri
ning green a little crumpled, back rather hoary a strong
oney pubesence at the end of the branches term
g the petiole or foot stalk of the leaf ang the back of it

第三章
远郊

婚姻带来的不仅有妻子，还有房子和温暖的家。安妮的父亲罗伯特·德·卡尔送给新婚夫妇一幢位于泰晤士河南边、兰贝斯快速发展区域的房子，靠近威斯敏斯特桥的南侧和布里奇路。这座房子名为“米德庄园2号”，是一串朴素的排屋之一。每栋约有18英尺宽，四层楼。后院约有40英尺长，足够索尔比后来建造属于自己的博物馆和工作室[1]、种植各种植物和苹果树（还有他特别自豪的法式科德林苹果树，是按扇形固定的[2]）。从前面看，它俯瞰着布里奇路对面时髦的阿波罗花园。这儿与弗里特街的气味和喧闹形成了鲜明的对比，索尔比就在这里度过了余生。

兰贝斯可能是一个郊区，但它并不是像霍金斯在给詹姆斯·史密斯的信中所贬低的那样偏远。从索尔比的房子步行仅需一英里半（1英里≈1.61千米）即可到达科文特花园的热闹地带；不到两英里即可到达詹姆斯·史密斯在大马尔伯勒街的住所，而且经过新桥前往也十分方便。兰贝斯也不是一个以居住为主、几乎没有市政活动的郊区。兰贝斯宫（坎特伯雷大主教的伦敦住所）就矗立在这里，附近的休闲花园、柯蒂斯的植物园，以及一些著名人士的住所都在这里。

‹ 3/1 罗德尼，拜布洛门郁金香的一个品种。索尔比《奢华植物志》中的一幅彩色雕版。“拜布洛门”指的是一种带有白底的郁金香，并不属于任何固定的郁金香品种。这种郁金香的价格为10个基尼。

> 3/2 兰贝斯的米德庄园。一张老照片。索尔比的房子是从左数第二和第三幢。这栋建筑在第二次世界大战期间惨遭破坏。

诗人和艺术家威廉·布莱克，以及约翰·莱茨姆和他的格罗夫希尔豪宅离这里也不算太远。河岸边有木材场、造船业和其他行业，包括科德石工厂。[3]早年间，约翰·特雷德斯坎特父子在南部拥有著名的花园和博物馆收藏品（称为“方舟”），后来成为牛津阿什莫林博物馆的起点。他们的墓碑仍然完整地保存在圣玛丽教堂花园中，毗邻伦敦大主教府。威斯敏斯特桥于1750年开始通行，成为发展的重要推动力量。索尔比的房子就是其中的一个缩影。从索尔比夫妇结婚搬进这所房子，直到他1822年去世，兰贝斯教区的房屋数量增加了五倍之多。[4]

其中一度还有“厨房事务”。[5]索尔比成了庇护所的支持者，甚至对一项慈善捐赠计划进行了提议。女王、公爵、领主和其他人士都会捐款：女王捐20英镑，商贩捐2英镑。[6]庇护所的价值甚至引起了博物学家和作家托马斯·佩南特的注意，在他的《伦敦记》中，他毫不吝啬地称赞：

“离米德庄园很近的地方是由约翰·菲尔丁爵士于1758年创立的女孤儿院，旨在确保孩子们‘定期轮流获得阅读、编织、缝纫和在厨房事务中进行工作的机会’。靠近威斯敏斯特桥的圣乔治广场上有两个非常优雅和实用的慈善机构。第一个是威斯敏斯特妇产医院；稍远处是另一个接近天堂的地方，旨在拯救灵魂和身体遭受的伤害——造物主赋予人类天使般的容颜和优雅的形体，这些却常常沉沦为最卑劣的用途。无辜的人们经常面临着千种万种的诱惑、贫困、父母离世、恶魔般的媒人以及父母自身可怕的邪恶行径所带来的危险。有人已经知道，他们将自己美丽的女儿卖掉。这使一群有识之士于1758年成立了庇护所。愿它长盛不衰，并祝福那些拥有如此可爱构想的人们永垂不朽。”[7]

索尔比的地址经常写成位于兰贝斯附近的庇护所，米德庄园2号。

婚后几年的索尔比特别有创造力。他自己的小书《简易自然花朵绘画入门》于1788年出版。这是一部极富吸引力且信息量很大的作品，其中的六幅素描图展示了插画花卉不同部分的艺术，如花萼、花瓣、雄蕊等。并且不仅有开花植物，还囊括了藻类、苔藓和真菌。这本书既是为他的学生准备的，也是为广大读者而写的。因为他认为，读者们有很大的需求。他写道：**“我们使用了轮廓线，因为它们更容易、更清晰。好的线描是所有绘画的第一个重要原则。”**该书由作者在米德庄园2号出版并销售，也由伦敦的其他书商销售。彩色版售价4先令、黑白版售价2先令。他着手策划了一项令人惊讶的出版计划——编著《花卉爱好者的乐趣》。他计划以一年一期的形式出版，每期包含六张由花商提供的“最华丽的花卉”的插图。这些插图确实极为华丽，以大开本呈现，色彩鲜明，有时甚至显得过于鲜艳了。这些植物的选择显然是由花商决定的，是为了能够展示更华丽的例子，比如一个多花报春（*Polyanthus*）的品种“威利特的坎伯兰公爵”（*Willett's Duke of Cumberland*）；一个盆栽的耳叶报春（*Auricula*）的品种“斯莱特的柴郡英豪”（*Slater's Cheshire Hero*）；以及一个“奇异的”或者说杂色的郁金香品种“使徒朝圣者”（*Peregrinus apostolicus*）。附带的文字提供了相关植物的历史和所期望的外观的细节。例如，关于多花报春，“当花的底色被覆盖上一种如天鹅绒般发光且浓郁的深红色阴影，而且花冠的每个裂片中央都有一个斑点或条纹时，（这样的花色）最令人欣赏。”此外，他还提供了种植信息，建议一个杂色郁金香品种“忧伤城堡”（*Castrum doloris*）在栽培时需要“将鳞茎放置在混合的腐熟牛粪和细土的混合物上”。

> 3/3 雪松树的雌雄花及部分苔藓。在索尔比的素描本中。

∨ 3/4（背面）索尔比素描本中的第一幅画，展示了部分雄蕊和不同的雄蕊的结构。

J Sowerby del: et sculp

Publish'd by J.S

Plate 1

ov.r 1, 1788.

索尔比并不是一个园艺学家，细致的观察和指示都来自花商。正如他所说的："严格来讲，我们第一期的题材可能更应该被称为怪异的，而不是自然的产物，通过奇思妙想和细致入微的培育，这些花卉从结构简单的野生花卉中选育出来。"他的贡献是为人们提供了这些特殊的装饰性强的栽培植物能够长久流传的图像，但他也很有可能还使用了之前为其他聘任方制作的画作。其中一些信息现在来看尤为有趣——因为它展示了花商所提供的一些新颖产品的价值。

有一个郁金香品种据说非常稀有，定价为一百先令"一个鳞茎"，因此本书告知读者："我们将在以后的某期中公布它的名称，当前的所有者不希望将其公之于众。"能看出它确实是一个非常昂贵的植物品种。然而，还有很多郁金香价格要低得多——有一种名叫"忧伤城堡"（*Castrum doloris*）非常受推崇，售价为3英镑；而一种叫"雷德曼都会"多花报春品种的郁金香（Redman's Metropolitan）则是"一个更为便宜的植物品种，但它却大受赞赏""能够在花卉爱好者手中培育成良好的形态"。通过这种方式，刊物便成了园艺学家和花商的广告媒介。

然而，这项工作跟威廉·柯蒂斯在《伦敦植物志》中遇到的问题有些类似，索尔比也意识到了这一点。这些刊物是大幅版，并且价格昂贵，每本12先令。订阅时要支付其中的6先令，其余金额将在作品交付时支付。未来刊物内容尚不清楚，而且很难看出它是否具有广泛的吸引力，尤其是相当奇怪的开篇词："地球上所有物产，都是为了人类的娱乐或便利而设计的。对于展示大自然之美，最谦卑的尝试——那些自以为是、只顾自己追求的人，不应该被忽视。"刊物的第一期于1789年出版，第三期也是最后一期，于1791年春季出版，题目改为《繁茂植物志》。其他期刊也在计划当中，其中一些版画现收藏于伦敦自然博物馆，但销售可能过低且难以为继。索尔比还在从事更有意义的出版工作，一本更易读、价格更为低廉，且重点更为明确的作品。这本书就是《英国植物学》，我们将在后文详述。索尔比可能也是通过实践才得出了柯蒂斯所经历的、同样的教训。

他的素描手册和《花卉爱好者的乐趣》一书证明了他既能绘图、制作雕版，还能编制、撰写、出版、销售。他可以一边经营自己的业务，一边精进自己心仪的博物学绘画和雕版的工作。他还可以满足自己越来越强烈的宣扬自然知识的愿望——不仅面向富有的植物学家，而且还面向学生和更广泛、有兴趣的公众。

但那时还处于早期阶段，类似的业务在经济收入方面还是未知的。然而，幸运女神却站在了他这边。部分原因是他受到了国王和约瑟夫·班克斯等人的影响，还有邱园和其他植物园的发展，而这些地方成了从远方带来的具有异国情调美丽标本的存放之地。生命科学在某种程度上，发挥着更为重要的作用——逐渐摆脱了物理学和天文学的主导地位。博物学家约瑟夫·班克斯被视为英国皇家学会一位不同寻常（有些人认为并不称职）的主席，因为自艾萨克·牛顿（汉斯·斯隆除外）以来，该学会的主席多是医生、物理学家、数学家和天文学家。

当然，参与博物学研究比参与其他学科更容易，不仅是绅士们，女性也可以参与其中。人们委托并购买绘画和版画，绘制插图，或制作自己的收藏。有时，如果他们足够的富有，还能雇佣他人来协助布置和编目等工作。

这些工作既有趣又实用，而且还得到了许多学术著作方的支持。18世纪最后40年在英国出版的植物志数量，几乎是前60年的三倍。随之而来的是更多的大众出版物。吉尔伯特·怀特致托马斯·佩南特和戴恩斯·巴林顿的信件汇编《塞耳彭博物志》（1789年）是对那个时代的一次非常有代表性的映射。

博物学热的兴起也意味着在植物领域，对索尔比的业务需求将大幅增加。仅在1789—1791年的三年时间里，他就参与了不同作者撰写的约11本著作的艺术工作，还为柯蒂斯的《植物学杂志》承担了其他委托任务，并为从未出版的图书制作了很多插图。[9]其中大多数是重要的作品，对科学和对具有审美兴趣的人，都具有十分重要的意义。詹姆斯·迪克森是多位雇佣索尔比的人士中的一位。[10]他对苔藓、藻类、地钱苔和真菌的热情，使得他在16年间（1785—1801年）出版了《英国隐花植物集》。这本书用拉丁文写成，并被献给约瑟夫·班克斯爵士。书中对地衣等许多物种进行了正确的描述，其中包括一些新的物种，并包含了12张根据索尔比的原始绘图雕刻而成的黑白版画。

⌄ 3/5a 索尔比绘制的苔藓物种水彩画，用于迪克森《英国隐花植物集》。

> 3/5b 迪克森的《英国隐花植物集》其中一页的顶部，是根据索尔比所绘苔藓图制作的版画。

这是一部重要学术作品，但它几乎隐藏了索尔比所做的贡献。版画由D.麦肯齐雕刻。他虽然能干，但没有进行精细处理，而仅使用了每幅原始图纸的部分内容。这种方式，以及将几个小插图放在同一张版画上的处理方式，不可避免地导致了艺术和代表性之间的平衡丧失。任何观众都会对它们留下深刻印象，但仍不及亲眼看见原作的鲜活感受（原作现藏于伦敦自然博物馆）。这些作品精妙地描绘了植物世界中一百多种有趣的类别。仅仅观察一幅图画——地衣（线虫地衣）的描绘，

Tab. VII

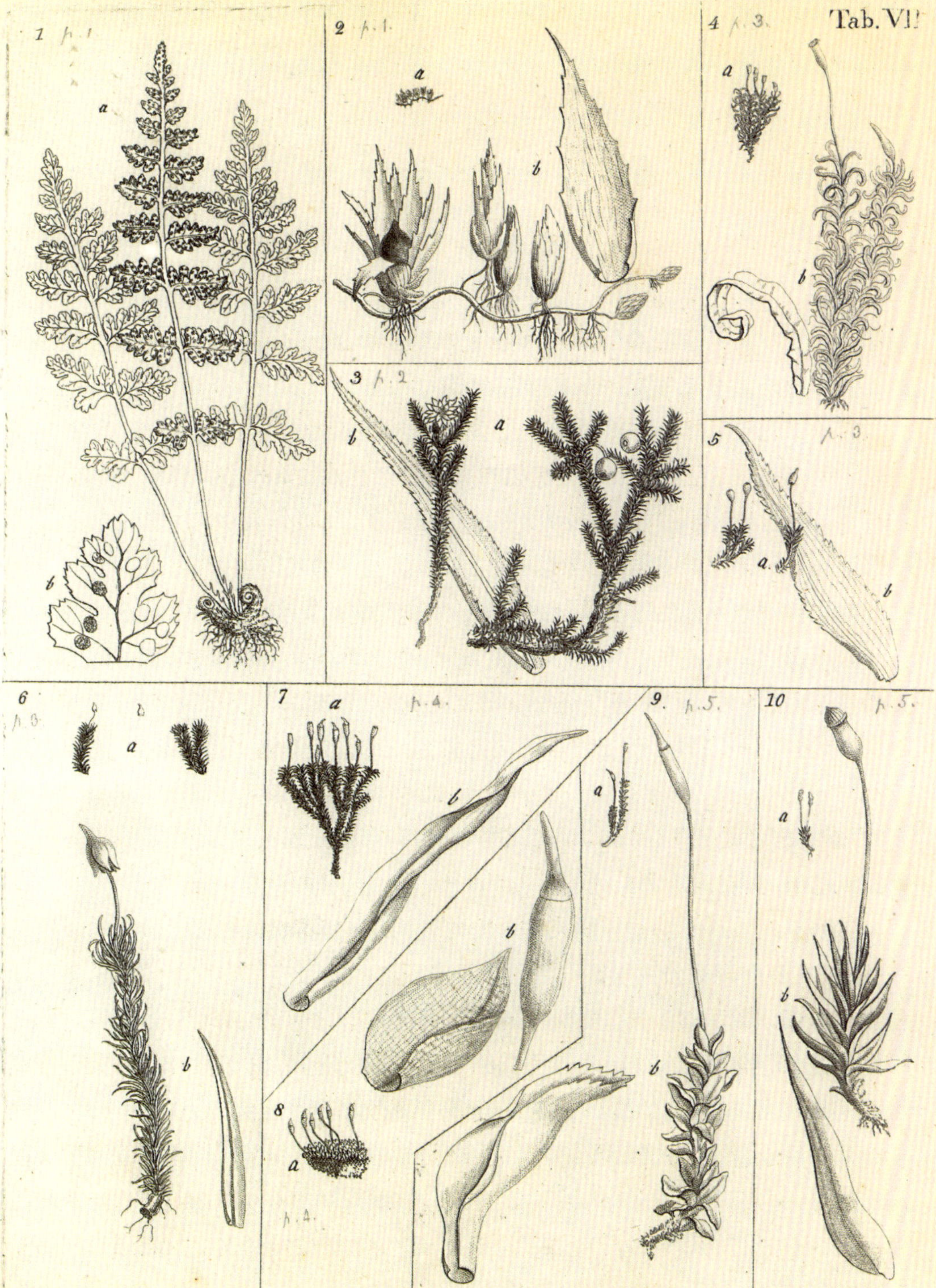

Mackenzie. sculp.

> 3/6 地衣型真菌地茶。索尔比为迪克森的《英国隐花植物集》绘制的水彩画。这个属的真菌有时被称为“白蠕虫地衣”，因其外观而得名。

就能看出索尔比在精细绘画和显然毫不费力的着色上的高超技巧，展现了近乎羽状的叶形结构，[11]使之看起来是栩栩如生的。

索尔比的绘画具有分类学的特点：其中准确无误地包含了必要的细节，并配有较小的附加插图，完美地展现了植物构成的复杂性。例如，他对苔藓（直线苔藓）的描绘配有七幅较小的插图，绘制精美、色彩细腻。即使版画中有一些细节的丢失令人遗憾，分类学家仍然在参考这部作品，许多物种是首次被描述。正是有了索尔比在他敏锐观察后描绘的加持，使得迪克森的学术工作具有了持久的影响力。

如果说迪克森出身卑微、教育水平很低，那么查尔斯·路易·勒里蒂埃·德·布吕特尔则恰好相反。勒里蒂埃是一位贵族出身、富有的法国人，曾担任巴黎水林总监，并十分热爱植物学。他是林奈植物分类系统的坚定追随者，和其他拥有足够财力和兴趣的人一样，他建立起了属于自己的植物标本馆。直到他遭遇不幸被谋杀身亡时，馆内已经收藏了约8 000种植物物种。1783年1月，他通过信件与约瑟夫·班克斯爵士结识，并在此后频繁通信。

1786年9月19日，勒里蒂埃突然来到伦敦，因为他不想将由法国植物学家约瑟夫·东贝在受到调派前往秘鲁和智利等西班牙属地探险过程中收集到的重要干燥植物馆藏归还给法国当局。根据法国和西班牙政府之间的协议，东贝不得对此批馆藏披露任何信息。这批馆藏已移交给巴黎的国王园林。法国政府给了东贝一笔小额的抚恤金，并且为他偿清了债务。但勒里蒂埃看到了机会，他说服了园林的主任缪斯封爵士，将这批馆藏移交给了他，理由是他将自费出版对这些新植物相关物种的描述。西班牙政府得知此事后表示抗议，并要求勒里蒂埃立即归还这批馆藏。然而，次日（即1786年9月9日），为了逃避当局，勒里蒂埃携带这批馆藏通过布洛涅前往伦敦，并且一到，就直奔班克斯在索霍广场的住所。

Tab. 6. fig. 10.

Js Sowerby delt

Lichen vermicularis pag. 23.

> 3/7 小叶蓝花参（*Wahlenbergia parvifolia*）。属于桔梗科的一种，以《苏格兰植物志》的作者命名，有时也称蔓越莓叶钟萼草。摘自勒里蒂埃的《英国花冠》，也出现在《异国植物学》中。

起初，班克斯对此非常欢迎，对法国和西班牙当局受骗一事也并不太担心，尽管詹姆斯·史密斯曾经警告他可能会惹上麻烦。他邀请勒里蒂埃入住并盛情款待，但最初计划的三个月逗留时间延长为实际的十五个月，这个法国人在1787年12月才回国。[15]约瑟夫·班克斯早些时候就写信给詹姆斯·史密斯，表达了他对勒里蒂埃的不满：

“因为他还待在这儿不走，他受到了各种礼遇，而且实际上，他还带来了他的素描师（著名的皮埃尔-约瑟夫·雷杜德）。后者他对所有新开花的植物进行了绘制。但这种慷慨的款待是极少有国家能够容许的。我非常‘欣赏’这样的行为，尽管我不怀疑他回国后会玩一些花样，但我还是会对他的这种恶作剧加倍偿还的，他没有交出东贝标本中的任何一个……”[16]

勒里蒂埃对植物园非常着迷，尤其是邱园，此外，他还很好地利用了班克斯自建植物标本馆提供的各种机会。他疯狂地利用时间进行研究，并准备让他的插图作品进行出版。为此，他不仅聘请了雷杜德，还包括索尔比在内的其他人，索尔比为他重要的《新种类植物》著作绘制了一张版画，该书在几年间（1785—1791年）出版，但未完成全部。勒里蒂埃的《英国花冠》在1789—1792年间出版，包含了十张索尔比的版画，介绍了英国，尤其是伦敦附近及邱园的珍奇栽培花卉植物。最后，他的《天竺葵志》（1791—1792年）对天竺葵属、万寿菊属等植物进行了描述并配以44幅黑白插图，其中61幅为索尔比绘制。第十五张大开本版画就是一个很好的例子，它展示了一个装裱的莫贝橡叶天竺葵，但叶子溢出了框架。（现在可以在早期植物学和其他作品网站上看到这些珍稀版画）[17]索尔比的作品质量极高，能够与雷杜德的作品相媲美——正是这种品质，使这些绘画在分类学中持续保值。《英国花冠》中的35张版画中，有31张对多个物种进行了首次描绘，而其余的几张后来从未绘制[18]。

4.

Jac. Sowerby del. Juillet sculp.

LIGHTFOOTIA oxycoccoides.

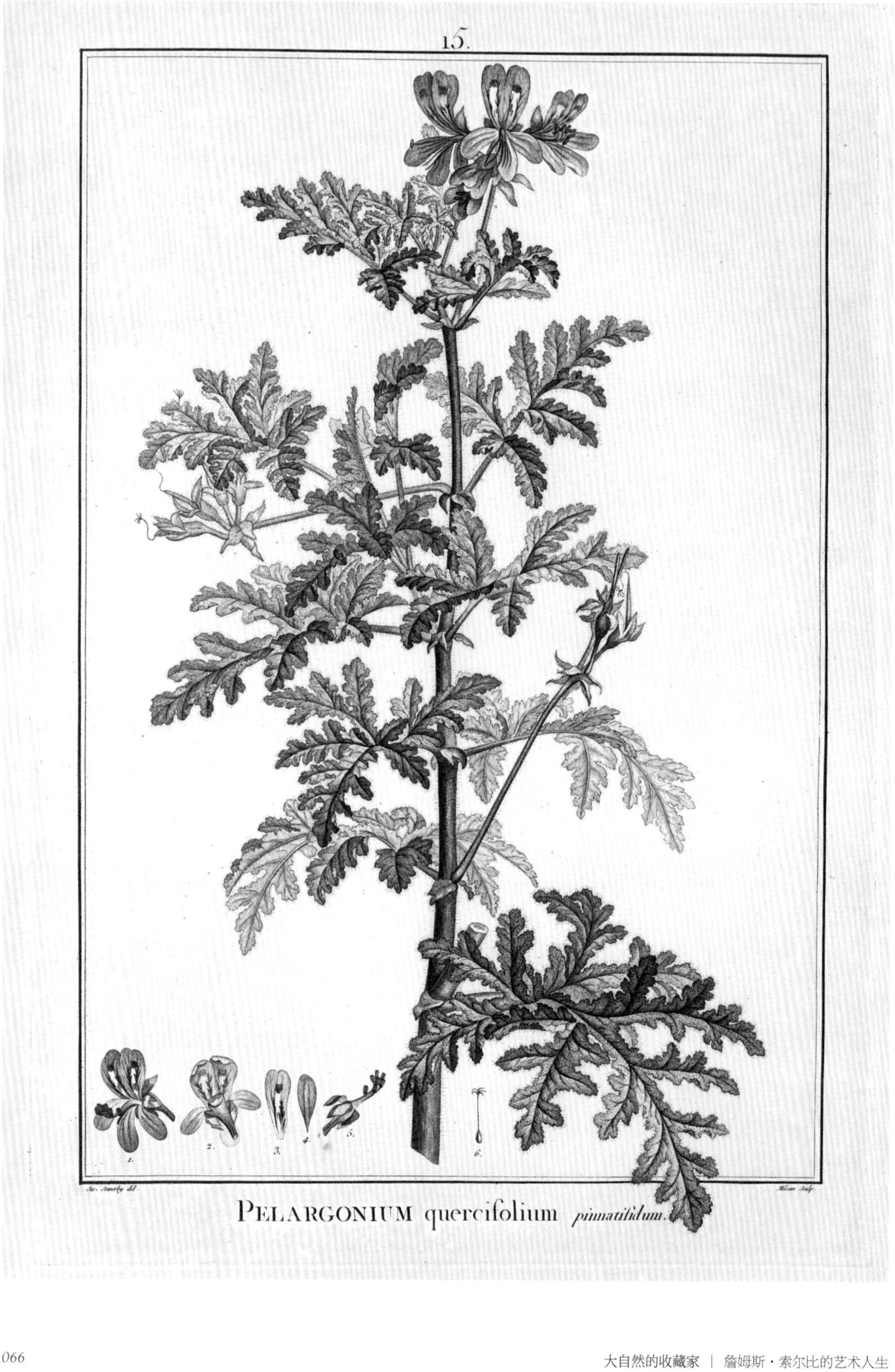
15.
PELARGONIUM quercifolium *pinnatifidum.*

‹ 3/8 一种常见的观赏性天竺葵，在勒里蒂埃的《天竺葵志》中有栽培记载。
这幅插图是索尔比早期作品体现其优雅、精准的案例之一。

∟ 3/9 丹尼尔·索兰德。由詹姆斯·索尔比绘制，J·牛顿于1784年雕刻的版画。他是瑞典植物学家，是约瑟夫·班克斯爵士的同事，还担任过大英博物馆博物学部的馆长。
图片来源：伦敦威尔康图书馆。

∨ 3/10 威廉·艾顿（1731—1793），油画。作者不详。

尽管勒里蒂埃是林奈分类法的支持者，但这并不妨碍他对其进行改进。在《天竺葵志》中，他根据雄蕊的数量将林奈的天竺葵属分为三个属：五蕊鹤虱属（*Erodium*，现牻牛儿苗属）、七蕊天竺葵属（*Pelargonium*，现天竺葵属）和十蕊天竺葵属（*Geranium*，现老鹳草属）。这种改进并不总能得到其他植物学家的赞同。例如：威廉·柯蒂斯认为，如果严格遵循林奈的方法，新分组应该在类别内，而不是属内。[19]索尔比避开了这种争论，但他对植物的直接认识正在快速拓展。

由于他的影响力和广泛的知识，勒里蒂埃也担任威廉·艾顿《英国皇家植物园邱园植物志》中对植物进行描述的撰稿人之一。该书描述了在皇家植物园附近栽培的植物。[20]

Calceolaria Fothergillii vol. 1. pag. 30.
1788

这部三卷本的作品（1789年）包含了数位著名艺术家绘制的13幅精美的雕版画，如弗朗西斯·鲍尔、G·D·埃雷特、J·F·米勒、F·P·诺德等，以及三幅索尔比的插图。此外，他还对最后一幅插图进行了雕刻。

这项工作得到了良好的反响。它展示了邱园的崇高地位，并成了其他国家园林争相效仿的典范。[21]同时，它也让索尔比的声誉越来越响亮，在欧洲大部分地区都广泛流传。

迪克森、勒里蒂埃以及《英国皇家植物园邱园植物志》的贡献者都是植物物种的描述者和编目者。因为都是新的知识，这些人只需进行描述、分类的工作，而无需进一步分析可能的相关性或涉及实用性等问题。任务留给了其他人，其中之一就是威廉·伍德维尔。作为一名医生、植物学家和贵格会信徒，他是预防天花的领导者，并曾在伦敦一家负责天花治疗和接种的医院担任医生，该医院还拥有一座植物园。[22]他于1796年发表了关于天花接种的论文。而且在早年间，他还基于伦敦和爱丁堡的皇家医学院的药典或药物记录相关的植物目录及描述，出版了四卷《医学植物学》。这是当时令人印象深刻的作品，取得了很大的成功，并被视为该领域的标杆性著作持续出版多年。索尔比在晚年，还在继续为再版和第二版制作图版。每种植物都有自己的图版（有彩色和黑白版本）并附有描述、同义词、在林奈系统中的分类和医学意义，有时描述还相当详细。颠茄（*Atropa belladonna*）的文字说明告诉我们：“当较多的浆果进入胃部时，大约半小时后，会出现剧烈的症状。例如：头晕、谵妄、极度口渴、咽痛、磨牙和抽搐；眼睑下垂等……”

< 3/11 索尔比为《英国皇家植物园邱园植物志》的第一幅插图绘制的红掌花（*Calceolaria fothergillii*）原始素描。此种植物于1777年由约翰·福瑟吉尔引入邱园。

^ 3/12 红斑荷包花（*Calceolaria fothergillii*）。《英国皇家植物园邱园植物志》的第一张图版。雕版只使用了索尔比的部分原始绘图，如图3/11所示。

伍德维尔强烈意识到，他的作品要想成为权威指南，就需要配有准确且有帮助的插图，正如他在序言中所写的：

对于自然物体独特和典型性的认知，肯定应该先于对它们不同属性和特性的考虑。就植物而言，这种认知很少能够完全通过文字描述来进行充分表达——因此需要精准的绘制，而这个工作就交给了索尔比先生。他是一位声誉卓著的艺术家，而且他的才华在设计上的准确性以及优美的视觉感受方面，都同样出众。

在1794年制作的第四卷中，他再次写道，这部作品“在其功绩方面更多地归功于艺术家的绘制，而非编纂者”。

这就是索尔比的优势——他将准确性与设计进行了完美结合。植物的描绘没有浪漫化，人们可以依靠这些图画进行科学方面的使用，同时，它们还仍然展现出了其内蕴的美感。

在为苦瓜（*Cucumis colocynthis*）制作图版时，他还总想着为索尔比提供上等的材料，例如，记录中提到：

苦瓜从土耳其进口到欧洲这部分，至今仍无法知晓这种植物的原产地。据说，它在特纳时期已在英国种植。我们在这里所给出的图版，是根据在温床中播种的种子生长的植物标本而绘制的。[23]

在四卷本的书中，图版的总数达到了274张——这是一项重要且有意义的工作。这一成功还体现在随后的四十年中，又出版了后续的版本。

关于“索尔比是一位值得拥有的绘图师”——这样的看法，也受到植物学界中一位不同寻常的人物——理查德·索尔兹伯里（原名马克姆）的认同。他和詹姆斯·史密斯在爱丁堡读书时相识，尽管索尔兹伯里从未取得过任何学位。通过一个神秘的途径，他从某位远房亲戚那里继承了一大笔财富，这个亲戚是他通过对花卉的共同爱好而结识的一位未婚女子。关于这位女子的信息我们无从知晓，她财富的细节也不为人所知，但为了接受这笔财富，他不得不改姓为索尔兹伯里，以满足未婚女子希望继承她的古老威尔士家族姓氏的愿望。

> 3/13 刺毛黧豆（*Mucuna pruriens*）。这种豆科植物种荚的细毛与皮肤接触会引起瘙痒，因此臭名昭著，又名痒豆藤。记载于《医学植物学》。伍德维尔提到了它的几个医学用途，包括用作驱虫药物。他还补充道：“或许与时代最为相关的是，种植园的殖民地管理员会将药物给奴隶服用。服用第二剂时通常会排出大量的虫子，甚至一次多于二十条，以至于排便物几乎全都是这些虫子。”

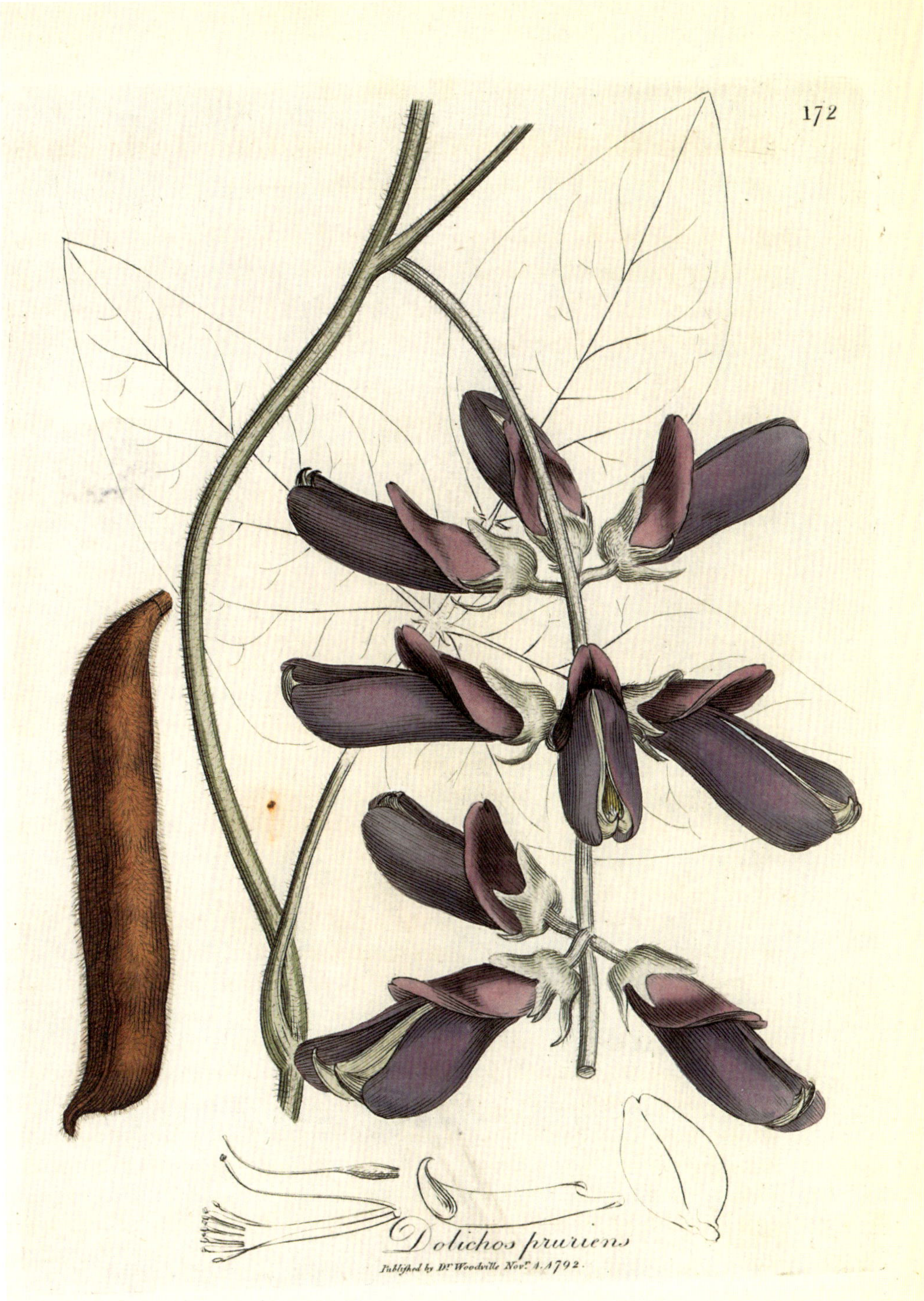
172
Dolichos pruriens
Published by Dr. Woodville Novr. 1. 1792.

∨ 3/14 平凡而美丽的白花酢浆草（*Oxalis acetosella*）。伍德维尔说它是英格兰的本土的植物。在医学上，它的“主要用途是解热消渴”。因此，可用牛奶烹煮这种植物而制成一种美味的酸奶。

∨ 3/15 肉豆蔻树（*Myristica fragrans*），产于印度尼西亚，以其烹饪用途而闻名。伍德维尔在《医学植物学》中对其医学用途提到的很少。

< 3/16 钩菝藤（*Dombeya lappacea*，现称 *Tourrettia lappacea*）。最初由约瑟夫·冈贝从秘鲁收集。索尔比的图版在索尔兹伯里于 1791 年出版的《罕见植物图鉴》中收录，但这种植物在勒里蒂埃于 1784 年的《新种类植物》中已经有所记载。它属于紫葳科，通常作为观赏植物栽培。

随后，他认为自己的财富已足够过一种乡村地主的生活，因此就居住在位于利兹附近的查佩尔阿勒顿父亲的庄园，并追求他的园艺爱好——他在这方面也颇有能力。他在植物学界备受尊敬，于1787年入选英国皇家学会。[24]

他在出版学术植物书籍的热情方面与他那个时代的其他杰出植物学家一样高涨，他让索尔比为他的《珍稀植物图鉴》制作图版。

这部大型的明信片式作品分期发行，其中每个植物都配有十个美丽的彩色插图，包括茶花、千屈菜、茉莉花、婆罗门参等，同时还配有拉丁文的文字说明。

他在1790年1月写信给索尔比，说：“**如果我要出版一部小书，你就必须得来，因为只有你那无与伦比的笔触，才能完成所需的修改和补充。**”到了11月份，他对索尔比的绘图“感到满意”，但对他还未进行雕刻而感到“遗憾”。1月份的时候，他确信只花略高于一磅的价钱，第一本小书就会卖得很好，于是他给索尔比寄去20磅，并要求他着色。到1791年5月，这些版画已经完成，并且完全符合他的要求。但是他却无法支付索尔比，他解释道他曾借给一位绅士500磅，现在很难收回。可见金钱对索尔兹伯里来说是个问题，也因此连累了索尔比。

《珍稀植物图鉴》一书很快制作完成，高质量的纸张、大开本、精美的版画，以及对约瑟夫·班克斯爵士的献词，都清楚地显示出它的宏伟。

他们一如既往地注重制作精良的绘图和雕刻。伦敦自然博物馆收藏的一张原始图画（4号板，异叶婆婆纳）上用铅笔注释写道：“**整个植物上都有极其精细的茸毛，雕刻时必须展现出来。**”索尔兹伯里非常满意，两人之间建立起了深厚的友谊，索尔比第三个儿子马克汉姆出生在那本书出版之前的数月，而索尔兹伯里也因此成了这个孩子的教父。但索尔兹伯里后来又回去了，且带着一种挑衅的心态。我们在下文中会继续讲述。

这段时间索尔比的生活都能编制成一部图书和绘画的目录了。这是索尔比的高产的时期，他不仅为其他人的作品作出了贡献，而且也开始了他自己的出版事业，并且还完成了多个小型的委托任务——这些可能一直都是他工作的一部分。他为苏格兰植物学家约翰·弗雷泽私人出版的《新美洲草》（1789年）准备了一张美丽的版画。

弗雷泽常常在北美洲旅行，他从那里引进了一些植物到英国，其中一些在柯蒂斯的《植物学杂志》上就有介绍。同时，索尔比也为利茨姆博士的格罗夫希尔豪宅，金伯韦尔庭院中生长的植物制作了一百多幅精美的水彩画。[27]这是一份报酬丰厚的工作，而且利茨姆也是一个可靠的付款人。同样，毫无疑问，其他人，尤其是像波特兰公爵夫人和诺森伯兰公爵夫人、罗金汉姆侯爵夫人和路易瑟姆勋爵这样的贵族，都十分欣赏索尔比的技能。如果需要证明的话，这封寄给他的简短信件可能就比较典型，能用来显示他当下所处的地位：

“我受洛金汉姆夫人之托，她希望您来为她画百合花。如果能在周一来，那就最好不过了。但是，如果您周一实在来不了，我想，您周二再来也是可以的。”[28]

米德庄园作为一个艺术家的工作室肯定设备齐全，配有足够多的蜡烛，以供在冬天的晚上使用。索尔比会雇佣其他工匠进行一些雕刻和着色工作，但随着成家生子，他需要将自己的收入最大化，因此才亲自完成了许多工作。尽管离财务独立已经越来越近，但他仍然依赖于别人为他提供工作机会。米德庄园也迎来了新成员。索尔比和安妮在结婚五年的时间里生了三个孩子。詹姆斯·德·卡尔于1787年6月5日出生；乔治·布雷廷翰于1788年5月12日出生；马克汉姆·瓦伦丁于1791年2月14日出生。前两个孩子的名字含有安妮家庭的姓氏，而马克汉姆是由于理查德·索尔兹伯里的关系，是他以前的名字，瓦伦丁则包含了他的出生日期（Valentine为“瓦伦丁”，即2月14日情人节）。

索尔兹伯里是马克汉姆的教父，索尔比的好友，也就是他姐夫，罗伯特·布雷廷翰·德·卡尔是乔治的教父。两个儿子都作为重要成员高度融入索尔比的家族生意，他们各自以不同但互补的方式参与其中。但令人惋惜的是，马克汉姆不幸过早夭折。

> 3/17“新美洲草”，聚穗剪股颖（*Agrostis cornucopiae*）。索尔比的精美版画附带了约翰·弗雷泽的私人出版账目，包括植物描述和试验的种植，以期对其经济用途进行了解（1789年）。（*Agrostis cornucopiae* 是 *Agrostis perennans* 的异名）

Agrostis Cornucopiæ
or new American Grass
Published by John Fraser Sept. 29th 1789

当柯蒂斯决定离开兰贝斯时，索尔比才刚刚在那里安定下来，但在此之前，索尔比已经为植物园画了一幅水彩画。十年来，柯蒂斯努力使他的植物园取得成功，但实际却远非理想，似乎变得越来越糟，甚至使他陷入了绝望的境地。因此，在1789年，他搬家离开了兰贝斯。他说，除了风从南边吹来的时候，其他时间伦敦的烟雾始终笼罩着我的植物，对它们产生了有害的影响，甚至还导致了许多植物的死亡。对于大部分植物，尤其是阿尔卑斯山植物，则是产生了很多不利的影响。除了这个大难题外，我还要应对许多小问题。这些问题缠绕在一起时就会变得难以对付，比如，地理位置的模糊，前往的目的地道路状况不佳、周围沟渠的异味，有时候十分令人反感。

他搬去了位于皇后榆树布朗普顿，离海德公园转盘只有1.5英里，那里有7英亩多（1英亩=4 046.86平方米）的土地供他使用。他在那儿为药用植物、英国草地、树木、灌木、农作物等安排了不同的区域。[29]在《伦敦植物志》和《植物学杂志》方面的工作仍在继续时，索尔比提供了超过60幅图纸和一些雕刻。直到1790年，索尔比自己的出版物《英国植物学》，在初期被柯蒂斯视为讨厌的直接竞争对手，从而导致了他们之间关系的疏远。

柯蒂斯不是唯一一个离开兰贝斯的人：索尔比的姐夫罗伯特·布雷廷翰·德·卡尔在1791年2月7日去世，年仅四十二岁。他曾是科德石工厂的重要成员，被誉为“无与伦比的杰出模型师”，并积累了一些财富和财产。可能是通过赠与或继承，他得到了他已故父亲的帮助。[30]罗伯特在从诺里奇来到伦敦后不久就结婚了，但他的遗嘱中没有提到他的妻子。相反，他的遗嘱更多地反映了他与索尔比的关系，而不是他在诺里奇的家人。他希望“以尽可能少的费用入土为安”，除了给一个教子留下十英镑，并给弟弟约翰留下一先令外（他是一个成功的大理石工匠），其余遗产全部都给了索尔比的次子乔治·布雷廷翰。乔治当时只有两岁，但这个早期的遗产很可能在他后来的企业活动中起到了协助作用。

遗嘱中还添加了一项特别的附言。罗伯特希望不多也不少，只有六个人来参加他的葬礼：包括索尔比和安妮在内的四个索尔比家族成员、他教子的父亲萨穆埃尔·戴维，和他自己的兄弟约翰。[31]索尔比被任命为唯一执行人，但直到1794年10月29日，也就是三年半之后，遗嘱才得到证实。到底是索尔比花了很长时间来完成他的任务，还是德·卡尔家族提出了一些别的要求呢？对于后者，有一点点证据存在。

遗嘱认证文件有一句小字，应该是后来添加的。大意就是，如果罗伯特未留遗嘱去世，他的父亲就是唯一有权继承任何遗产的人，但他的父亲已经先他而去世了。

安妮肯定会想念她的兄弟。因为在健康状况不佳和后来失去孩子的极度痛苦中，她从兄弟那里获得力量与支持。索尔比也失去了一个曾经共度18世纪艰辛生活的亲密战友，但几乎没有保存下来的信件或其他线索，能让我们对此获得更深的了解。

然而，有一件物品是罗伯特在他结婚前送给索尔比的礼物，那是他在1781年制作的一只相当精美的石器水壶，上面装饰着叶子、水果和小草——也许这暗示着索尔比对博物学的兴趣处于发展当中。水壶是在兰贝斯遥远的郊区制作的，但它现在已经到了河对岸，在南肯辛顿的维多利亚和阿尔伯特博物馆中收藏。[32]当时在河的北边是詹姆斯·史密斯，他在罗伯特·德·卡尔去世前的几年里一直在与索尔比紧密合作，为他的各种植物学出版物工作着。这是一个正在稳步上升的合作伙伴关系，而不是索尔比和罗伯特之间的亲密家庭友谊，但他是驱动索尔比现在生活前进的主要动力。

^ 3/18 由罗伯特·布雷廷翰·德·卡尔为詹姆斯·索尔比制作的石器水壶（1781年）。伦敦维多利亚和阿尔伯特博物馆版权所有。

Convolvulus speciosus

第四章
两位詹姆斯

两位詹姆斯——詹姆斯·爱德华·史密斯和詹姆斯·索尔比——虽然只相差三岁，但他们的背景和机遇却截然不同。他们的境遇使他们步入了同一领域，他们时而贡献的能力相似，时而差异强烈，但技能互补。他们都是勤奋工作、自律且最终致力于博物学事业的人。他们的个性决定了他们的工作伙伴关系及其长久持续的时间。这个不同寻常的伙伴关系还在于，他们在不同时期，都希望能对对方有一定的控制。这并不是一个简单的赞助人与艺术家，或者作家与设计师的关系。它是通过一系列更为复杂的互动进行的。这些互动在大部分情况下，都具有高度创造性并且十分成功，但仍需要应对当时存在的偏见和社会观念。史密斯也永远不可能真正认为索尔比与他平等。

史密斯的财富和他对林奈藏品的收购，使他立即就进入了英国和欧洲其他地方植物学家的内部圈子。在藏品抵达后的一年内，他被评选为英国皇家学会的会员（1785 年），并一直与学会的主席约瑟夫·班克斯爵士和他的植物学图书馆员乔纳斯·德兰德一起工作。索尔比却没有这样的入场券。史密斯还是一位天生的交际高手，后来经常向热切的听众做自然流畅的讲座，而索尔比的性格则更为内敛。史密斯的写作流畅且迅速，相对来说，索尔比并不擅长写作，他后来提到，他更喜欢绘画而不是文字来表达自己，尽管每个人都需要处理大量的信件。

两位都有婚姻，史密斯没有孩子，索尔比却有许多个。

< 4/1 为詹姆斯·史密斯的《彩色植物图鉴》绘制的美丽银背藤（*Argyreia nervosa*）。它展示了索尔比精准描绘植物特性的技巧，即使在有限的空间内也能做到。

< 4/2 詹姆斯·爱德华·史密斯。约翰·赖辛的油画，日期不详。图片来源：林奈学会。

当索尔比正在米德庄园安定下来并开始谋生时，史密斯开始了由他父亲资助的欧洲之旅，包括意大利、荷兰、法国和瑞士等地。这次旅行持续了十七个月，他在1787年11月回来。这次旅行对他非常重要，巩固了他作为一位有影响力的、积极进取的科学家资质。他在莱顿大学获得了医学学位，遇到了杰出的医学和植物学领袖、结交了新朋友、收集了大量标本，并大幅提升了他对欧洲植物学、学术机构和人文的知识。所有这些都有助于他将来有能力与外国人打交道，同时也提升了他的自我认知和地位。

回国后，他就带着这些藏品搬到了伦敦西部的大马尔堡街。在包括班克斯、昆虫学家托马斯·马舍姆、植物学家塞缪尔·古登纳夫等人的帮助下，他立即着手建立了一个新的学会，用于推动“博物学所有分支的发展”。这就是林奈学会第一次全体会议，于1788年4月8日在他家中举行。学会开始的时候有三十六位成员，十六位副会员和大约五十位外国会员。[1]与林奈收藏品的有效关联，以及对许多杰出外国会员的邀请，使这个学会立即获得了很高的地位。林奈学会至今仍然是世界上最重要的生物分类学会之一。索尔比在1789年成了副会员，并很快就不同种类的西番莲，也叫“热情花”（*Passiflora*，又叫passion flower）的花朵结构发表了论文。这份印刷版本在1794年的学会交流中发表，包含索尔比画的三幅精美的插图、明确的分类描述，以及他对颜色之美的欣赏性评论。索尔比在精确描绘上的丰富经验，使得他对细节性植物结构方面的认知和理解，与他同时代的众多植物学家一样高超。事实上，他早些时候就曾为《植物学杂志》绘制了各种“热情花”。1793年，索尔比被正式任命为会员，在很多年里贡献了大量学术论文和有关探讨，同时也帮助学会和其出版事业顺利运转。

同一时期，史密斯发表的作品相当少。他的声誉主要是通过他担任林奈学会主席，以及他所拥有的林奈藏品而获得，但他已经开始迅速对不足进行平衡。在1789—1792年的三年里，他发表了三部作品，所有作品都由索尔比作为插图画家——这也促使他们伙伴关系得以成型。这些作品因处理了一些稀有或新的物种而具有很强的信息性，但并没有开创任何新的科学领域。他们的风格与当时一些作品相似，目标读者也相同。第一本书的书名为《尚未公开或未知的林奈植物标本相关植物图像》，在1789—1791年间分为三次发表，用拉丁语描述，并为七十五种植物提供了黑白插图，其中一些是首次绘制。索尔比并没有作为艺术家或雕刻家署名提及，但我们知道他确实是。这可能是因为其中一些是由史密斯本人绘制的，[2]并且，其他几个是基于另一位艺术家的画作，这些画作最初是寄给林奈的。[3]只有三册小书的事实表明，要么这项工作对其他植物学家的吸引力有限，要么史密斯已经决定将他的精力投入到其他项目当中。

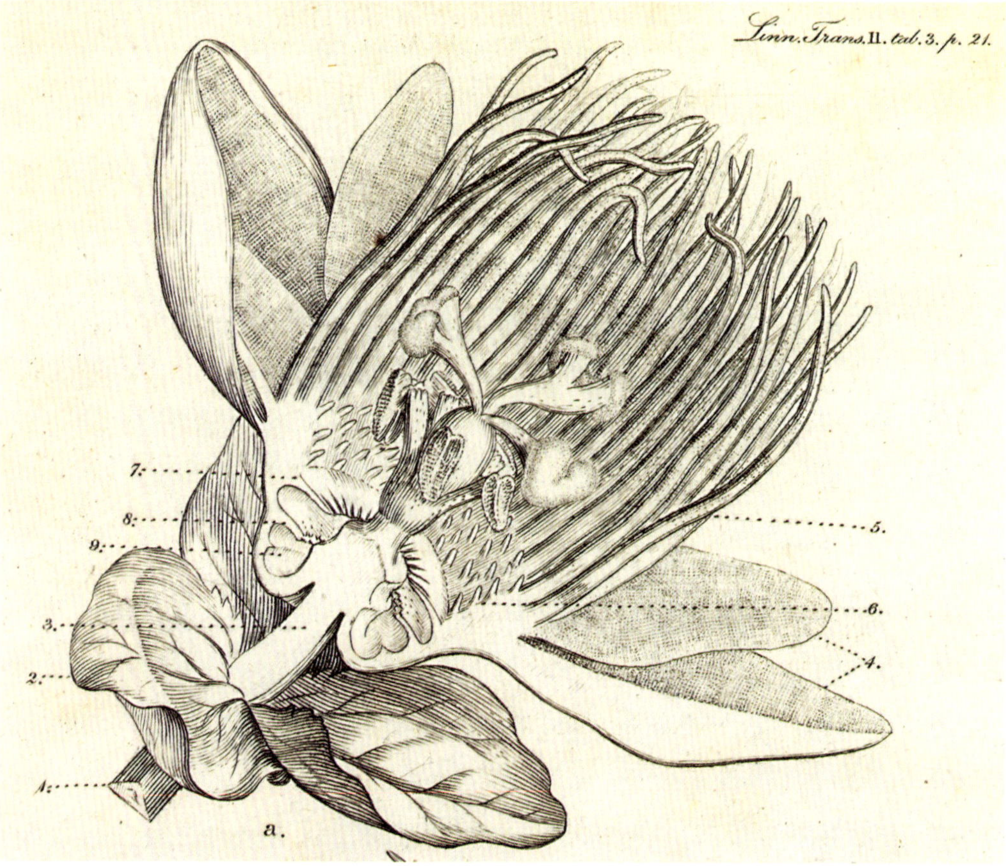

^ 4/3 大果西番莲（*Passiflora quadrangularis*）。索尔比为他提交给林奈学会的论文（写于1790年，发表于1794年）绘制了花卉结构图。

> 4/4 西番莲（*Passiflora coerulea*）。来自索尔比的图画，刻录在《植物学杂志》第一卷（1787年）。

Nº 28
Publish'd as the Act directs by W. Curtis Botanic Garden Lambeth

> 4/5 秋海棠（*Begonia isoptera*）。一种印度尼西亚秋海棠。尽管乔纳斯·德兰德尔早些时候已经对其进行过描述，但詹姆斯·史密斯也还是在他的《植物图鉴》中又一次进行了描述。

第二本书《稀有植物的彩色图像》是大型对开本，更加妙趣横生。史密斯热情地写给他在瑞士的植物学家朋友埃德蒙·达瓦尔："我很高兴你对索尔比的画作感到满意。我非常喜欢他。我们正在准备一套美轮美奂的彩色作品插图，一册六张，献给洛金汉姆夫人。已经完成了三张插图。"[4]

在序言里，他对索尔比的介绍也充满了热情：

"英国花园中大量的新奇和稀有植物长期以来一直需要一个科学的植物学家将它们从遗忘中拯救出来。而且，索尔比先生有意愿（他是这个国家曾经拥有的、最好的植物画家之一），希望参与一项与他的能力高度相匹配的工作，因此愿意全面投入到这项工作当中。如果我对任何人的技能高度和精准度感到不满，我就不会让他参与当前的这项工作。我们的目的是提供精确而且优雅的植物图像以及科学的描述。此外，只有最为珍稀和美丽的植物才会录入这里。我们希望未学过植物学的人也能够熟悉科学并欣赏古典雅致的语言，以便最终雅俗共赏。因为他们都在建设相同的科学、使用相同的术语。"

c
d
c
b
a

> 4/6 红花爵床（*Justicia coccinea*）。西印度群岛的一种植物，詹姆斯·史密斯写道：它可以在温室里长到小树的大小。来自他编制的《彩色植物图鉴》。

这不是专门为植物学家而设计的。因此，为了扩大受众群体，也可以额外付费购买英文版。事实上，这位侯爵夫人很可能就是赞助人，或者至少是深度参与其中的一员。

她就是富裕的韦特沃斯·查尔斯·沃森二世，洛金汉姆侯爵的遗孀。她在米德尔塞克斯郡乌克斯布里奇附近的希灵顿府邸生活，那里有她的精美植物收藏。

她对花卉的热爱溢于言表。她在给史密斯（口述）的信中充满了激情，但她也担心这项工作是否足够达到植物学的高度。

洛金汉姆夫人从史密斯博士那里了解到，他打算做的工作只是以前从未在任何书中着色过的植物。那这自然就排除了凯特贝亚，它已经在凯特斯比的作品中了。如果索尔比先生能精心绘制她送去的样本，她希望能将其和她的其他植物一起送去。史密斯博士并未提到华莱士大戟，但她想象，那将会是他的书所能接受的，因为她从未听说过它在任何出版物中出现。并且，她对这件事比任何其他事都要感兴趣……

史密斯博士打算把这项工作成果献给她，这实在是令她无法拒绝的恭维。但她害怕对她的任何形式的称赞都会成为对植物学的滑稽效仿。为了避免这种情况的发生，作为这个国家最早一批最优秀的收藏之一，她认为精心绘制可能更适用于她的植物。[5]

她的牙买加一品红（*Euphorbia punicea*）的绘图和上色都是十分精美的，就像许多其他植物一样，如新月西番莲（双花西番莲）、头状常春藤、铃茜（这种为双页插图）、五色酢浆草、美丽银背藤等。

全套小书中的最后一本在1793年面世。它们都强调了彩色图像。索尔比的插图一直作为植物艺术作品的典范，得到了其应得的认可。其中精美的彩色细节，在密苏里植物园网站上很容易找到。这是由安德鲁·W·梅隆基金会支持的一个绝佳的资源。[6]他们表示：索尔比的插图是“他最出色的作品”。

Justicia coccinea

^ 4/7 铃茜（*Portlandia grandiflora*），这是詹姆斯·史密斯的《彩色植物图鉴》中的双页插图。

然而，这种认可并非一直都存在。1873年1月，索尔比的一位后人（威廉）曾经向著名的书商伯纳德·夸里奇出售《彩色植物图鉴》副本，后者回复感谢他的提议，但“恐怕这本书完全没有价值”。[7]

2006年，一份副本在伦敦佳士得拍卖会上以近4 000英镑的价格售出。[8]

洛金汉姆夫人对索尔比的个别画作以及史密斯的《彩色植物图鉴》中出现的作品均感到非常满意，而且她没有犹豫，让史密斯作为中间人进行委托或审查她自己植物的部分插图。

她非常乐意看到索尔比先生已经完成的铃茜和卡特斯贝亚百合两幅画，如果在羊皮纸上有他自己的绘画作品，他希望能够同时寄给她查看。因为如果他在羊皮纸上画花和在纸上一样好，那她可能就会更喜欢。[9]

有时她有足够的勇气请索尔比前来造访，如果感到需要便会向史密斯坦白：

“不破坏杜鹃花，我就无法发送足够精细的样本进行绘制，因此我请索尔比先生到这里来一趟。此外，我还想让他画一幅植物画，这是他从未做过的大小，既奢侈又可能非常荒谬。但事实上，这种植物开的花很大，是一个非常美丽的作画对象，我无法抑制想把它画成真实大小的想法。”[10]

洛金汉姆夫人与史密斯的热情通信还在继续，但在一两年内，她直截了当地表达了对索尔比无法关注她需求的烦躁：

“今天早上发现三角叶西番莲（细柱西番莲）开花了，它可真是一个美丽的小东西！它从未在这里开过花，我甚至怀疑它是否真能开花。因此，我想要一幅它的画，如果索尔比真的能做得又快又好的话，我会寄一份好的样本给他。我认为这和金鸡菊，画在羊皮纸上会成为两幅优雅的图画，可以与他之前画的卡特斯贝亚百合放在一起。但我还没有听到他关于曼陀罗尺寸的任何消息，我忍不住担心他会因为一次性需要理解太多的信息而变得思维混乱。”

或许对一位女士来说，与绅士打交道比直接去找工匠更容易，毫无疑问，可怜的索尔比让自己的脑袋装满了太多事情。因为这是他极为高产的时期，有些是为别人的作品、有些是为别人的奇思妙想、有些是为他自己的出版物，但所有的都是为了为日益壮大的家庭而赚钱。然而，并非所有的植物学家都能及时支付给索尔比他应得的报酬，包括达瓦尔。[11]

埃德蒙·达瓦尔是一个住在瑞士的英国人，对植物学有着浓厚的兴趣。[12]他在访问伦敦时遇到了史密斯，他们很快成了非常要好的朋友，互相写下了充满感情的信件。当时，达瓦尔正在收集并研究瑞士的植物，准备编制他的《瑞士植物图鉴》，由史密斯帮助进行植物识别。史密斯也作为中间人，向索尔比传达了关于制作图版的事宜。[13]这项工作从未完成，但一些论文和艺术作品都保存在了伦敦的林奈学会。达瓦尔在1790年2月写信给史密斯：“我为索尔比的工作增加了6幅绘图，包括制作这些绘图的原始样本。我将尽快给索尔比写信，向他表示敬意，并对版画的制作做

> 4/8 巴巴利猕猴（*Macaca sylvanus*），又叫地中海猕猴。在肖氏林奈动物学中的绘图。此图过度风格化而非自然，显示索尔比选用的很可能是一个不准确的绘图。

好建议。”他们的通信显示，索尔比会成为史密斯家的预期访客，从而收集标本、绘图或支付款项。[14]这也揭示了植物学社交网中的紧张关系，以及对索尔比技能的需求。正如史密斯在1789年11月向达瓦尔解释的，关于约瑟夫·班克斯爵士的一些事情：

“您问我班克斯爵士是否对我非常忠诚。我认为，他和德赖安德尽可能地对我表示礼貌，那我还有什么可追问的呢？并非每个人都是有心的。

我所计划的彩色作品，班克斯并不喜欢，因为他想让索尔比开始研究邱园的项目，但我的项目将预先完成。我们的关系已经保持在最好了。我尽我应尽的义务宽厚待人，他们对我也是非常坦诚的。每个人都认为我们是最好的朋友。请严格对这件事保密。”

史密斯还与乔治·肖建立了工作关系，肖就像他一样，在爱丁堡学习医学，并来到伦敦实习。但他却成了一位热情高涨的植物学家，并最终获得任命，成为大英博物馆博物学部的负责人。此外，他还是林奈学会的联合创始人，后来当选为副会长，并于1789年成为英国皇家学会的会员。他与史密斯和索尔比一起研究一些澳大利亚的动植物，但他与索尔比的第一次合作是在1790年他自己的《林奈动物学》的出版。他称这是对林奈的《自然系统》动物学部分的完整描绘。实际上，它只涉及了第一类：哺乳动物，还描述了狐猴、蝙蝠和灵长类动物。这是一个相对较薄的卷宗，包含二十六页文本和八个彩色插图，但这些插图显示了索尔比的艺术突破——因为它们不仅仅是动物，而且动物身处于自然环境之中。狐猴栖身于枝繁叶茂的树上，后面是多云的蓝天；巴巴里猿在草地上悠然自得地躺着，其姿态放松而深思，下面写着：“我们已经确定了一种猿猴的种类……足以通过其对我们自己种族具有羞辱性的普遍相似性来打击人类的自尊。”很难判断索尔比这些插图的准确性。我们既不知道他是否只是根据其他人的绘画而作，也不知道他是否有一些用于比较的样本在手。当然，将乡村风光融入这些图像对他来说并不会构成什么问题，他在绘制风景画方面曾有过大量的实践。

8
1
2
3
Hibiscus Rosa sinensis.

‹ 4/9 朱槿(*Hibiscus rosa-sinensis*)。詹姆斯·史密斯写道:“这种最为美丽的开花灌木,理所当然地受到中国人的喜爱。”来自他的《植物学拾遗》。

∨ 4/10 附生兰科植物淡黄色树兰(*Epidendum fuscatum*),现在称为双叶树兰(*E.anceps*),有时因其叶片的颜色而被称为“棕(灰)叶树兰”,生长在美洲的热带地区。此图基于来自“巴灵顿夫人的火炉山”的标本。来自史密斯的《植物学拾遗》。

《分析与评论》杂志上的一篇短评对这样的出版物表示赞赏,特别是由“有着古典品味的肖博士和才华横溢的索尔比先生”制作的出版物。[15]

我们必须简单回顾一下史密斯和索尔比在此时共同出版的第三部书:《植物学拾遗》或《植物学采编》(1792年),原来是两个对开本,每个包含十二个物种及其彩色插图。它的目标是展示“那些尚未被任何作者充分描绘的、不常见植物的彩色样貌……通常是,但也不完全是异域植物”。它包括月桂叶香花茉莉、垂头延龄草、黄色高山肥皂草、中国玫瑰以及许多其他植物,还包括一种真菌:柱形马勃(由詹姆斯·狄克森在1785年首次描述,现名为巴塔雷亚鬼笔菌)。作品可支付10先令6便士的价格购买,或者加上英文文本以12便士的价格购买,并在索尔比的家米德庄园进行销售。插图再次以艺术感和准确性展现出了高质量,但植物学家希望本书聚焦点更加明确,而不仅仅是欣赏精美插图。这就催生了两位詹姆斯的重大合作项目,享誉至今的作品——《英国植物学》。

Js. Sowerby delt. Apl. 1 1792

Anemone pulsatilla

第五章
索尔比的植物学

在索尔比的下一个大型项目《英国植物学》中，他颠覆了常识性的程序和社交礼仪，不再是作家提出委托并向艺术家支付佣金，而是索尔比提出委托并向作家支付佣金；不是销售收入归作家，而是归艺术家；不是作家寻找合适的出版商出版作品，而是索尔比自行出版。艺术家索尔比掌控着一切。

《英国植物学》（全称《英国植物彩色图鉴，及其基本特征、别名和生长地点》）这本部于1790年12月开始出版，并加入了当时正在出售的关于植物的书籍、期刊和图版等行列。[1] 但是，这将是一本与众不同的连续出版物。索尔比希望它能吸引广大读者，因为它将使用英语（而非拉丁语），同时保持植物学的准确性，价格适中，而且其范围将覆盖英国全境的植物。第一卷的序言提到："直至目前，还没有成功的尝试，来通过原创图像，以更便宜、更简洁的计划对其进行阐述。"它将展示英国国内植物与异国植物一样优秀。

< 5/1 欧洲白头翁（*Anemone pulsatilla*）。这幅版画早在《英国植物学》（1792年第一卷）中就有所登载。它的形容词包括"极其美丽"。索尔比的原始绘图在下一页展示。

> 5/2 詹姆斯·史密斯在索尔比的白头翁初稿上作了一些铅笔批注。索尔比用它来做雕刻，他的部分色彩是为上色师做的指引。参见前一张图。

“在许多方面，我们对自己国家植物的了解大于对外来植物的了解，因为对前者可以掌握更完整的信息，并且在多个方面也更直接有用。我们田野和树林的朴素作品并不缺乏真正的美感、优雅和结构的独特性。就这些方面而言，其中一些甚至可与最受人喜爱的异国植物相媲美。更不用说，那些从事国家农业经济的人，需要非常熟悉其本地植物。作为一种娱乐，学习它们从而收获的成就感超过了学习异国植物，它使每次旅行或散步的乐趣加倍，并鼓励了健康运动以增强体魄和精神力量；而那些不知道这样追求的人，要么因坐着不动的工作牺牲了他们的健康，要么满足于漫无目标，也无法非常享受地去劳动和锻炼，他们就仅仅为了锻炼而锻炼。”

这本书不仅是一件艺术之作，还具有植物学级别的可信度。索尔比不遗余力地确保植物特性和别名的准确性。由于能够有幸接触到最初的信息来源，他希望他计划的这部分可以得以贯彻，从而获得认可。

这些“最初的信息来源”一开始并没有公布，而且早期版本的封面也只有索尔比的名字。植物学家知道索尔比在观察、识别和描绘植物方面有着极为丰富的经验，但他们也必须对他在别名、分类和之前发布的描述方面的学识不足进行质疑。如果一项出版物要得到尊重，就必须有一个受人尊重的作者或合作者。

那么，这个人到底是谁，为什么不肯告诉读者呢？

詹姆斯·史密斯已经写信给他的植物学朋友托马斯·伍德沃德：

“索尔比即将参考柯蒂斯的杂志的计划，出版一本关于英格兰植物的书。价格是1先令，书名是《英国植物学》。我免费为他写这本书，直到看到它是否能成功。这本书是以他（索尔比）的名字出版的。我觉得我为它找到了一个很好的座右铭，而且是从维吉尔那里借来的一个很有创意的——‘美好的物产，田野的心愿’。[2]第一期很快就要出版了——里面有尖穗婆婆纳……我想，大家会猜到我就是作者。”[3]

2469. Menziesia coerulea

Aviemore

Dr. Smith

Octr

too sharp
see Tr. of L. So
v. 10. t. 30. A

This should have rather more of a blue tinge, as in Fl. Dan.

coloured by guess
is it right
yes.

> 5/3 索尔比的工作草图和最终印刷品，手工上色的“松毛翠”（*Phyllodoce caerulea*），《英国植物学》。这是总计 2 592 张版图中的第 2469 号。詹姆斯 · 史密斯和索尔比非常满意地宣布“这是一种英国植物，它美丽且稀有”。据记录，这种灌木状常绿植物在苏格兰的一些干燥的草原上生长。

∨ 5/4 手工上色的精细版画“矮蓟”，当时这种植物在诺福克地区大量出现。《英国植物学》第 3 卷。

因此，史密斯虽然作为文字描述的作者，但他在某种程度上，对他的声誉可能会构成风险。虽然史密斯这么说，但索尔比可能不希望隐藏作者的名字，因为他的名字会为这项工作增添光彩。无论如何，正如我们将看到的，史密斯后来承认，最初他是希望隐藏自己姓名的。主要是因为他无法完全掌控吗？还是因为这是索尔比的项目，他以前没有这样做过？尽管他认为自己的身份很快就会让人给“揭露”出来，说明他还是对索尔比的艺术创作拥有充分的信心。

但他担心自己跟学术程度不够高的作品联系在一起。后来，在给他的瑞士植物学家朋友埃德蒙·达瓦尔信中说道：“我非常想听到你对《英国植物学》的看法。我现在公开承认这是我的作品了。你知道，我们的宗旨是让植物学变得有趣而受欢迎，所以你要原谅一些琐事。”[4]史密斯一开始并不愿意全力支持这个项目，因为他一直很在意自己的身份和声望。

《英国植物学》以每月一期的形式发刊，通常每期都是八开纸张，包含三个物种，用蓝纸包裹并缝合。每幅与原物等大的彩色插图都配有一面文字说明，上面标明了索尔比的艺术署名和创作日期。每种植物都给出了它的物种、常见名称、林奈分类法中的位置，然后还有关于一般和特殊特征的几行文字。此外，还引用了其他植物学作品的别名。最后，包括了关于产地或地区、与近缘种的比较、某些用途，甚至吃上去的口感等各种细致的观察。结果是，一篇通俗易懂的文字配上一幅精致的图画，展现了植物的全貌（或者至少是大部分），包括它的根部，以及花朵的细节，如雄蕊放大的小图。它们的画工和色彩都十分精美。

植物的出版顺序最初看似没有什么规律，而且一直沿用到项目的最后。拥有一株优良的植物标本，尤其是盛开的花朵，是最重要的动力，但这种情况很少与植物的分类相符。索尔比不愿意等到收集满一整批相关植物的彩色插图后再出版。如果这项工作有一种随心所欲的感觉，那么这正是它的魅力之一，而且也意味着一个庞大的群体能够参与到这个项目中来，订购者也就都成了参与者，《英国植物学》在一定程度上就是他们的作品，因此大大提高了它的人气。

第一次推出的反响非常不错。

托马斯·伍德沃德在圣诞节那天给史密斯写了封信，开头说了一些他的身体和风湿病的情况，然后接着写道：

“我拿到了《英国植物学》的第一期就深深地被它给迷住了。我已经向我认识的所有喜欢这方面事物的人们推荐了它。我相信他们一旦拥有，就会一直追随下去。论纸质、印刷和版画的制作，都比柯蒂斯的杂志要好上太多了，一定会大获成功的，怎能不算上你的贡献呢？我相信你的身份迟早会被大家发现的。”[5]

伍德沃德是史密斯的一个忠实而坦率的朋友，他在同一封信里毫不掩饰地告诉了他对《英国植物学》的看法，也对他自己的便秘和服用水银的情况（那时这是一种常见的做法）进行了描述：

“我对水银的效果感到惊讶，因为我只知道它能起到物理作用，而且很难说明，每天服用那么一点点怎么就能消除任何堵塞……但事实胜于雄辩，无可否认，我的病情不仅没有复发，而且我的消化功能也更好了，我的身体机能运转也更加有规律了。”

可以肯定的是，史密斯相信这位朋友会直言不讳！他对伍德沃德的植物学造诣赞不绝口，并以他的名字将一种蕨类植物命名为“伍德沃德蕨”。[6]

伍德沃德建议索尔比，一定要用高质量的纸张，不要像柯蒂斯在他的《植物学杂志》里那样用劣质的纸张，因而招致了批评。[7]他担心《英国植物学》项目会夭折，但史密斯在开始出版后不到半年就向他保证它一定会“销量惊人，绝无停刊之虞”。[8]成功的关键在于索尔比的画作风格和精确度：仅凭这些画作就能辨认出各种植物。

《英国植物学》文本通俗易懂，而且价格也相对便宜，每期只要1先令（与柯蒂斯的《植物学杂志》为同等价格），而且专注于英国本土的植物。当订阅者翻开第一期时，他们会看到一幅绘制精美的杓兰（*Cypripedium calceolus*）图画，这是一种当时很稀有，后来更加珍贵的兰花，接下来是这样的开场白：

“一种植物如果因为美丽、稀有或结构奇特而引起了我们的注意，那么杓兰在英国植物的作品中，无疑就是当之无愧的第一名。”

由此，一项耗时24年、包含了2 592幅手绘彩色插图的作品就此展开。从开始到1792年底的两年时间里，共出版了24册，包含了72篇植物描述和图版。这些分册构成了第一卷，也带来了新的信心和向前推进的动力。

他们决定将出版速度加快一倍，并增加蕨类植物、海藻和苔藓等内容，即不开花植物或林奈所说的隐花植物纲，但不包括真菌。伍德沃德一开始就建议提高出版速度以增加销量，现在他非常赞同这个调整，依然认为应该会吸引更多植物学家的购买兴趣。虽然他也承认，在他所在的苏福克郡的邦盖镇，由于价格上涨，需求已经从五本下降到两本，不过之前的买家“只是把它们当作漂亮的画而已”。索尔比对这番话的看法如何，我们不得而知。伍德沃德也同意加入隐花植物的内容，但他仍有些前后矛盾地说，每个分册里最多只能有一两种，免得让花卉爱好者或女士们反感。[9]

这个出版物的持久性、受欢迎程度以及后来的名望，都是史密斯在一开始时根本没有预料到的。当一封只署名为“RG”的信，刊登在1793年2月广受欢迎的《绅士杂志》上，对第二十五册中的一种天竺葵的描绘表示不满时，史密斯觉得不仅有必要做出有力回应，而且要公开自己就是作者，并揭露他之前的一些粗鲁的做法：

^ 5/5 杓兰（*Cypripedium calceolus*）。索尔比《英国植物学》的开篇插图。

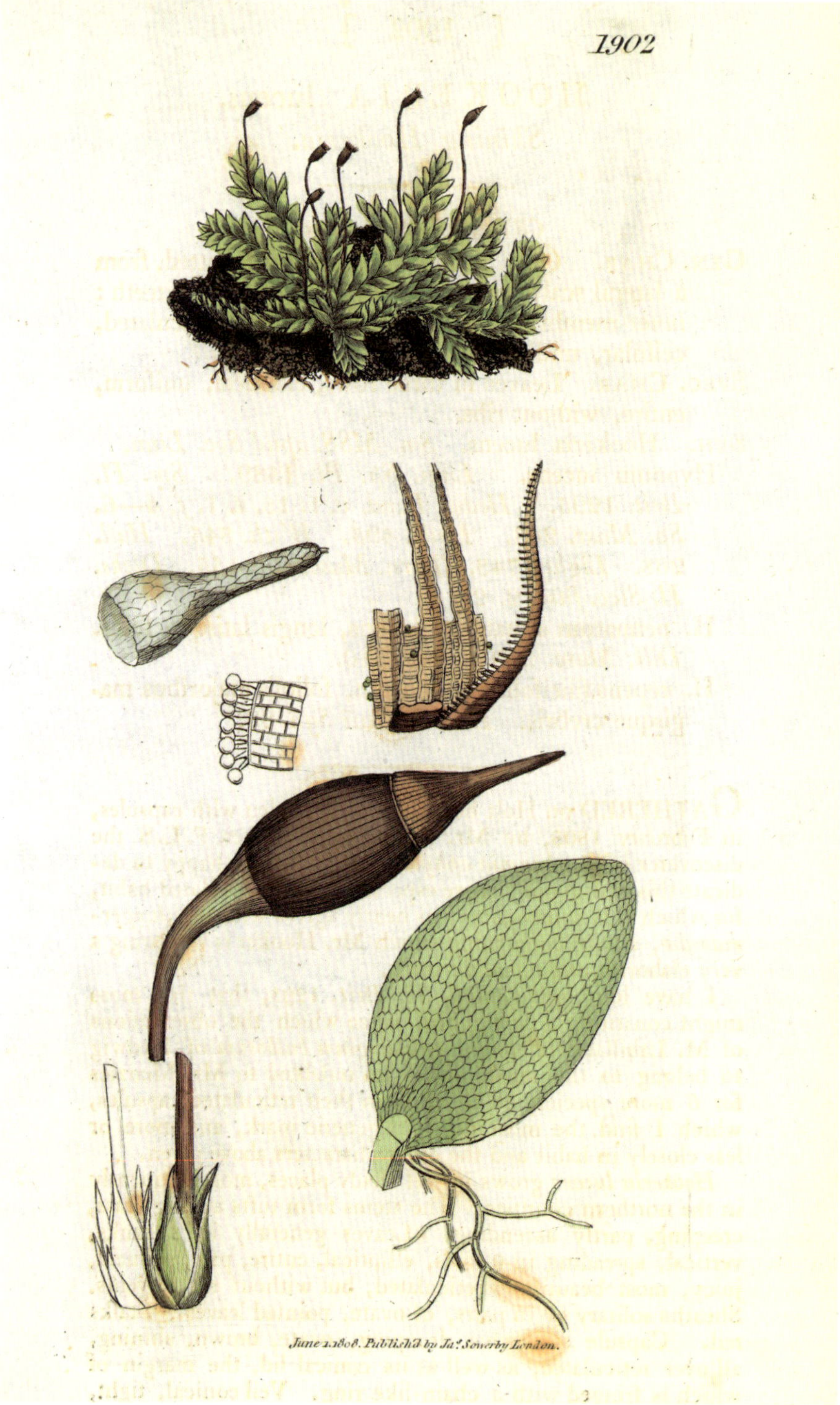
1902
June 1.1808. Publish'd by Jas. Sowerby London.

< 5/6 亮叶油藓(*Hookeria lucens*)。标本由威廉·J·胡克为《英国植物学》采集，采集地为诺福克，由詹姆斯·史密斯以他的名字命名。胡克是一位著名植物学家，后来担任了皇家植物园邱园的主任。

“虽然我不喜欢文学上的争辩，但我觉得有责任回复您2月份杂志上对《英国植物学》第二十五册的评论。索尔比先生一直很高兴让我对那项工作进行修改，我愿意为文字部分可能出现的任何错误负责。

我真心希望错误的数量不会很多。他的出色画风应该得到我准确和有力的文字配合。而且，我花了比我最初想象的更多的心血，希望它能尽量满足公众的期待，也期待这次工作能够得到广泛的认可，并对科学作出贡献。”[10]

也许值得注意的是，同一期的《绅士杂志》还包含了对法国国民议会纵容杀害法国国王路易十六以及法国共和主义状况的尖锐批评。

而在此期间，《英国植物学》仍以其稳定的方式向前发展，只是一些细节有待提高。

史密斯对自己是文本的作者几乎没有公开声明，直到他为第四卷（1795年）撰写了一篇前言，他有些虚伪地说，他对这项工作的成功感到意外，并且，他希望让这项工作凭借它可能具有的任何优势或价值得到认可，而不是依靠他其他作品的名气。

但是在不到两年的时间里，他对可能无法得到应有的赞誉仍感到不满，当然很可能是由于他之前隐藏自己姓名而导致的。现在他想让自己的名字印在每一册的封面上，因为他发现有一些可能很重要的人，对他的参与毫不知情，所以他给索尔比写了封信提出了这个建议。索尔比对出版物的性质和他自己的作用肯定有过一些强硬的回复，虽然这封信已经无法再找到，但史密斯接着写了一封信来辩解，试图说明他的建议并缓和他们之间的矛盾：

“至于封面的修改，我只想说，如果再印刷更多的封面，我的名字可以和你的一起印上，让大家一眼就能看出是谁写的——我这样做也是为了这项工作好，因为我碰到了两个人（休姆夫人和一位剑桥绅士）他们没看第四卷的前言，所以不知道我参与了这个项目。

你不会以为我想要以任何方式获取项目的所有权吧？为了避免这样，当新的封面印刷时，就写明：由编辑詹姆斯·索尔比等人出版并销售。

编辑是作品的所有者。或者，你可以用你想到的任何方法来保护权益。我愿意竭尽全力让你满意。只是，请不要自称为作者，也就是撰稿人，因为这和每一卷的封面标题并不相符，而且也不属实。我觉得你现在应该能理解我的意思了。如果还不清楚，等我们见面的时候，我再给你解释。”[11]

索尔比对史密斯的做法感到不满，而这是可以理解的。这本书的特色就是插图，这一点从书名和索尔比的开篇序言中都可以清楚地看到。史密斯一开始就不想署名，现在他像是在宣称自己就是唯一的作者，并且似乎是在贬低插图在植物学价值上的贡献，更不用说索尔比还经常对文本作出贡献。这属于那个时代的分歧。艺术家并没有获得与文字撰写人相同的地位。对于“作者”这个词的使用进行细致分析也至关重要，但“编辑”这个词并未对索尔比角色做出真实的解释。史密斯除了没有意识到这些区别之外，但他足够耐心，让索尔比在最后的决定中拥有一定的自由度，从而降低索尔比的焦虑感。然而，这并不是史密斯对作者权问题的终结。“一图胜千言”这句话在植物识别界依然如此，索尔比的版画就是这种精工细作的完美呈现。彩色的花卉具有与林奈分类法相关联的细节；叶子、茎和根部形态的准确描绘，为正确的分类提供了进一步的重要依据。《英国植物学》的真正价值就在于其中的插图。至今，书籍仍被大家称为“索尔比的英国植物志”是极为恰当的（尽管图书馆员和编目人员可能不这么认为）。

最初，史密斯是免费撰写，但索尔比希望为他的每个物种描述支付半枚金币，而且很快就兑现了。后来，在1799年，索尔比提议将金额提高到一个金币，史密斯也愉快接受了。[12]两位詹姆斯都不需要在标本收集上花费太多时间或金钱，因为他们从众多的植物学家朋友那里，以及想要插一手的新朋友那里，都收到了很多的植物。如果一种英国植物长在花园里或附近的地区，那么，将其记录在《英国植物学》中就是一个重要的事情，尤其是当捐赠者获得命名和赞扬时，就更是如此。史密斯的文字风格着实令人着迷，他写道：“我们对爱丁堡的约翰·麦凯先生的野生标本感激不尽，他是一个非常勤奋且能力高超的植物王国研究专家，与他的交流经常使我们受益匪浅。”此外，他还为许多其他人写下过类似的话。[13]提供标本的人有名人、富豪、园艺师、神职人员、植物爱好者，以及那些愿意用自己想要的东西交换标本

∨ 5/7 一幅优美的画作，描绘了两栖性的蓼属植物，有时也叫水蓼（*Persicaria*）。据威廉·柯蒂斯称，这些植物的种子是水禽最爱的食物。《英国植物学》中将其命名为两栖蓼（*Persicaria amphibium*）。

的人。勒维舍姆子爵是索尔比为他题献的这部作品的对象，就像他们的老朋友托马斯·伍德沃德、詹姆斯·克罗、詹姆斯·迪克森，以及萨塞克斯植物学家威廉·博雷尔、外科医生托马斯·卡勒姆爵士和理查德·索尔兹伯里一样，他也是长期的贡献者。查尔斯·莱尔（与他同名的著名地质学家的父亲）也是一位经常捐赠标本的人士。

查尔斯·阿伯特是一位非常热心的通信交流者，他在贝德福德郡同时担任教师、植物学家、昆虫学家和牧师。多年来，阿伯特给索尔比寄去了许多信件和标本，索尔比也给他回信，告诉他想要的植物种类，让他去收集然后给他寄过去。阿伯特渴望能够将自己的名字能印在书上——起初他假装这是为了讨好他的妻子。他写道：“请尽快给我在《英国植物志》中命名一些植物，因为我太太喜欢在那本书里看到我的名字。”但一个月以后，他终于坦白了：“说实话，其实我个人非常希望能经常能够在《英国植物志》中被提到。你在上一期中错过了机会，本来可以提到我的，因为那个两栖百分草的标本就是我提供给你的。”[14]阿伯特夫妇是植物收藏爱好者，他们拥有一座植物标本馆，并于1798年出版了《贝

德福德郡植物志》，书中的彩色图版是由索尔比绘制的。但他因陷入经济困境，不得不将自己的三卷《英国植物志》卖给一位牧师，并恳求索尔比坦诚地告诉他，付款时间还能再拖多久。

他一直热衷于博物学直到生命的最后一刻。他发现并鉴定了许多个新的植物种类，收集了一批精美的昆虫标本，并经常跟索尔比交流他的见解和发现。阿伯特只是众多贡献者中的一位，他们也各有各的其他兴趣与困难。

在文本所占的较小篇幅里，史密斯并没有局限于分类学的内容。多年来，他还撰写了一些关于植物美感、药用价值，或其他用途的文章。他向我们介绍了高山棉草（*Eriophorum alpinum*）的种子上长的细毛带来的美感，并提醒其他人注意到这个特征：洁白无瑕、精致柔软，给植物增添了一种优雅的气质。

< 5/8 蓝蓟(*Echium vulgare*)，詹姆斯·史密斯称其为“一种美丽而壮观的野草，但却十分常见”。还有一些“生活在热带国家的人……把它誉为‘神的花园装饰’”。这样的插图让索尔比的着色师要花费很大的工夫。

∨ 5/9 道森·特纳先生。雕版由D.特纳小姐根据J.S.科特曼在1810年创作的画作制作。

有些植物虽然没有那些鲜艳夺目的色彩，但仍能吸引那些自以为有品位和爱好自然的人们的目光。实际上，他们对身边由大自然所创造的优雅万物，都没有足够的认识。[15]

咬石花(一种景天科植物)可以治疗“坏血病和淋巴结肿大”[16]，稻槎菜可以缓解乳腺炎，而天仙子的种子和果实相混合，可以像烟草一样吸，是一些地方治牙痛的偏方，但副作用是使用之后，有时会出现抽搐和暂时性精神失常。[17]水藻属的奇特苔球可以“擦拭钢笔”，[18]而一些地衣可用于染色。[19]这些都是较为典型的例子。

尤其是在物种识别方面，史密斯有时会对新的物种进行描述并公布其新属。[20]同时，还会对林奈等人进行批评或赞扬[21]，包括柯蒂斯在内。史密斯就借此机会，用他的一些植物学家朋友的名字给物种命名，例如，用道森·特纳的名字命名的地衣(*Lichen turneri*)。[22]他收录了索尔比的植物学观察和采集[23]，并坦承了自己犯过的几处错误[24]。

从1792年起，《英国植物学》开始引入隐花植物，这无疑会让道森·特纳十分高兴，因为这是他当前的兴趣所在。特纳是亚茅斯的一名银行家，他在父亲去世后，通过继承遗产而变得十分富有。同时，他跟随父亲的脚步，在格尼和特纳银行工作。他早就对苔藓、地衣和藻类很感兴趣，并在后来发表了许多关于这些植物的论文，以及他后期的重要作品，分别是关于苔藓(1804年)和海藻(1808—1819年)的作品。他与索尔比保持着密切的书信往来，给他寄送样本和提供意见，有时也不乏批评。他认为，《英国植物学》最新一期中的两幅图“完全是对这项工作的侮辱——竟然忽略了毛茸茸的根”，并建议订阅者应该得到新的图画，他会寄送合适的样本给他们。[25]但他更多的是对索尔比画作的赞美。

5/10 螺旋墨角藻（*Fucus spiralis*）原始水彩画和已出版的插图（对页），在道森·特纳的强力推荐下在《英国植物学》上发表的。原画上标注有詹姆斯·史密斯的手迹，写着标本的位置和捐赠者的名字。

休·戴维斯牧师对隐花植物也十分感兴趣，尤其是插图中放大了植物的部分细节。此外，他还经常直接向索尔比提供很多资料和帮助。他是威尔士卡纳尔冯郡阿贝尔教区的牧师，曾陪同托马斯·潘南特去过曼岛，还为一些植物作品的作者提供过帮助。他从1794年开始与索尔比通信，持续了很多年。因此，他很快就成了索尔比的重要顾问，并帮助他收集了大量的鸟类、矿物、贝壳和其他动物标本。他之所以重要，是因为他从威尔士寄来了一些植物，证明了那里的植物区系有着较为独有的特征。

特纳和戴维斯只是众多与索尔比通信的人中的两个而已。索尔比已经成了一个信息的中心，帮助人们鉴定植物，寄送、收集标本，甚至为他的乡村通信伙伴提供一些便利。比如，替他们支付在伦敦的一些费用。[26]他之所以这么做，是因为他想要得到别人的帮助，不光是在植物方面，还有化石和矿物等方面。

德文郡比克顿的洛尔勋爵的园丁弗莱先生对不能经常外出寻找标本感到很抱歉，他写道：“但你必须理解，作为一个仆人，我没有足够的自由。”[27]谢菲尔德的刀具商盐特先生给索尔比寄来了一些岩石和铁矿石，并感谢他在伦敦时的种种照顾，以及后来提议让他加入林奈学会的事宜。[28]威尔士博物学家托马斯·潘南特想要得到一些关于真菌鉴定的帮助，他在1797年那个丰收的季节收集了很多真菌。[29]索尔比把想要收集的植物清单发给了各方，因此他成了联络网的中心。

10
1685
Decr 1.1806. Publish'd by Jas. Sowerby, London.
Fucus spiralis

1046
July 1. 1802. Published by Jas. Sowerby, London.

< 5/11 索尔比在肯特郡东部海岸采集的海豌豆（*Lathyrus japonicus*）。史密斯告诉读者，这种植物据说在1555年的一场饥荒中，救了萨福克海岸上许多人的性命。

索尔比的家米德庄园是《英国植物学》的制作中心。索尔比参照新鲜的标本来画植物，如果可能的话，他会选择开花的植物，并展示根和其他的各个部分。他用水彩画出活体植物的外观，并体现出它们的色彩和质感的变化，然后把画作寄给史密斯，让他进行评价和修改，再写出配套的文字说明。稿件回来后，索尔比就参照原始标本，精心把图像（有时用蚀刻法）刻在铜版上，然后把铜版交给印刷厂。每幅图像都会印刷数百份，大部分都会附上一张参考图或画作，交给上色的人，有些人有时会在米德庄园工作，另外一些未上色的图版则会留着备用，以应对可能的后续订单。约翰·亚当斯先生经常负责上色，他可能还有自己的助手。每幅图像的收费是一又四分之一便士（1.25旧便士）。他每月都要给数百幅图像上色。从1798年9月的账单显示，他为《英国植物学》第499—510版的每一幅图像都做了701页的上色工作。他为此获得了44英镑3先令3便士的费用。同时，他还给索尔比出版的《伍德维尔医学植物志》上色，这本书至今仍然很畅销。如果把纸张、印刷、包装和铜版的成本，以及詹姆斯·史密斯的报酬都算进去，索尔比的收入还算合理；但如果卖得更多，他的利润就会十分可观，而这，似乎就是实际发生的情况。

索尔比工作速度之快，让他一般只需要一次作画，就能画出令人满意的效果。不过他还是会画几张草图来展示植物的各个部分。冬天的时候，他只能借助蜡烛，或者，也许是炉火的光线来工作。但无论是亲属还是雇员，从事上色工作的人都需要有足够的光线和空间。他们通常会先用一种颜色给几份复印件上色，然后等待它们完全变干，再换上另一种颜色继续上色。他们需要非常高效地完成工作，因为工作数量决定了家庭的收入。在最初的几年里，索尔比没有其他家人的协助，因为安妮不擅长绘画，她总是忙于照料孩子们。但随着孩子们逐渐长大，他们在这项事业的各个环节也都受到了相应的培训，并且掌握了自己的技艺，能够以不同的方式贡献自己的力量。尤其是詹姆斯·德·卡尔，他从小就展现出了出色的绘画才能，并为出版事业贡献了重要的插图画作。

在《英国植物学》编撰初期，索尔比是一位忙而有成的人。史密斯搬离伦敦去了诺里奇的新居，但他的工作压力却丝毫没有减轻。史密斯于1796年3月与诺福克郡洛斯托夫特的一位律师兼商人的女儿普莱桑斯·里夫结婚，但他们并不喜欢伦敦的生活。于是，他们在同年年底搬到了普莱桑斯父亲的房子里。[30]《英国植物学》的编纂工作只能通过书信来进行，并且要定期寄送包裹和钱款。

付款问题会经常性地引发关注。史密斯会索要一些现金，因为他会说，那个月缺钱用。他们会把一张五镑或十镑的钞票撕成两半，分别在不同时间寄出，但是如果有一半被偷了，他就跟小偷一样拿不到钱，除非他们能得到银行的特别照顾。有时候，史密斯会急需用钱。在一封信中，他对索尔比提供的优质图画表示感谢。然后说："如果你有富余的十镑钞票，我希望你能在下次寄包裹时一起给我，没必要把它撕开，我会承担这个风险，只要在信里写明钞票的编号和金额，并且保证包裹登记无误即可。"[31]（索尔比照做了，于是，他4月18日星期六寄出了英格兰银行的第512号钞票，史密斯也顺利地收到了钱）虽然他所钟爱的林奈学会希望他能够多参与其中，但史密斯很少会去伦敦。这让索尔比的技艺和他在伦敦的身份，特别是他在帮助林奈学会的运作方面，对史密斯有了新的价值。

当然了，《英国植物学》也并不是从未遭到过批评。他们会直接向史密斯或索尔比提出意见，或者给《绅士杂志》写信来表达不满。有些人对某种植物的绘画发表看法，有些人则对物种的涵盖程度或他们钟爱的花卉的缺失表示有意见。一位不愿透露姓名的写信人抱怨这项工作"因为大量加入隐花植物而变得冗长而昂贵"。[32]这是不是伍德沃德提到过的那些表示反感的女士之一呢？我们必须提前了解一件更严重的事情，它发生在1806年春季的后期，来自一个令人尴尬的人——詹姆斯·史密斯的一个朋友。

理查德·索尔兹伯里是林奈学会的副会长，他曾和史密斯在爱丁堡一起学习，并和索尔比一起参与了他自己的《珍稀植物图鉴》[33]的编制。但现在，他正在和史密斯就《英国植物学》中的文本发生公开争执。他当着学会其他成员的面，指责这些文字是从林奈的《植物属志》里抄袭来的，有些甚至是一字不差，他对史密斯的反驳更是气愤不已。他在学会里无法说服别人接受他的观点，也发现史密斯不会做出任何让步[34]，于是他费尽心思并花了不少钱又出版了一本书，名为《〈英国植物学〉中的"属"特征，与林奈相对照》。[35]他在其中表达了自己的看法，但同时也称：他并不希望在他们意见不统一的任何问题上打败史密斯，更不用说如此微不足道的细节性问题了。他在新书里试图说明抄袭的证据，并借机对史密斯进行了更多的批评，比如“作者在他的所有出版物中，几乎没有一次在谈论自然亲缘关系时不出错”，但同时又说友谊仍在。[36]批评的背后还有一个原因，那就是索尔兹伯里更相信安托万·德·朱西厄的“自然系统”分类法的效果。这种分类法在欧洲大陆逐渐取代了林奈的“性别系统”。而史密斯则对这种分类法不太重视，他对林奈的一切都十分推崇。

5/12 这是一种地钱，是《英国植物学》中最后介绍的一种植物。这种植物最早是由詹姆斯·迪克森向英国的植物学家们介绍的，他在自己编著的《英国干燥植物图鉴》中收录了相关植物的标本，编号为2/5a。

5/13 斑叶疆南星，学名 *Arum maculatum*，俗称“绅士和淑女们”。索尔比在其著作《英国植物学》中绘制了清晰而详细的植物插图。

史密斯对这次攻击深感不快，即使他觉得自己没有任何过错。在描述植物的一般特征时，文字上难免会有重复，但史密斯也创造了许多独到的见解。这些事情都与索尔比无关。他没有受到插图方面的指责，但这件事让他很不高兴。他不得不应对史密斯的反应，从那以后他对来自那边的任何批评都更加敏感了。约瑟夫·班克斯爵士想要缓和这两个人的矛盾，但最终没有成功。索尔比对这件事情没有发表任何意见，但从史密斯的几封信中我们可以看出他很失望。事实上，这已经不是索尔兹伯里第一次对他们发起攻击了。早在几个月前，他就对索尔比和史密斯合作的另一本书《异国植物学》中的描述和插图进行了恶毒的批评，我们会在后面再谈到这本书。

威廉·柯蒂斯并没有对内容有什么意见，但他对这本书的出版感到不满。他把这本书视为与《伦敦植物志》的直接竞争对手，他宣布等他完成了伦敦的工作，就会着手整个英国的植物志。

他对史密斯不屑一顾，也不理会林奈学会，但他对索尔比的指责并不多。可是他没能意识到《英国植物学》给他自己的著作带来的好处，反而出版了更小更便宜的《伦敦植物志》来与之竞争，但这种做法很快就失败了。史密斯并不明白柯蒂斯为什么会把他们的项目当作威胁，但他肯定知道，手里的项目在一个很多潜在买家经济拮据的市场上，是一个强有力的竞争者。他们之间的矛盾自始至终都没有化解。史密斯一直保持着他的强硬态度，甚至在得知柯蒂斯身体不好的时候，他还向索尔比提议一同制作一本园艺植物的书，以便在《植物学杂志》停刊后取而代之，这个想法让索尔比非常反感。柯蒂斯于1799年去世，史密斯写道：“**柯蒂斯的死对科学是个损失，但对我们来讲，其实没有什么影响。他真是个脾气很坏的人。**”[38]他死后，《伦敦植物志》和《植物学杂志》都没有停刊，各自继续着自己的故事。

索尔比的家庭也在壮大，他要在博物学方面培养孩子们的兴趣。詹姆斯·德·卡尔还不到十一岁，索尔比就开始带他去苏豪广场参加了约瑟夫·班克斯爵士的早餐会。那里的朋友们会一起交流各种话题，观察各种标本。在此期间，他们又生了三个孩子：两个儿子，1793年出生的约翰·爱德华和1795年出生的查尔斯·爱德华；此外还有一个女儿，1797年出生。安妮的生活肯定不容易，她要照顾六个孩子，要应付一个忙碌而又有点痴迷的丈夫，要接待很多客人，还要帮忙处理一大堆信件。从我们能找到的有限证据来看，她是一个忠诚而幸福的妻子，但她的身体却总是不太好。她很快就不再仅仅是一个家庭主妇了，她成了索尔比团队和其作品的重要成员。

索尔比已经展示了他在很多方面都能自立自强的能力。《英国植物学》已经出版了八年多，而且越来越受欢迎，每个月都能卖出900本之多。在那个充满困难和动荡的年代，尽管通货膨胀加剧，经济低迷，但《英国植物学》的前景还是相当乐观。它在《伦敦植物志》不具备优势的方面取得了成功。两个詹姆斯虽然有些意见不一致，但还是能够合作愉快，不过索尔比显然更想要得到更多的自主性。这与他在博物学方面日益广泛的兴趣相吻合——他不仅对真菌感兴趣，还对动物、化石、矿物和岩石均有所涉猎。这些兴趣使他不满足于仅仅限制在艺术插图的范畴，而是走向旅行，并建立起有价值且易于获取的收藏领域。

ARICUS fimetorum, Sowerb.

第六章
博物馆与模型

《英国植物学》中没有包含真菌。詹姆斯·史密斯对真菌的兴趣和知识并不像他对植物界其他方面那样深入，但那个时代的许多植物学家也并不懂得真菌。孢子直到 1730 年左右才被发现，而最早对真菌进行合理分类的尝试，是由克里斯蒂安·佩尔松在 1801 年进行的。[1] 史密斯和索尔比所处的植物学家群体中，能够自称为真菌学专家的人寥寥无几。有些人，比如索尔比的友人托马斯·伍德沃德，虽然发表过有关真菌的论文，但只能作为他广泛植物学兴趣里的一部分。而那位令人好奇的本杰明·福斯特先生则是一位开明的发明家和科学家，涉猎了包括真菌学在内的多个领域。但是直到很久以后，他才公开了自己对真菌的研究。[2] 此外，还存在着运输和存储的难题。许多真菌很难保存，要达到适合分类学研究最低要求的状态都是极为不易的。而一些现代方法，比如冷冻，在当时是无法使用的。威廉·威瑟林曾提出用“纯净酒精”溶液来保存真菌的方法，其中一种是加入醋酸铅，另一种是加入硫酸铜。但这些方法并没有得到广泛的采纳或认可。[3] 对于一些物种，干燥是最佳的保存方法。

〈 6/1 墨汁蘑菇模型（原名粪生蘑，现名墨汁鬼伞 *Coprinopsis atramentaria*）

^ 6/2 索尔比的蛇头菌模型（原名 *Phallus caninus*，现名 *Mutinus caninus*）。这是索尔比为自己的博物馆所做的、能够保存下来为数不多的真菌模型之一。模型的高度约为 12 厘米。

索尔比对此十分感兴趣，甚至可以说是热衷。他不仅收集、交换和研究标本，还在着手进行一个重大的项目，制作各种类型真菌的实物大小模型。这是一个持久且艰苦的任务，规模和难度都前所未有。这些模型并不是对一些常见的、比较结实的物种的简单模仿。它们呈现了各种各样的形态，有时是成群的，并且根据它们的生长环境，置于或附着在土壤、枯叶或树皮上，同时展示它们结构的细节，如菌褶、孔隙和菌环等。有些还能看到蘑菇从它的外菌幕中破裂出来的情景。他辛勤工作了将近二十年（1796—1815年），制作出了近200个真菌模型。这是一项了不起的工程。他大部分用他的绘画技巧来设计这些模型，就像他为自己的画作所做的一样，选择用几种材料来制作，其中包括未烧制的烟管黏土。他认为这样能够表现出必要的细节，比如蘑菇帽上的鳞片或茎上的菌环。为了使画面逼真，他在着色方面花了很多心思，刻画了很多细节，比如菌盖部位的光泽或者色彩的层次。他的模型手法生动地呈现了各种菌类，有飞蝇伞菌、树干上娇嫩的细柄伞菌、羊肚菌、牛肝菌、破布伞、巨型球菌、松露、狗臭角菌和杯菌等。米德庄园不仅仅是一个工作坊，更是一个充满多样性的创意空间。

他想要在不受真菌生长季节限制的情况下，展现出各种真菌形态和色彩的多样性，以及它们所生活的环境。[4]这是一个出于善意的项目，因为真菌鉴定对许多人来说是个难题，他们也都想获得索尔比的帮助和指导，连博物学家托马斯·佩南特也对1797年秋天真菌的繁多和命名的难度发表了看法，[5]医生兼植物学家约翰·赫尔也邀请索尔比为他即将出版的《口袋植物志》中的鸡腿菌部分提供描述和校对。[6]索尔比的专业水平是众所周知的，因为他已经从事真菌的收集和研究至少十年了[7]，而且他总是热衷于对真菌方面的知识进行积极的探寻和交流。

但是，索尔比在制作各种真菌模型的过程中，也一定意识到了这些模型的局限性。它们虽然能够展现出真菌的大小、形状和部分细节，但却无法提供诸如孢子的颜色和形态、气味和口感，或者菌褶等更为精细的特征，也无法反映出真菌所生活的环境的广阔面貌。那么，当索尔比开始制作这些真菌模型，并且为此付出了大量的时间和精力时，他心中到底想要达到什么目的呢？

他是怎样想象它们的展示和使用方式的呢？它们需要占用很大的空间，而且不宜进行经常或粗暴的搬运，除了米德庄园外，它们也没有合适的收藏地点。但他显然想要让它们展现出来，并且起到教学的作用。他的愿景是建立自己的博物馆，不仅展示真菌模型，还包括植物、鸟类、哺乳动物、矿物、陨石、化石和绘画作品。此时，他的另一个重大的个人项目应运而生。

索尔比在米德庄园2号的后部盖了一个大房间。他计划放置合适的展示柜、橱柜、标本抽屉和壁炉。到1796年，他开始在里面陈列标本和物品。他的潜在捐赠者人际网，还有推动博物学事业的真诚意愿，都在帮助他获得高质量的材料。西福思勋爵捐赠了鸟类标本[8]；詹姆斯·布罗迪（苏格兰东北部福雷斯的议员）寄来了包括

∨ 6/3 索尔比的小型真菌模型，通常生长在树皮上（原名为 *Agaricus corticalis*，现名为 *Mycena corticola*）。

阿伯丁蛇在内的动物标本，其中一些来自苏格兰人，保存在富含威士忌的防腐剂中[9]；博物学家乔治·蒙塔古（通常被称为“英国鸟类学之父”）等人寄来了精美的贝壳[10]。索尔比购买了标本，尤其是矿物。收藏家戴先生在1800年以90英镑的价格把他的矿物卖给了索尔比，几个月后又把他的矿物学书籍卖给了他。[11]索尔比收集了鱼类、昆虫、化石、岩石和陨石等，任何属于博物学范畴的东西都可以在他的博物馆中展示。

他雇了一个木匠来制作展示柜、橱柜、抽屉和橱柜。这是一个大项目，索尔比一直忙于这项事业直到去世。在项目开始后的大约二十年，他仍在不断改进，将英国的标本放在现有的展柜中，而非英国的标本则放在他的木匠花了六个月时间建造

∨ 6/4 常见的羊肚菌模型（原名 *Helvella esculenta*，现名 *Morchella esculenta*），它可食用且深受人们喜爱。

的新展柜中。[12]有人受邀参观，有人请求来访或介绍给他们的朋友，还有些人来查看标本并讨论他们的发现。在符合索尔比工作和兴趣的、高涨热情的自由交流中，这个博物馆在每月的第一和第三个星期二上午11点到下午3点向公众免费开放。寒冷的冬季，火炉给这个地方带来了温暖。

人们总是会给出建议，有时会认为建立博物馆的整个想法是一个非常糟糕的主意。一旦索尔比决定做某件事，他很少会听任阻挠。从我们的角度来看，获取标本的过程可能会变成一场极其有趣的拼搏，寻找那些可能并不存在的标本，或者如果它们存在，也只能通过朋友和熟人付出很大努力才能获得。如果索尔比想要一只有着精美的角、已经死去的小山羊，那么他也会设法得到一只，至少他是这么认为的。或许来自威尔士安格尔西的慷慨植物学家和牧师休·戴维斯能够帮助他。戴维斯曾帮助其他作者解决植物学问题，他曾与佩南特一起游览马恩岛，并为《英国植物学》提供标本。

关于山羊的传奇故事始于1799年夏天，虽然会有些片面，但由于我们只有戴维斯写给索尔比的信，所以最好的方式就是通过信件来讲述。戴维斯在博物馆刚刚建立时就曾警告过索尔比关于建立博物馆的诸多想法：

“我非常钦佩你对博物学的热情，这是一项令人愉快的研究。但作为朋友，如果我要对你打算收集英国自然物产的计划给你一些建议的话，希望我的话你不要见怪。我自己也收集过，也帮助过其他人很多年。四足动物和鸟类很不容易获得，它们的保存需要付出巨大且持续的努力和高额的费用。即使获得了，你的住处离世界上最大的博物馆如此之近，相比于你所花费的费用和面对的麻烦，它们对你来说又能有什么用呢？而且鱼也很难运输，因为瓶子和酒精的费用很高，我建议你放弃它们，除非忽然有一个新的主题出现。一般的矿物收集几乎是无穷无尽的，难以获得，又难以运输。”[13]

他很快就惊讶地发现，索尔比已经迅速积累了一个“非常大的鸟类收藏”[14]。所以，索尔比对山羊皮的请求和对他建议的拒绝，可能都并不是什么值得大惊小怪的事情。尽管如此，他还是试图劝阻索尔比：

“在我看来，把山羊纳入你的收藏有一个无法克服的问题，那就是它的气味极度刺鼻，而且无法用任何方法消除。即使你的房间再大十倍，也会因为它而变得绝对无法让人忍受。”[15]

然而，他很乐意寄给索尔比一些他想要的鸟类。

仅仅两个月后，尽管他曾经提出过反对意见，但是，他不仅愿意帮助索尔比，而且还全力以赴地帮他去寻找最好的：

“既然你坚持要把山羊纳入你的收藏，你是不会失望的。你说你想要最小的，是指一只幼年山羊，还是一只角适中的雌性山羊，或者是一只带着足以让伦敦市议员感到骄傲的角的大公羊呢（但这样的山羊必然体型较大）？请确定这一点，并尽快告诉我，我会尽力满足你的要求。在包装时是否需要在皮肤上涂盐？它是否会在装箱时发热，导致脱毛？应该用马车还是长途汽车运输？如果长途汽车可以接受，那么请回答我上面这些问题。”[16]

又过了一个月，他肯定是让索尔比给闹得太烦了。因为他写道：“只要我能找到一只符合我要求的山羊，我就会送过来的。但恐怕我无法找到一只角很好的小公羊。”[17]但是，又过了三个月，他仍然没有取得成功，而且不得不再次向索尔比解释，因为他的想法实在有些天真：

“我觉得你会相信我，我已经花了一些精力为你的收藏寻找一张山羊皮。我亲自查看了几群山羊，还与这附近最大的屠夫谈过，说明了我们想要的东西。他的描述与我的观察相一致，即它们在两岁左右就能满足少数饲养它们的人的需求，很少有人会再饲养它们更长时间。那时它们的角也不比一个人的手长多少，根本不值一提。至于它们在我们的山区野生的想法，那完全没有根据。”[18]

索尔比可能永远也得不到他想要的山羊或羊皮，或者，至少得不到他心里想要的那种。戴维斯的耐心肯定受到了挑战，但他仍然是一位忠诚而宽容的通信者。但他并不是唯一的。一位名叫詹姆斯·穆雷的先生，他是伦敦西部里士满公园的园丁，他提供了一张鹿皮，并询问是否喜欢尼德小鹿或曼尼尔色小鹿，需要什么年龄，是否需要活的……就好像博物馆可以用来当作动物园一样。[19]

私人博物馆在伦敦并不罕见。有些博物馆变得非常有名并且长久存在，比如医生威廉·亨特（1718—1783年）的博物馆。这家位于大风车街的博物馆收藏了精美的硬币、矿物、贝壳和昆虫，以及解剖学标本。后来，在19世纪初，它成了格拉斯哥亨特博物馆的基础。还有一些博物馆满足了人们暂时的需求，比如位于弗利特街的拉克斯托博物馆，它展出了既吓人又引人入胜的人体部位、死胎、双头动物和蜡像模型。[20]但没有一个博物馆能够与索尔比的风格和目的相媲美。他的博物馆发展成为一个十分有趣的地方，收藏了大量标本。其中一些在许多领域都具有重要的科学价值。人们可以在这里看到植物标本室、大量昆虫抽屉，还有本地的金、钻石和许多陨石在内的数百种矿物，以及用酒精保存的动物和干燥的鱼、变色龙、水獭、海豹、蛇和两栖动物等。鸟类收藏也十分丰富，包括金色鸻、红颈鹬、北极海鹦鹉和鱼鹰，以及鹰和猫头鹰等精美的标本。各行各业的人都会来参观并使用这个博物馆。

Sonchus palustris
Engl. Bot. L.
Tall Marsh Sow-thistle
1079
SOWERBY'S HERBARIUM.—Feb., 1859.

< 6/5 来自索尔比植物标本室的沼生苦苣菜（*Sonchus palustris*）标本。

∨ 6/6 沼生苦苣菜 *Sonchus palustris*。索尔比的《英国植物学》（编号 935）中的插图。

由于索尔比为博物馆和模型的新活动腾出了时间，导致为其他作者所做的出版物插图工作大幅减少，但《英国植物学》依然让他忙得不可开交，尤其是詹姆斯·史密斯在结婚后从伦敦搬回诺里奇，给他带来了额外的工作。他无疑也在教绘画，同时还在接受植物版画的绘制委托。早在1790年，他就为一部论述动物学而非植物学的著作《林奈动物学》绘制了插图，作者是大英博物馆博物学部的助理馆长乔治·萧。

乔治·萧和詹姆斯·史密斯也委托索尔比为他们各自的作品制作插图，这些作品又有关联，都是关于澳大利亚（当时被称为新荷兰）的一些博物学画作。并于1793年和1794年出版。每部作品都是一卷，包含几幅插图。乔治·萧的作品涉及诸如：负鼠、鸟类、鱼、乌龟、蛇和龙虾等生物；史密斯的作品则涉及珍稀的树、灌木和植物。实际上，这可以说是澳大利亚的第一部植物志。

这些作品的目的之一是让英国公众，或者说愿意购买这些书的人，对一个正变得越来越有趣的国家的博物学有一些了解，这个国家无疑拥有与众不同的动物和植物。约瑟夫·班克斯在他和丹尼尔·索兰德1770年随詹姆斯·库克的第一次太平洋航行期间，就从植物湾带回了大量植物材料，包括后来以他的名字命名的班克木属。1778年，英国选择植物湾作为其第一个服刑殖民地的地点，部分原因是希望利用劳工开发这个大陆的潜在财富。人们很想了解澳大利亚。乔治·萧在他的前几页里表达了一种相当有偏见且特殊的观点：

∨ 6/7 “无与伦比的鹦鹉”，乔治·萧的《新荷兰动物学》中索尔比的插图。乔治·萧写道：“就细节而言，这些都在版画上准确地表达出来，也在具体特征中有所提及。”

> 6/8 乔治·萧《新荷兰动物学》中的长尾鼠图。目前尚不清楚索尔比的版画是否基于实物标本或别人绘制的图画。

12
Didelphis macroura
Publish'd by Jas. Sowerby Novr. 1.1794.

> 6/9 刺叶佛塔树（*Banksia spinulosa*）。在詹姆斯·史密斯的《新荷兰植物志》中。

“这座广袤的岛屿上，或者更准确地说，是澳大利亚或新荷兰大陆，最近引起了欧洲航海家和博物学家的特别关注。这里似乎充满了独特的荒芜和贫瘠的景象，而这些阴郁地区的悲惨原住民似乎比世界上任何其他已知地方的原住民更为贫瘠。然而，正是在这些野蛮的地区，大自然似乎非常慷慨地赋予了它大量绝美的物产。在这里，它安排了鸟类的生存，这些鸟类的优雅也许超过了大多数其他季候的鸟类；这些鸟类在未被人类文明探索的状态中，展示着丰富多变的羽毛，那种美丽，却只有‘野蛮人’的眼睛能欣赏到。”

这两卷书提供了一个有趣的视角，展示了那个时期博物学是如何在偶然间传播的。其重要性可能在于，它们是早期描绘自然在遥远土地上的多样性、有趣发现的图解，虽然它们包含了一些非常不规范的物种混合。但它们并不是、也不打算成为严谨的分类学论文，尽管其中包含了首次对几个新物种的正式描述，包括史密斯对刺叶佛塔树（*Banksia spinulosa*）的描述，以及一幅美丽的画作，由索尔比执笔。它们的目的，就如史密斯所说的那样，是“为他的同胞们……用自己的语言写成一种每天都在变得更为普及的语言”。插图是极为重要的，尤其是在乔治·萧的案例中，因为它们传达了许多必要的分类学细节。这些卷册是一种当下很流行的介绍，向许多人介绍了一块新的土地，并为作者提供了描述新物种的机会，其中的一些内容对园艺师也很有吸引力。索尔比的插图通常十分精细，尤其是那些火焰树的插图。如果没有这种高质量的插图，这些卷册的价值或吸引力可能就会大大降低。

这些贡献是索尔比作为受雇插画家的最后一些作品，至少在一段时间内是这样，因为他现在决心追求自己的事业和兴趣。

他为查尔斯·阿伯特1798年出版的《贝德福德郡植物志》提供了插图，但这在他对真菌和博物馆产生兴趣的早期，是一件不寻常的事。

Banksia spinulosa.

8
5
4
3
2
1
6
Embothrium silaifolium
London Published Octr. 1. 1793. by J. Sowerby & Co. No. 2. Mead Place.

< 6/10 芹叶筒瓣花（*Embothrium silaifolium*）。澳大利亚东部的一种小灌木。史密斯写道："去年夏天，肯辛顿的格林伍德先生们从新荷兰带回来的这种新奇的山龙眼科筒瓣花属植物第一次开花，我们的插图就是根据它来绘制的。"

∨ 6/11 索尔比在《英国真菌》中精美地描绘了烛火菌（*Sphaeria hypoxylon* 或 *Xylaria hypoxylon*），现在叫团炭角菌（鹿角菌）。

索尔比心怀通过他的铅笔和雕刻刀教育和启发公众的梦想。在英格兰，没有其他人在做他认为必须为英格兰做的事情，而这些事情在法国和欧洲其他地方正在进行。国家可能迫切需要一份真正有用的关于真菌的报告，并给予这个类群与植物学同样的关注。

因此，在经过多年的收集和观察，以及感觉朋友们会以一直以来的方式帮助他后，他就开始了独立创著的作品：《英国真菌或蘑菇彩图集》。毫无疑问，他开始了一项即将获得重大成就的工作。他勤奋地工作了八年，然后在一段时间后，又花了几年时间来制作补充性的资料。他在面对一个挑战性很大的领域时，表现出了强烈的信心。同时，他也能够意识到自己的局限性。但是通过收集标本和敏锐的观察所取得的经验，也为他的各种尝试打下了坚实的基础。

依照惯例，出版物使用一张蓝色的纸作为包装，从1796年1月开始以每月一期的形式发刊。每期包含五个插图，最初的售价是2先令6便士，但后来（1796年9月）变更为每四个月发刊一次，包含二十个插图，售价是10先令，以遵守政府印花税办公室的各项规定。刊物印刷为一个小开本，这个大小可以较为舒适地容纳实物大小的插图，尽管索尔比偶尔也会调整他的绘图，以满足雕刻或印刷的需求。早期作品附带了一篇序言，索尔比在其中明确表示，模型制作已经成了沉重的负担：

1797 Published by J.s Sowerby London

“作者原本并未打算在完成一项十分耗时的任务之前发布这项工作，即制作英国真菌不同状态中的彩色模型，从而尽可能确认并固定每个物种的界限。但由于这个项目非常庞大，因此认为适合先发布那些确定无疑的部分，期望在此期间，每天都能够获取到将来要向世界展示的相关内容以及更完备的知识。”

他解释说，他尽量使名称在“如此庞杂的种群”中尽可能正确，并强调要将重点放在插图上，文本则会更加简洁明了。后来，他将作品的致辞联合献给了约瑟夫·班克斯爵士和詹姆斯·爱德华·史密斯，并为后者添加：“作为《英国植物学》的作者，我对您怀有特殊的尊重和敬意。”

由于索尔比的采集者和朋友们的不懈合作，来自英国各地和各种环境的真菌才得以通过插图而向读者展示。索尔比自己从诺里奇附近的科斯特西的威廉·杰宁厄姆爵士的种植园、温布尔登的斯宾塞伯爵公园，以及位于伦敦西部的布尔斯特罗德，波特兰公爵花园的温室中进行收集。有时，特别是在诺里奇附近的地方，会有其他人陪同，如托马斯·伍德沃德、詹姆斯·克罗或本杰明·福斯特。阿登夫人从萨里郡的诺克公园里、福斯特从一座酒窖的锯末和瓶子里，甚至还有人从舞厅的抹灰墙壁上找到标本并寄来，还有一个标本来自蜂箱。索尔比从不缺少材料，也不缺少人们热忱的支持。

当然，他也不缺乏绘制这些标本的经验。他曾为柯蒂斯的《伦敦植物志》创作了多幅精美的真菌插图[21]，并在几年内为自己和其他人（包括格罗夫希尔的约翰·莱特瑟姆）制作了很多真菌插图和素描。不可避免的是，插图往往缺乏他其他作品中所具有的活力和精细度，因为真菌的描绘可能更具挑战性，所以有时就只给出整体插图的一部分。在第一阶段工作结束时，他已经制作了400个物种的插图。此后为补充部分，又制作了40种。部分原版水彩画用于制作插图，现存于伦敦自然博物馆。它们是索尔比艺术敏感性和准确性的极佳案例。所发布的插图并不总是与水彩画具有相同的精细感，一些细节可能已经丢失，但它们确实是当时欧洲顶级的品质，与皮埃尔·布利亚尔关于法国真菌的精美作品（1791年）并驾齐驱。

< 6/12 “丰盈之角”，一种可食用的真菌，据索尔比说，在伦敦周围的森林中十分常见。在《英国真菌》中称为“号角盘菌”，现为喇叭菌。

> 6/13 毛头鬼伞（*Shaggy ink cap*）。索尔比在《英国真菌》中，索尔比对这种常见真菌（它可以长到30厘米以上的高度）的不同发育阶段做了精美的绘制。圆柱形蘑菇（*Agaricus cylindricus*）是毛头鬼伞（*Coprinus comatus*）的异名。

与每一版画配套的文本差异在于，有时只有一行，有时却近乎一整页。因此，对插图的命名是最重要的工作。索尔比关心的是给出足够的信息，无论是通过插图或文本，以供读者在识别和观察一个物种内的各种变化时使用。他从一开始就承认：他的物种界定并不一定是完全正确的。发表这项工作的部分原因在于，这个课题仍在不断进展。但他对自己有足够的信心，可以与其他研究人员的发现进行比较，甚至提出批评。他引用了像威廉·威瑟林、德国科学家雅各布·克里斯蒂安·沙费尔，以及法国医生与植物学家皮埃尔·布利亚德等权威的观点，他们的作品对他来说是可以得到的。[22]在研究了不同年龄段或在不同基质上生长的物种之后，他对几个新的物种进行了命名和描述。关于杂种蘑菇，他写道：“它具有其他蘑菇的特征。因此，我把它叫作杂种蘑菇。”[23]1793年，他在赫特福德郡阿布拉罕·休姆爵士的沃姆雷伯里庄园收集的“洋葱柄蘑菇”，就以柄的形状（像洋葱一样）作为稳定特征，来界定这个物种。[24]

索尔比并没有在他的描述中采取系统的方法。他的风格经常十分随意，内容也较为有限。他和其他植物学家（特别是真菌学家本杰明·福斯特）保持着密切的联系，并与他们就其特征和鉴定展开讨论。他还用詹姆斯·史密斯作为工作评论家，定期向他发送草稿。真菌并不是史密斯的强项，尽管他尽其所能，但那也是相当有限的。[25]史密斯在一些原始图画上写了评论，对索尔比的努力给予了鼓励，有时甚至是赞扬。史密斯对真菌的信心不足，在某种程度上表现在他请求福斯特对索尔比的插图进行评审。[26]福斯特的评论可能是任何一位认真的审查者都很期待的。他赞扬与批评并蓄，也认同大多数物种的命名。但对某些物种持不同意见，例如：美味马鞍菌（第51版画）：“索尔比很适当地将这个物种从鬼笔属中分离出来，但他是否有理由将其归入马鞍菌属，可能值得怀疑，因为它确实不符合林奈界定的马鞍菌属的特征。”（这个物种现在命名为美味羊肚菌。）但总的来讲，他会很严肃地保持这部对真菌知识具有很大贡献的作品质量。索尔比可以说是他那个时代最主要的英国真菌家之一。

189

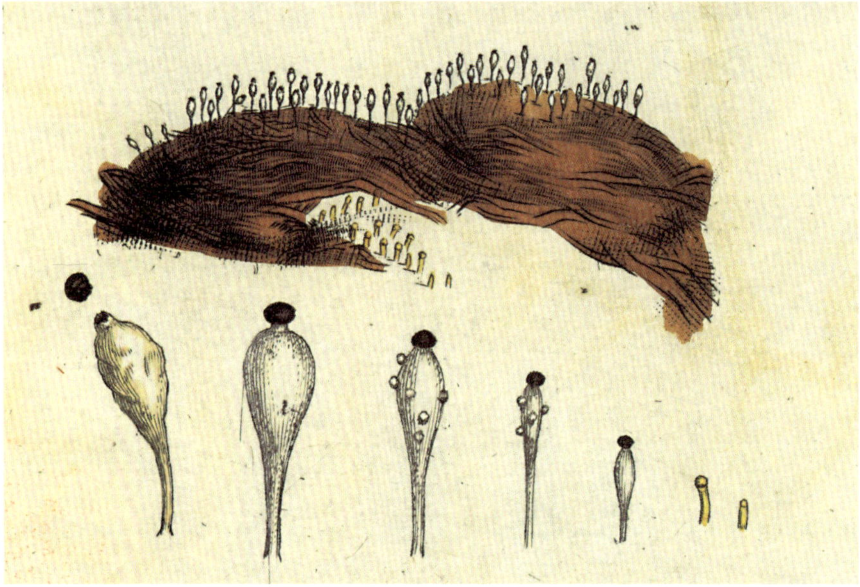

索尔比进行了实验并记录了有趣的片段。例如，他发现当在成熟状态下，真菌球会产生褐色粉末，与阿拉伯胶和水混合后适合立即作画。[27]他和朋友们吃了一些真菌并记录了效果："在吃饭的时候，艾肯斯最初如同醉酒般欢快，后来感到恶心。"[28]在检查标本时，他发现"许多蘑菇含有松散的髓，但它很嫩，常常会沿着用来切割的工具而滑动"。[29]

1809年之后的补充介绍，表现了他对人们对有毒种类无知的焦虑，尤其是在得知萨里的致命事件后，他希望通过揭示哪怕仅仅是一个种类内部的形状、形式和颜色的多样性，从而对他们加以启发。补充介绍以这样的话语结束：

"我对非常特别的、有毒真菌的菌类，以及那些可食用的菌类都尽可能早日完成模型制作，来尽可能防止未来可能发生的危害。我请求那些有机会进行调查的人给我提供信息。我也希望这些人尽可能地努力，普及毒菌类的知识。全国的每一位牧师、绅士、医生、药剂师或公众人物都应对其进行了解，以实现这个公益的目的。为此，我长期以来都安排我的收藏品，在每月第一个和第三个星期二从上午11点到下午3点向公众开放。"

他还记录了在散步的过程中，他向公众提供关于某些物种的建议：

"1795年6月和1796年8月，我在肯辛顿花园收集了这种菌，我注意到有些男孩在采

< 6/14 这个引人入胜的小型“粪炮”菌，索尔比解释说：“它生长于马粪上，且生长迅速，并最终能够将其孢子囊射出相当远的距离。”通过他的描述不难看出，他是这一现象的认真观察者。在《英国真菌》中被称为“有其他蘑菇的特征”;因此，我把它叫作“壶果毛霉”（*Mucor urceolatus*），现在称为“晶澈水玉霉”（*Pilobolus crystallinus*）。

蘑菇……我建议他们将其扔掉，不要吃下。在同一时期的绿色公园，一个照看小孩的女仆看到我有点好奇，就问我关于这个板子上画的一些菌类。我给了她和她带的两个小孩相同的建议。然而，她对自己的想法充满信心，认为这些菌可以食用。但是当我离开后，我很高兴看到，她还是给扔掉了。”[30]

在另一个场合中，他分享了采集伞菌时的快乐体验：

“1812年8月我在美妙的艾奇科姆山采集到它们。在那里，我感受到了一生中最高尚的快乐。欣赏上帝崇高的造物，每个方向、山丘和山谷，都巧夺天工。这是对世人充满魅力的教导，没有一样东西是徒劳的，或者说，没有一样东西不是为了让人惊叹而存在！”[31]

这些补充资料直到1815年都还能够看到，包括各种特别知名的物种。他的作品仍然没有能够与他竞争的出版对手，而且流行热度一直保持高涨。

索尔比制作了大约每份补充资料为五百份的副本——这对当时和这个主题来说，是一个正常的数量。[32]今天，真菌学家认识到索尔比对真菌分类学有着长期持久的影响。他首次描述了诸多物种，并为超过两百个新物种进行了命名。某位真菌学家曾经写道：“在某些属中（例如，球壳属、锈孢属等），几个物种都是首次描述，但在肉质的真菌中，他的插图质量如此之高，以至于其他研究者都可以根据插图，来辨识相应的分类。”[33]索尔比的作品经受住了时间的考验，不仅是因为艺术殿堂级的品质。

虽然索尔比自己收集标本，但他却并不是一个喜欢旅行的人。他更喜欢在自己位于兰贝斯的家中勤奋研究标本和他的艺术。他会前往附近的地方完成委托任务或采集工作，偶尔还会去诺福克和萨福克去探望朋友、同事和妻子的家人。但曾经有过一个例外，那是由于雅茅斯的银行家道森·特纳先生的盛情邀请，说服索尔比在1799年夏天，和他一起去英格兰西南部进行一个月的采集之旅，那个地区还无人撰写过植物志。索尔比愿意去，让人很惊讶，因为他在《英国植物学》《英国真菌》和他的模型上的工作仍在如火如荼地进行，而且他总是有大量的信件要回复，还要接待来造访他博物馆的人们。这样的旅行往往有些冒险，而且也十分辛苦。

> 6/15 一种难以辨识的菌类，正如索尔比所说，它可以有多种样子。可能是锥形湿伞（*Hygrocybe conica*，在《英国真菌》中作为 *Agaricus aurantius* 的异名）。

他们六月份出发，由索尔比11岁的儿子乔治陪同。旅行距离长达1 000英里，并且他们在去的路上，比如在牛津，以及一直到达康沃尔的朗兹尾，都做了采集工作。[34]乔治还接受了一些训练，为《英国植物学》收集新的标本。后来，他还向林奈学会提交了一份报告，包括一份含有超过一百种罕见物种的目录，其中还有地衣和海藻等。[35]次年四月，特纳热情地写信给索尔比问：“你记得我们在康沃尔的那次旅行，在卡梅尔福德附近发现了灰白地衣和在朗兹尾发现了复合地衣吗？那都是非常珍稀的物种。直到几天前我才知道我们采集到的是什么。”[36]这次旅行无疑大获成功，两人之间也建立了良好的关系，特纳对他足够信任，并且提议两年后再次到怀特岛去“游玩”。[37]

当索尔比和乔治离开时，安妮在家人的帮助下，负责维持在米德庄园2号的正常工作。特别是《英国植物学》的稳定出版，是至关重要的。索尔比在巴斯的时候，安妮写给他的信消除了他心里可能会有的各种担忧：

“亲爱的詹姆斯，

我再次拿起笔，我觉得你可能没有收到我之前写的信。没有收到也没有关系。家里的所有人都很好、很健康，现在也没有什么非常紧急的事情需要你处理。我收到了很多人寄来的包裹和信件，我已经把它们都安置好了。西福斯勋爵和一位女士刚来看鸟，说他会在你回来的时候再来拜访。我收到了你第一次寄来的盒子，但之后就没有收到了。至于另一个盒子，你没有说你是从哪里寄出的。如果你说了，我们就可以去查询。我们正在准备下一期的《英国植物学》，而且会按时完成的。

下次写信时，请告诉我们乔治的情况，你上次写信的时候没有提到他。詹姆斯、马克汉姆和爱德华都很好，都是好孩子……

这封信里充满了我对你和乔治的爱，相信我。爱你的，安妮·索尔比。”[38]

在她的附言中，她告诉丈夫，儿子詹姆斯希望爸爸能给他带回一些东西，于是提醒索尔比不要忘了带回一些带根的植物。

Jan.y 1. 1803. Published by Jas. Sowerby. London.

A
B
a
d

第七章
令人烦恼的异国花卉

拉姆贝斯的米德庄园是索尔比的生活中心。这里有他工作的各种用具，人们来这里可以参观他的博物馆。这里有他的家人和家族事业，这里是他温暖的家。外面的大千世界完美地呈现在他身边的众多标本中、他的植物标本室、他的抽屉里，以及每天邮寄来的各种包裹中。他很少出远门，他和道森·特纳一起去英格兰西南部，以及后来去怀特岛的旅行，都是十分罕见的。[1] 即使是社交拜访也变得越来越少。詹姆斯·史密斯、道森·特纳等人邀请他去他们那儿住一住，这样他们可以一起研究植物了，但都没有成功。“我们怎样才能把他从家里给请出来呢？”道森·特纳曾经抱怨说。

标本收集的大环境似乎并不重要，而其直接的生活环境，如落叶层，就尤为值得注意，特别是如果还要对它进行绘制、建模。然而，正如我们所看到的，索尔比被乡村的美丽深深打动，而且在野外，他总是一个充满热忱的观察者。[2] 正是对工作近乎疯狂的热爱，让他想要留在家里。音乐、社交或舞蹈等其他活动对他来说都是没有必要，而且分神的。即使是参加学术社团，包括林奈学会，也不属于他的常规活动。有些人希望在会议上见到他，而有时见不到，就会感到失望。博物学，尤其是能够在纸上呈现的博物学，是他生命的核心。

< 7/1 油橄榄（*Olea europaea*）。常绿的油橄榄是希腊和其他地中海国家最重要的植物之一。索尔比为《希腊植物志》第一卷的第三张插图制作的版画。

过去几年过得非常顺利。《英国植物学》的销售情况良好，看不到走向终结的迹象。索尔比的出版业务使他的家庭收入能够保持稳定。他也有足够的工作，有能力拒绝其他作者所需的插图作品绘制委托。但现在，一个不寻常的时期带来了一些挫折，也让他对米德庄园的野心受到了一定的影响。两本关于外国植物的作品给他带来了财务和情感上的困扰，也影响了他与詹姆斯·史密斯之间的工作关系。这两个重要项目都从一开始就遇到了各种困难。其中一个是希腊植物的一本植物志——《希腊植物志》。该项目得到其他人的推动，后来索尔比才参与其中。起初，他迫切地希望参与，却遭到负责人的重重阻挠。最后，这本书成了一项重大出版成就，被誉为牛津最好的植物宝藏，但发行量最高的时候也才只有二十五本，且价格昂贵。另一项工作——《异国植物学》，由索尔比发起，但遇到了与他几年前《华美植物志》的同一种问题，即那些以园艺为目的的图解书籍，通常在收入上是很不稳定的。它价格适中且易于购买，但是因为缺乏所需的支持，导致它在早期就停产了。詹姆斯·史密斯同时是这两个项目的关键人物。

索尔比已经在超负荷工作，他对博物学的全部热情和无尽的传播能量都在驱使着他前进。同时，他还需要赚取足够的金钱，来支撑一个不断壮大的家庭。两部异域植物志以各自所需的方式同时进行。索尔比还忙于他现有的出版物（《英国植物学》和《英国真菌》），与此同时开始新的项目（关于英国矿物和动物的作品），还为林奈学会作出贡献。其他各方面的压力也不断开始显现。他的第七个孩子菲利西亚于1800年出生，接着是1802年出生的夏洛特。不久以后，他年仅11岁的儿子马克汉姆在一个狭窄的城市庭院里，被马车压住痛苦地死去。[3]

安妮对此感到极度心痛。他扩大的业务和各种活动，无疑给管理助手（如上色师）的工作，以及家庭成员，尤其是他的妻子和两个儿子詹姆斯和乔治，都带来了巨大的压力。通过租下隔壁的房子（米德庄园3号），他缓解了居住和工作空间的紧张。后来，乔治就搬去住在了那里。他的博物馆一直都发展得很好，并且还对外开放。

《希腊植物志》具有特殊的魅力。这是一部无与伦比的巨作，是一群人几十年的无私奉献。

索尔比的参与是必不可少的，但有时会发生争执。最后的结果是令人赞叹的，因此最初的不愉快也就可以忽略不计了。无疑，这个主题吸引了众多作者的注意，从而才促成了两本精美书籍的出版。[4]

简而言之，这个故事讲的就是年轻富有的牛津植物学教授约翰·西布索普[5]，他于1786年和1787年旅行研究并收集了希腊、克里特、塞浦路斯和土耳其等地鲜为人知的动植物。这些土地上拥有极为丰富的自然宝藏，等待着他们去发现。他的陪同者当中，有已经享有很高声誉的插画家费迪南德·鲍尔（弗朗茨或弗朗西斯·鲍尔的兄弟），约翰·霍金斯也在旅程期间加入了他们。约翰·霍金斯对地质学、矿物学和地形学，特别是对巴尔干半岛，有着广泛和深入的研究。[6]

霍金斯对鲍尔很好，但西布索普却不是。他似乎没有给予鲍尔他所应得或期望的尊重。尽管如此，鲍尔还是带着多种极为精美的铅笔素描回来了。其中许多素描都带有数字色彩编码，这样他回到家以后，就可以给他的全幅图正确地上色了。

旅行能够激发灵感，西布索普也不例外。1794年初他再次启程，霍金斯有时会陪同在他身边，而鲍尔却没有。因为鲍尔已经写信给霍金斯，抱怨西布索普在规划旅行过程中漫不经心的态度，并以此为由推脱掉了。[7]但是灾难降临了。西布索普比计划提前回来，他在1795年夏天得了重病。次年二月他在巴斯去世，留下了一份详细的遗嘱，其中对如何处理他收集的大量材料做了交代。这些材料具有很重要的意义和用途。他还嘱咐希望自己财产中的很大一笔钱用于这项工作。正因此，一项独特并且十分著名的植物学成果应运而生。他的三个遗嘱执行人中的两个——约翰·霍金斯和托马斯·普拉特（伦敦一位著名律师），选得十分恰当。他们以坚韧的意志和奉献精神履行了这项职责。第三个遗嘱执行人是弗朗西斯·温曼（牛津大学民法教授）在西布索普去世后不久，也去世了。

他们肩负的重任是安排制作一本《希腊植物志》，发行一部由二十个大部分组成的对开本，每部分含有五十个彩色插图，使用西布索普旅行带回的标本和绘画。这是一项艰巨的任务，不仅因为材料数量巨大，而且还因为西布索普的野外记录不够充分。找到合适的人来完成这项任务也相当不易。詹姆斯·史密斯是公认的、唯一有能力为混乱带来科学秩序，并有能力编写《希腊植物志》的人。当他在1799年接受了执行人的委托以后，肯定让执行人也大大地松了一口气。标本、文件和图纸很快送到了他在诺里奇的家中。从那时起，史密斯一直勤奋工作，直到他去世。在他的卓越学识加持下，又开始寻求詹姆斯·索尔比的帮助。索尔比不知疲倦地工作着，而他的其他作品，包括《英国植物学》，也几乎没有发生任何延误。

执行人的另一项任务，是找人来对插图进行雕版和上色。这也是一项极为艰巨的任务，涉及近一千个细节非常精确的大插图，而且计划要制作五十份副本。费迪南德·鲍尔对此表现出了极大的兴趣。他声称他能比另一位可能成为候选者的艺术家丹尼尔·麦肯齐做得更好、价格更低。一方面，人们谈论的是两个人之间的竞争。另一方面，人们担忧如果鲍尔单独工作，他可能会需要很长的时间。执行人约翰·霍金斯对所有的提案都不太满意。他甚至建议，如果雇佣麦肯齐，那么应该选择让他处理更简单的植物。[8]而且，他还为许多画作处于半完成品的状态而感到烦恼，因为只有鲍尔才能完成它们。到了1799年底，霍金斯感到无法应对，寻求史密斯的建议。他说：“我还认为，这项工作的浩大程度，要求我们招募其他有价值的艺术家，像索尔比[9]。”这些对话中，并未提及其他艺术家的名字。因为技术高超的雕版师和上色师并不常见。索尔比虽然身处一个小型的顶级联盟中，但他还是有可能不及鲍尔。尽管信件表明，索尔比有时显得有些不太情愿，但毫无疑问的是，史密斯一直在推动索尔比的参与。[10]

时间解决了一切问题。

鲍尔对这个项目已经不再热衷，再加上麦肯齐于1800年2月去世。最终，这项任务在1800年初的时候，就落在了索尔比的肩上。鲍尔可能很庆幸自己没有参与其中。因为1801年中的时候，他正好与弗林德斯一起乘坐“调查者”号环游澳大利亚去了。到了夏天，史密斯已经开始对索尔比的第一批作品开始不耐烦了。到了秋天，他开始收到稿件，并对索尔比的工作进行批评：

“我对《希腊植物志》非常满意。你知道我不会恭维。相反，在你我之间目前这个阶段，我会找出所有我能找到的错误。我认为特别是在婆婆纳上，雕版的线条或者蚀刻得过于强烈，而且印数只会很少的情况下，我希望你以后能够避免此类的缺点。”[11]

索尔比并没有，也无法自己一个人完成全部的工作。他雇佣了助手和上色师，还让自己的家人也参与其中。尽管这项具体任务的大部分都应该是由他亲手完成的，但信件显示，他甚至雇佣了几位雕版师。但是事情的进展并不顺利。霍金斯拜访了米德庄园，检查了生产情况并确保质量良好。他还是感到很不满意，并向史密斯汇报说：

“我仔细检查了最近完成的彩色画版，很生气地发现了一些严重的错误。我已经向索尔比先生指出了这些问题，并相信他将来会避免这些错误的发生。看到鲍尔的精美的画作被雕版师制作出来的惨状，我感到痛心。毫无疑问，这种问题不应该出现，并且完全是可以避免的！史密斯先生是否认为，《希腊植物志》出版以后，这些画作就不再有任何用处了呢？尽管实际上，它们并没有优于彩色的雕版，但它们也应该作为属于牛津大学的公共记录而得到精心保管。但我敢断言，作为艺术作品，它们优于现存的任何同类作品，并将成为大学最有价值的宝藏之一。”[12]

史密斯在告诉索尔比这个消息时，他对事情的看法则更为积极：

“我很高兴霍金斯先生跟您彼此了解。他对这些版画的赞扬让人感到十分满意。他苦着脸抱怨画作变得那么脏乱，难道就不能在某种程度上得以避免吗？应该告诉雕版师们：必须要保持画作的整洁。”[13]

这个困难已经解决了。版画的生产继续按时进行，并且送到诺里奇处进行质检。史密斯写信赞扬他们“优秀”，有时，甚至是“非常优秀”。付款偶尔会成为问题，特别是当执行人普莱特必须向大学申请送出西布索普的部分遗产时，这个过程在新任副校长上任时变得更加复杂。史密斯毫不含糊地向索尔比表达了他的看法：

“普莱特先生虽然和你我一样都是商人，但是在遇到任何官僚傲慢时，也会变得非常不耐烦。对于他来说，在这件事上遇到如此多的麻烦而没有获得任何利润，还要面对那些只在自己小土堆上做大事的牛津人的延误和不信任，一定让他感到非常难受。我指的是副校长和此类人。”[14]

如果当时气氛和谐，那这种和谐也不会持续很长的时间。现在是发布第一期的时候了，也就意味着要进行分发和销售。但是，没有人比索尔比本人更适合承担这项工作任务了—— 他是一位优秀的出版商，非常了解这个特殊出版物的性质和市场。但选择权并不掌握在他手中，在版画上的辛勤工作并没有授予他任何对《希腊植物志》进行销售的权利。但索尔比对这项工作充满热情，因为这不是一项普普通通的委托。他希望尽可能深入地参与其中。早些时候，他就告诉执行人普莱特先生，他非常热衷于这项工作，并表示他会租下隔壁的房子（米德庄园3号），这样他既能有工作的空间，也能有销售所需的场地。

> 7/2 波斯刺参（*Morina persica*）。通常被称为刺状轮花，一种多年生常绿植物，用作观赏。来源：《希腊植物志》。

普莱特先生给了他足够的鼓励，让他继续前进，到了次年夏天，这笔交易就顺利完成了。[15]随着投资的进行，他急切地希望能够获得收益。但普莱特和霍金斯却另有计划和对事件的解读方式。史密斯和索尔比之间发生了诸多的指责和争吵。

史密斯写给索尔比的信揭示了很多关于矛盾如何产生，并因多人参与而加剧矛盾的信息，这些人通常彼此相隔甚远：

“我不会误解普莱特先生所说的话，我记得特别清楚。

但我越来越确信，当他经常在被其他事情催促或困扰时，就会非常冲动。我完全确定他的本意是善良且光明正大的。

因此，我建议你不要介意他偶尔的急躁，原来怎么做，现在就还怎么做。拜托你继续做这项工作。我保证如果你受到不公正的待遇，我会暂停我的这部分工作。我不反对你进行销售这项工作，正如你所说，普莱特先生现在也同意了，所以不会有任何困扰的。”[16]

索尔比对普莱特已经同意让他参与到《希腊植物志》的销售当中这件事深信不疑了。但事实恰好相反，这让他变得异常苦恼。他可能因普莱特的前后矛盾都取决于霍金斯的意愿，而对普莱特心生抱怨。索尔比除了詹姆斯·史密斯，无人可以让他发泄心中的愤怒。

现在，事情变得令人不悦，并且很快变成了人身攻击。极度焦虑的索尔比让他16岁的儿子充当执笔人，写了一封痛苦抱怨的信寄给史密斯，好像是在把他的困扰怪罪于史密斯。他甚至说，他必须与将来任何参与这项工作的人都一刀两断，并谈到“人性的卑鄙”，以至于他会“放弃一切”，并且“无法进行其他业务”。史密斯迅速回应，并表达了他的惊讶和忧虑，并解释说，他一直希望索尔比能拥有对《希腊植物志》的“全权管理”权，并且他肯定会在为《希腊植物志》所写的序言中对他进行高度赞扬。他要求索尔比稍微反思一下，告诉他是什么使他感到困扰，是什么使他对史密斯感到如此愤怒，并愿意站在他的角度给予公正对待。他最后总结说：“请写回信给我，就像多年的老朋友一样。无论你怎么想，我一直都是你忠实的朋友，J.E.史密斯。”[17]

在短短三天后，史密斯就收到了索尔比解释更清楚，而且心情更平和的回复。

a
b
c
d
Morina persica

他解释了自己是如何遭受到严重的不公平待遇的，特别是普莱特如此这般的误导，他写道："我所做的一切可能都是错误的，尽管我的初衷是做正确的事情。"[18]

他说，如果他不能成为分销商，那么，正如霍金斯所宣称的，他应该因租赁房屋的支出得到相应的赔偿。但是霍金斯反驳说这是不实的，并且迅速向史密斯证明他是如何在和他的妻子去米德庄园访问索尔比时讨论的：

"当我去年夏天带着夫人特意去他的家看他准备的铜版画时，我几乎用在那儿的全部时间，仔细地将它们与原始的图纸进行了比较。我对索尔比先生是这么说的：你必须把我看作是这样一个人——一个朋友的遗嘱执行人和公众的受托人。我有一个至关重要的职责要履行，这个职责不允许我忽视你在执行中的任何错误。因此，我会对你的工作进行批评，而且可能会非常严厉，但希望你能理解，请不要介意。

我相应地指出了一些需要纠正的问题，而他也承认了。当他谈到因没有得到交付工作的委托而感到失望时，我仍然保持了同样的态度。他说，他被误导以为应该有此期待，因而还产生了经济损失。他告诉我，他甚至出租了一栋房子以备用。我因此对索尔比先生这种毫无根据的说法感到惊讶，并得出结论：这种行为，再加上去年夏天他对普莱特先生的傲慢和不公正的对待，使我必须在未来避免和他产生任何的交流。"[19]

对于执行人来说，想要避免和已经深度参与《希腊植物志》的某人进行交流是十分困难的。但霍金斯正显示出他的不耐烦和对索尔比的不支持——尤其是关于出版的任何事宜。史密斯忠于他的诺言，继续支持索尔比，而普莱特却摇摆不定，最后被霍金斯影响，然后霍金斯告诉史密斯：

"我在之前的信中已经对索尔比先生的不满写了很多，我觉得已经没必要再为我自己辩解了，也没有任何需要辩解的地方。虽然索尔比先生不断地抱怨，但我还是站在普莱特先生这边的。这位先生充满信心地希望他与受托人的关系能使他获得这样一个令人向往且有利可图的委托，对此我并不感到惊讶。但每一天都使我更加确信，我们拒绝他是正确的。在这个问题上，我对与你想法不同而感到有些担忧。你说，如果有影响力的人们可能会去索尔比先生那里，那他们会去他那儿两次吗？但是这些人却习惯于去怀特先生那里。他们当中有一位是生活在远郊的雕版师，另一位是住在城镇最繁华地段的书商，大家公认他是业内拥有最大书籍库存的人。除此之外，他还特别经营着很多其他作品。那么，我们在做决定时还会犹豫去哪买吗？"[20]

他们并没有犹豫太久。霍金斯如愿以偿，书商怀特获得委托，在接下来的许多年里负责销售。但为什么索尔比会变得如此沮丧，而且还沮丧了相当长的时间呢？如果只是为了《希腊植物志》，他支付米德庄园3号的租约似乎就显得有些过早了。但其实还有其他原因。租约已经空出，并且随时都可能让别人先租走。索尔比的家庭正在成长壮大，因此需要更多的空间。当时家中有七个孩子，其中两个很小。[21]而且他在博物学方面的兴趣也正在扩展到矿物学和动物学，他的收藏和出版物也在与日俱增。只要有足够的资金，租下隔壁的房子看起来应该是可以解决这几个问题的明智选择。索尔比有时提到过希望在某些时候摆脱债务。任何债务的规模都不太可能很大，他的儿子乔治主要通过继承得到了一个或多个财产，租金也能帮助维持索尔比的财务状况。他的出版物至少做得还算不错，尤其是《英国植物学》，且他正在开展有偿工作，如教学工作，以及为林奈学会的会议准备材料等。他的出版业务，也就是所希望的业务，也持续、成功地进行着。出于诸多原因，接手房子的租约似乎是合情合理的。

《希腊植物志》是一项非常出色的成就，难怪评论家和批评家都对其大加赞扬。从一个并不太顺利的开始，经过几位精心挑选聘任的专业人士的奉献与坚持，最终产生了一部具有极高的科学和艺术完整性、平衡性的作品。这部作品的科学价值不仅在于其中的植物描述和对许多物种的精准描绘，同时也在于它展示了19世纪初期追求博物学的学术过程。如果没有史密斯的奉献精神和渊博的知识，以及鲍尔和索尔比的高超技能，这项工作可能根本无法完成。然而讽刺的是，尽管霍金斯写到过，认为鲍尔的绘图将会成为牛津大学未来的宝藏，但如果读者在已出版的卷册中想要找到他的名字，仍然要花费一番工夫，索尔比也是如此。西布索普和史密斯的名字被合理地突显出来，但就像许多哥特式大教堂一样，建筑师是知名的，而大师级工匠的身份却往往模糊处理了。在他对作品的长篇拉丁文的前言中，我们可以找到史密斯对鲍尔和索尔比简短的致谢感言。对于索尔比，他写道：“我的首要任务就是找到一个能够在原始图纸基础上，精确雕刻插图的人。这项工作托詹姆斯·索尔比先生的福，他在这门艺术上一直享有盛誉。在将插图雕刻在铜版上之前，我仔细地将每一张图与原图进行比对，然后认真检查每一张彩色插图的颜色和外观是否准确。”

尽管索尔比最初渴望参与《希腊植物志》，但其结果却与他的理想背道而驰。最终，这本书只为富人所用，几乎难以接触得到，因为最初只制作了二十五本。它并没有真正展示索尔比的巨大贡献。作为启蒙运动的重要产物，它揭示了世界上一个引人入胜地区的植物学（包括新物种的插图），但由于这些发现并没有得到有效传播，因此未能产生应有的初始影响。对于将科学成果传递给更广阔的世界，人们并没有太多的紧迫感。那些真正想要传播科学成果的人，会通过在已经成立的和新成立的学术社团（包括林奈学会）的会报等刊物上发表成果，或通过相对快速地出版植物志等方式来实现。现在，一百七十多年过去了，这部宏伟巨作的艺术价值，通过牛津大学博德利图书馆的“数字希腊植物志”，包括完整的印刷卷册、原始图画和未发表的论文，终于真正得以呈现。[22]

∨ 7/3 香附子（*Cyperus comosus*）（现名为圆叶香莎现名为 *C.rotundus*）。一种十分漂亮的根含淀粉的莎草，可以生长到一米以上。来源：《希腊植物志》。

> 7/4 银白鼠尾草（*Salvia argentea*）。一种为观赏其大型银色叶子而栽培的地中海植物。来源：《希腊植物志》。

Salvia argentea

1.

Bignonia undulata.

March 1. 1805. Published by Jas. Sowerby. London.

< 7/5 波缘号角藤（*Bignonia undulata*）。在"印度斯坦北部的森林"中发现的一种大树。在插图中对花朵的重点描绘是《异国植物志》当中众多图版的一个特征。

《希腊植物志》作为连载出版物持续了许多年。这对索尔比家族来说是一个稳定的收入来源，即使在索尔比于1822年去世后亦是如此。但由于成本高昂且生产速度缓慢，在史密斯去世后的十多年、西布索普去世后的四十多年，一直到1840年才完成。然而，正如斯蒂芬·哈里斯在他关于《植物志》的精美插图书中所说："约翰·西布索普在希腊群岛和鲜为人知的奥斯曼帝国的浪漫旅行、他的英年早逝、完成工作所涉及的惊人成本、精湛工艺和超凡智力投入，都将《希腊植物志》的神秘感提升到了无以复加的高度。"[23]索尔比可能一直过度劳累，因此身体虚弱。他一直希望进步，并热衷于开启新的项目。他痛恨挫败感。在《希腊植物志》的工作压力下，他又着手制作属于自己的《英国矿物学》和《英国百科杂谈》，并与史密斯一起研究《异国植物学》。社会需求和拿破仑战争，特别是英法宣战，加重了索尔比的生活负担和心理负担。他能够支付相关费用以应对县民兵的宣誓令（1803年），但后来他还是成了一名特别警察，在"敌人试图入侵这个王国"的情况下，还要以兰贝斯的教区官员的身份，在市政官员的指导下采取行动。[24]

史密斯要避免任何可能导致未被他认定为"计划合作研究异国植物作品——《异国植物学》的作者"所带来的风险。他不会再犯关于《英国植物学》作者身份的错误。当他建议如果销售量高（达到低千位），其他作者就应该在财务上分得一部分利润时，他立即就会表现出对这个话题的敏感。他认为这项工作的成功可能部分归功于他的创作（他强调）。[25]这项工作计划将包含那些可能在英国花园中种植的稀有且美丽的植物，并会像《英国植物学》一样，含有手绘的彩色图版和科学描述。就像《英国植物学》一样，史密斯写下了文字版，并对每种植物的特性、历史和处理方式进行了评述。索尔比进行了制图，而且整本书均由他负责出版。史密斯将这项工作献给了他的朋友、银行家、历史学家和艺术赞助者威廉·罗斯科。他的众多项目中包括在利物浦建立了一座植物园，于是他邀请索尔比在利物浦进行了一系列植物学讲座。这些讲座都很成功，两人也成了一辈子的朋友。史密斯的序言中用长长的文字盛赞了这位艺术家及博物学家："在这里表达索尔比先生为他的工作所展现的能力是不合适的，而且也是多余的。但我在这里不表达心里的感激之情也是说不过去的。经过这么多年的经验打磨，我开始了新的征程，有他的画笔加持，我才更加充满信心，心里也更加踏实。”

这或多或少地暗示这项工作是史密斯主动求助，而实际上，它是共同发起的。根据协议，如果销售超过500份，索尔比会允许史密斯每多卖出500份就额外获得2.5个基尼的收入。[26]但是，尽管史密斯在伦敦的各大报纸上宣传这项工作，并在他的讲座和访问利物浦期间也做了宣传（当地书商有大约八到十套的订单），销售量却从未达到这样的水平。卖出数千份的想法很快就被遗忘了。在一年多的时间里，史密斯感觉到索尔比希望不再继续，但他仍然送来植物供索尔比绘制，同时试探性地询问他，是否应该继续撰写植物相关的描述。当史密斯得知索尔比计划停止出版时，他建议因为销售略有增加，并为了维持其良好的声誉，所以不要放弃。最后他告诉索尔比：“请振作起来，不要因为任何无根据的恐惧而让你我都感到痛苦。”[27]

但是各种尝试和挫折并不仅仅是销售方面的。当索尔比仍然对《希腊植物志》感到沮丧时，新的困难又出现了：理查德·索尔兹伯里可能会对《异国植物学》中的一幅插图进行批评。

索尔兹伯里是林奈学会的副主席，他曾经通过公开批评《英国植物学》的文本使史密斯感到震惊。现在，由于一幅植物插图的不准确性，他可能又要重复这个过程。史密斯向索尔比表达了他深深的焦虑，并询问这样一个不幸的错误是如何发生的，同时也牢记着索尔兹伯里的报复心理。[28]我们没有索尔比的回信，但他似乎对这样的事情也感到不安，特别是因为绘制植物时的准确性，一直都是他肩负的使命。另一方面，史密斯很快就冷静下来，并很快就要求索尔比在伦敦为他跑腿（比如帮他去买一个红木书桌），并同意画版按照原样出版。不久以后，索尔兹伯里辞去了副主席一职，这使学会的成员们也都松了一口气。[29]

即使没有索尔兹伯里，《异国植物学》也永远不会取得成功。可能在其他植物志包含更多科学信息的时候，它就缺乏足够明确的焦点。竞争也十分激烈，其中包括柯蒂斯持续出版的《植物学杂志》等。然而，正如人们所期待的那样，索尔比的插图质量很高——描绘准确且都很美丽。有些细腻精致、有些则华丽夸张，就像植物本身一样精美绝伦。各种各样的植物都有特色：一些拥有漂亮的叶子，如美人蕉；或者有异国情调的花朵，如姜花和山姜；或者有不寻常且复杂的花朵结构，如象牙参；甚至有独特的个性，如芳香的砂仁和食肉的狸藻。

^ 7/6 树胶桉（*Eucalyptus resinifera*）。这种植物能够长成参天大树。这是一种新南威尔士州的本土植物，据说能分泌红色的树脂，又叫红胶桉。它在英国的首次开花（1804 年）是在伦敦帕丁顿的一个温室里，索尔比用这个样本在 1806 年为《异国植物学》绘制了优雅精美的插图。

﹀ 7/7 蓝点双尾兰（*Diuris punctata*）。一种美丽的植物，生长高度可达两英尺，是新南威尔士州的本土植物。根据植物学家弗朗西斯·布坎南博士拥有的图画和标本，索尔比为《异国植物学》绘制的一幅精美的尼泊尔植物版画。

> 7/8 象牙参（*Roscoea purpurea*）。这个属首次在林奈学会的会刊中得到描述，当时还没有人把活的此植物带到欧洲。

还有一些美丽的属于兰科的鸢尾花品种。史密斯曾告诉他的题献者罗斯科，“将会充满稀有品种和新奇事物”[30]。他在序言中解释道，许多植物将会来自索尔比和他自己的收藏，其中许多尚未发表。实际上，史密斯自己也培育了一些。还有来自约瑟夫·班克斯爵士和其他贡献者的大量植物标本，如矿物学家及园艺家查尔斯·格雷维尔，他在米德尔塞克斯的帕丁顿绿地拥有一座植物园。标本来自南非、牙买加、澳大利亚、印度各地、尼泊尔和其他国家，有热带也有山区。索尔比也借此机会使用他早年间在锡安府的温室、李先生和肯尼迪先生在汉默史密斯苗圃的温室，以及波特兰公爵在布尔斯特罗德的温室所做的绘画。有些，如尼泊尔的，是索尔比根据其他人的原始图画重新绘制或雕刻的。[31]每个版面附带文字都言简意赅，科学信息也相对较少，但有一些新种类会首次得到描述。

108
g
e
f
d
c
b
a
Roscoea purpurea.
Sept.1.1806. Publish'd by Jas. Sowerby, London.

98
Epidendrum humile.
July 1.1806 Publish'd by Jas. Sowerby London.

< 7/9 矮小独蒜兰（*Pleione humilis*）。生长在尼泊尔树木的苔藓上。索尔比的雕刻作品是根据植物学家弗朗西斯·布坎南博士所拥有的一幅画作而制成的。

史密斯对这项工作非常投入，尽管他知道销售情况不佳，但他仍然一再试图说服索尔比坚持下去，并再次提出愿意放弃自己的报酬，但这一切都已无济于事。他向索尔比表达了强烈的抱怨，要求对一些期刊发行延误的情况给予解释，并在他的信件未得到回复时感到极为恼火。在一时冲动之下，他甚至提出要与其他人合作，因为他不希望自己的材料被闲置。但随后他很快又反悔，说只要索尔比继续负责他所谓的“执行”部分，他就不会与任何其他人合作。[32]史密斯告诉他的题献对象罗斯科，他对索尔比感到失望，并且知道书商的销售额不足。[33]虽然史密斯预感到不可避免，但他们的关系还是再度变得十分紧张。《异国植物学》共发行了两卷，包含120幅插图。其中一些插图的发行时间较晚，距离该书开始发行过了将近四年的时间。然而，尽管如此，史密斯还是总能表达对索尔比的尊重，即使他有时会批评索尔比某些处理事务的方式。当罗斯科暗示他希望购买更多的《异国植物学》副本时，尽管不擅长账目，但史密斯向他保证索尔比是一个非常诚实和正直的人，并提醒他要确保收到的是优质的副本。[34]

索尔比现在已经年近半百。他的生活方式和业务也都已进入了一个全新的阶段。其中一些并不尽如人意，比如两本植物志出现的问题。有些则相当于例行公事，比如《英国植物学》。但大部分都涉及全新的视野，以满足他远大的抱负，从而去学习、传播英国甚至更远地方的博物学。矿物学、动物学与植物学一样，都是这段历史中不可或缺的一部分，而他现在也开始用部分精力涉足其中。观察一下随着时间推移出版物的性质，可以发现一个明显的转变——1804年以前，无论是他自己的作品还是作为其他人的插画师，几乎都是关于植物学的；而之后，主要是他自己的出版物，不仅于此，而且还更多地涉猎了矿物、晶体、化石、动物，甚至光的物理学等领域。他是一个充满好奇心的观察者，向人们介绍外面大千世界的热情始终有增无减。与史密斯和许多其他人不同，他并不满足于仅仅研究某一个领域，整个世界的博物学才是他的追求。当然这也意味着他不太可能在某一领域达到更高深的学术造诣。

Ta

Oct.r 1.1804. Published by Ja.s Sowerby, London.

第八章
索尔比的鲸

如果有哪样事物能让一个人获得持久的声誉，那么对于索尔比来说，就是一种鲸鱼。1800 年，一头美丽但不寻常的标本在苏格兰埃尔金海岸搁浅，正好就停留在了詹姆斯·布罗迪的庄园。詹姆斯·布罗迪不仅是埃尔金郡的议会成员，更重要的是，他也对博物学有着浓厚的兴趣，并且是英国皇家学会和林奈学会的成员。布罗迪立即开始工作，观察并测量这只大型动物（长约 16 英尺），并很快安排将它的头部送到米德庄园—索尔比的家。索尔比和布罗迪之间进行了热情高涨的通信往来，他们彼此分享着共同的爱好。这对索尔比来说实在是一件幸事。他并不是一个成名的动物学家，但他是一个公认的，善于观察且热衷于观察的人，完全有能力面对正确鉴别、准确描述这种动物的挑战。

鉴别说困难也困难，说简单又很简单。

困难在于，这是一种与已知物种不相匹配的、极为罕见的鲸鱼；简单在于，它具有鲜明的特征，强烈暗示它可能就是一个新的物种。这是一种喙鲸，它的下颚与鸟嘴有些相似。而最不寻常的是，它的下颚大约中部的位置生有两颗短牙。索尔比的运气很好，因为这只鲸是雄性的，而只有雄性鲸才能完全展示出这些牙齿。詹姆斯·布罗迪提供了有关这种鲸的大小、颜色和其他特征等重要信息。索尔比对鲸鱼头部进行了仔细观察，画了草图，并与其他博物学家讨论了他的标本。其中包括在苏豪广场约瑟夫·班克斯爵士的住所与其他人进行的一次交流，可能就是在班克斯的早餐会上交流的。他在 1804 年 3 月向林奈学会提交了一张动物的草图，描述它为一个新种类的鲸鱼，并且非常自信地将其作为他的新动物作品《英国百科杂谈》的第一篇文章，此后该书于同年出版。[1] 他将其命名为双齿鲸（*Physeter bidens*），其中“*bidens*”一词源自拉丁语，意为“双齿”。没有人争论或反对，索尔比现在已经是一位公认的动物学家了。后来的鲸类权威，例如亨利·德怀斯特，为这些观察和命名提供了支持。[2] 然而，詹姆斯·史密斯为索尔比不再将他的精力全部投入到植物学中而感到惋惜。

< 8/1 等指海葵（*Actinia equina*）。出自索尔比的《英国百科杂谈》（1804 年）。

Oct. 1. 1804. [illegible]

∨ 8/2“索尔比的鲸”一般又名索尔比喙鲸。该幅插图附在菲塞特鲸（*Physeter bidens*）（现名为 *Mesoplodon bidens*）的首次描述中，出自索尔比的《英国百科杂谈》（1804 年）。

∨ 8/3 在约瑟夫·班克斯的家中，人们讨论了索尔比的鲸鱼头骨。1800 年，搁浅在苏格兰埃尔金的海滩上。标本（OUM 6998）现存于牛津大学自然博物馆。图片来源：牛津大学自然博物馆。

∨ 8/4 1804年12月1日《英国百科杂谈》首期的蓝色封面或包装。

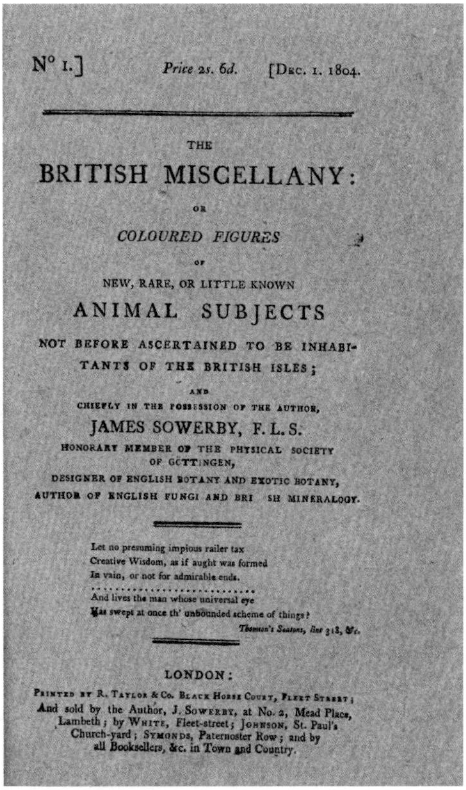

N° 1.] Price 2s. 6d. [Dec. 1. 1804.

THE

BRITISH MISCELLANY:

OR

COLOURED FIGURES

OF

NEW, RARE, OR LITTLE KNOWN

ANIMAL SUBJECTS

NOT BEFORE ASCERTAINED TO BE INHABITANTS OF THE BRITISH ISLES;

AND

CHIEFLY IN THE POSSESSION OF THE AUTHOR,

JAMES SOWERBY, F. L. S.

HONORARY MEMBER OF THE PHYSICAL SOCIETY OF GÖTTINGEN,

DESIGNER OF ENGLISH BOTANY AND EXOTIC BOTANY,

AUTHOR OF ENGLISH FUNGI AND BRITISH MINERALOGY.

Let no presuming impious railer tax
Creative Wisdom, as if aught was formed
In vain, or not for admirable ends.
....
And lives the man whose universal eye
Has swept at once th' unbounded scheme of things?

Thomson's Seasons, line 318, &c.

LONDON:

Printed by R. Taylor & Co. Black Horse Court, Fleet Street;
And sold by the Author, J. Sowerby, at No. 2, Mead Place, Lambeth; by White, Fleet-street; Johnson, St. Paul's Church-yard; Symonds, Paternoster Row; and by all Booksellers, &c. in Town and Country.

双齿鲸（现在已更名为喙鲸属双齿鲸）并不是一种常见的鲸，很少能观察到它，只是偶尔会发现搁浅在英国或其他地方的海岸上。当它被发现时，新闻会报道，而且仍然被称为“索尔比的鲸”。环境对索尔比非常友好：当博物学研究是如此的愉快，而不是与遗嘱执行人争论外国植物的生产和销售时，这个过程才更让人享受其中。通过观察和绘画，索尔比享受着发现动物世界的乐趣，这对他来说是一个全新的世界。此外，一具精美的鲸鱼头骨已在他的博物馆中陈列，供所有人观看。他因此获得了巨大的动力，继续沿着这条新的道路前进。

许多推广自然科学的学者，如吉尔伯特·怀特、托马斯·贝兹威克和托马斯·潘南特，正在用心揭示大自然的多样性，并使用精美的插图进行展现。动物生活的广阔范围，以及植物，正在得到更高层次的认识和欣赏。光学显微镜对博物学家来说是一个重要的工具，不仅用于研究植物和动物细胞之类的组成部分，而且还用于观察形态细节，无论是活物还是化石，在寻找不同生物之间的关系时特别有效。索尔比全家都对新技术表示欢迎。乔治特别擅长使用显微镜，特别是在他的昆虫研究中，并将在新的作品中得到体现。

8/5 韦茅斯附近发现的一种月鱼或王鱼(月鱼属 *Lampris*),记录为在英国水域罕见的发现。来源:《英国百科杂谈》。

《英国百科杂谈》于1804年底首次以月刊形式出版，常规包装是蓝色的纸，其中包含四幅彩色插图以及简短的描述和分类文本。它诱人的标题表明这是一本关于真正新事物的出版物，如果读者愿意参观，可以在作者自己的博物馆看到《英国百科杂谈》中彩色图示的新颖、罕见或鲜为人知的动物主题。许多动物都经过确认源于英国群岛，其中包括昆虫、鸟类、哺乳动物、甲壳动物、腔肠动物、海绵、爬行动物等。昆虫这项工程中占了近一半的分量。这是一种生活的杂烩，它存在的唯一原因就是，人们认定这些动物是稀有或新颖的种类。当然，索尔比也已经获得了一些标本。他首次描述了由他的朋友詹姆斯·布罗迪提供的几种英国新物种，例如马蹄海星（*Asterias equestris*）和压缩海藻虫（*Illepora compressa*）。[3]其中一些在分类学上仍然有效，因此描述成果应归功于他。其中一种是鱼寄生虫，即使是对于当时可能不太熟悉的非常小的动物，都是他观察力绝佳的例证。[4]他讲述了在1799年和1804年他是如何观察到一种“附在小鲱鱼上的奇特、奇怪的生物”，并且注意到这种“严重的寄生虫，像鱼叉一样造成严重的伤口”。它的“脖子不仅长，而且可以深入穿刺。除了头部两侧的倒钩之外，还有凹口，可以确保它能够固定住”。这种寄生虫将自己嵌入鱼的眼睛和背部肌肉中——这两种情况都在他的插图中展现出来。

在这个例子中，他记录的观察结果足以区分这个物种和其他相似的物种。但是对于一些生物，他的描述通常也十分简短，有时几乎可以忽略不计，但他的插图却是详细和精准的。如在一个案例中，“以便我们的读者更好地判断其是否属于一个不同的属”。[5]然后参考了其他已经发表的作品，并画出不同的示例。他偶尔也会给出完整的描述，特别是如果对命名有疑虑的话。

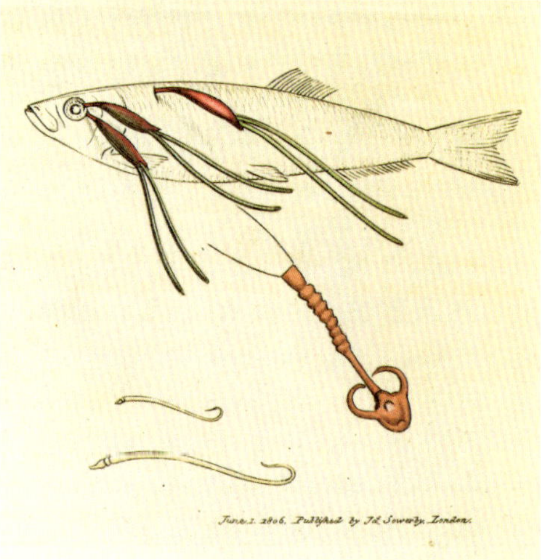

索尔比选择的标本反映了他对博物学各个方面的热情，无论大小：他从泰晤士河边收集的一只水蛭，他儿子在斯旺西收集的一种新昆虫物种，以及覆盖着地衣的蛾类幼虫，都是极好的例证。《英国百科杂谈》特别献给了西福斯勋爵（为索尔比提供了一套鸟类收藏）[6]和詹姆斯·布罗迪（提供了鲸鱼头部和其他标本）。

众多博物学家，包括威廉·胡克、詹姆斯·布罗迪、艾尔默·兰伯特和查尔斯·莱尔，原本将植物送给索尔比以供《英国植物学》使用，现在则送给他蠕虫、蝴蝶、黄蜂、甲壳虫、虾、鱼以及其他许多物种。植物学家艾尔默·兰伯特寄来了一条从爱尔兰西部卡兰湖捕获的优良吉拉鲁鳟鱼，并附上了观察笔记。[7]后来，索尔比为兰伯特的松树研究著作绘制了一些物种的插图。人们广泛尊称为“英国鸟类学之父”的乔治·蒙塔古让人们引起了对一种异常长的海洋蠕虫——黑线虫（*Lineus longissimus*，现称为靴带虫，可长达数十米）的注意。由于这种虫子非常容易腐烂，蒙塔古无法寄送标本。因此，当索尔比最终能够绘制出它的插图时，他报告了获取标本时的困难：“这种虫子似乎生活在沿海渔民中，人们已经知道了很长一段时间。但他们告诉你这种虫子有好几丈长，尽管他们一直像拉绳子一样把它们拉上来，却从未找到尾端。之后，他们就已经很满足地认为，已对此事了解了足够多，而且他们很难被说服，也很难用钱购买样本。”[8]

‹ 8/6 一种寄生性桡足类（是 *Lernaea* 属），首次由索尔比在他的《英国百科杂谈》中描述。寄生虫附着在鱼的眼睛和头部后面。

⌄ 8/7 索尔比对蜻蜓（*Libellula conspurcata*，也称 *L. fulva*）的精细插图。来源：《英国百科杂谈》。

> 8/8 圆尾鹀（*The cirl bunting*）。索尔比为蒙塔古的《鸟类学词典》（1802 年）的扉页创作了彩色铜版画。

蒙塔古经常带来各种标本，并期待索尔比能够为他提供指导和材料支持，以协助为自己关于鸟类和贝壳的出版物制作插图。[9]索尔比的确以他一贯慷慨的方式做到了这一点，并且还为蒙塔古的《鸟类学词典》的扉页雕刻了一只圆尾鹀的插图。[10]这一段时期内，索尔比几乎不得不满足人们对其标本的各种要求。蒙塔古远非唯一，而且各种要求都似乎十分苛刻。牧师贝尔送来一只猫头鹰，并附上了极高的要求：

“如果您能把这只角鸮（Strix Otus）很好地填充并展示给我看，我将不胜感激……不要浪费时间……圣马丁巷有一个人……只要做得好，任何人都可以被雇用的……这只鸟不仅非常稀有，而且它的每个部分都非常有趣……它是在星期一才被射杀的，请千万不要耽误了时间。”[11]

《英国百科杂谈》的部分标本是由索尔比的儿子们收集的。15岁的乔治在1803年也随同建筑师和博物学家约瑟夫·伍兹一起去了南威尔士进行小型探险，他在那里收集了各种昆虫、苔藓和地衣，并且把鱼寄回了位于米德庄园的家。[12]热心且博学的昆虫学者，威廉·柯比牧师，[13]也会从萨福克寄来样本，并帮忙进行描述，[14]有时他在被纠正错误时也会接受：“索尔比先生向我提出，我原本认为是这种昆虫的幼虫的东西，实际上是蛹。我欣然接受这个机智的推测。”[15]但是，他也直接对索尔比提出批评，特别是在寄送描述样本和对图纸评估以及样本处理的费用方面：

“首先，在为《英国百科杂谈》来回传递主题的过程中，你不应该让我承担运输费，因为这是为了你的利益；其次，作为朋友，我必须建议你，在各位绅士将材料交给你用于你的工作时，你应该在用完之后尽快归还样本。”

他补充说，其他人也抱怨这个问题，并以此结束：“你看，我对你是一种友好的开放态度——我希望看到《英国百科杂谈》的进步，并一直将主要昆虫学家的样本柜对你开放。”[16]柯比的信中流露出一种自认为是绅士的口吻。尽管他对索尔比的专业知识十分认可，并在几年前也曾委托他为其蜜蜂研究绘制一些插图，但他并不认为索尔比是他们中的一员。[17]尽管没有什么特殊的财富或地产，但柯比是一位牧师，也是律师的儿子。对他来说，索尔比的社会阶层要低于自己。启蒙时代也是有其社会阶级分化的，即使人们都在为同一目标工作。

《英国百科杂谈》是一份非常有趣且不同寻常的出版物，展示了索尔比对观察、绘制和描述自然不灭的热情。大多数插图质量良好，但并非全部。它们附有简洁、易于理解的文字说明，并引用了其他权威资料。在描述一些新的属类和物种时，文字中流露出一种难以抑制的兴奋之情。当时这些新物种并未对索尔比构成太大的障碍，即使在面对其他所有工作的压力时，他也没有停止这项发掘。他对事务管理和健全财务账目方面没有任何改善，但生产力始终是主要的目标。他的家庭保持业务运作有序，儿子乔治也承担起了父亲的书记员和昆虫学家的角色。

他的另一个儿子詹姆斯现在是一位熟练的艺术家及知识渊博的植物学家，尤其是在苔藓学方面，他已经能够承担起父亲的许多任务。他以谦和的个性，成功地与其他博物学家合作进行研究和出版，作为家庭使者，得以让索尔比家族的业务有所提升。两个儿子都参与了《英国百科杂谈》的制作。乔治会用显微镜研究昆虫，他会和詹姆斯一起绘制其中的一部分。安妮协助进行生产：校对插图和文字，以及订单管理等事宜。

1
2
3
4
5
6
7
8
9
10
11
12
13
14
15
16

‹ 8/9 索尔比为柯比的《英国蜜蜂专论》（1802 年）
绘制的几种蜜蜂（*Apis*）插图。

然而，在这段时间，年轻的詹姆斯并未一直居住在米德庄园的家中。他开始参与绅士们的博物学研究。部分原因是他拜访了诺里奇的亲戚以及詹姆斯·史密斯和他的朋友或同事。同时，也是父亲希望他协助其他人，例如帮助亚茅斯的银行家道森·特纳，进行他们的研究和出版。这些经历对詹姆斯·德·卡尔的发展大有裨益。

1802年秋天，15岁的詹姆斯在特纳家短暂居住了一段时间。他通过寄送海滨漫步时获得的三条鲨鱼等标本，与家里保持联系，并安慰母亲说，他不需要衬衫或长袜，因为他们都在诺里奇洗过了。[18]第二年夏天，他进行了更长一段时间的访问，帮助特纳绘制关于苔藓的研究图，陪伴特纳年幼的女儿接受一些学校教育，并收集样本。他定期给父亲写信，保证他正在为他做一些绘图，并告诉他特纳正在教他韵律诗歌——这将有助于他的发音，同时，他会在有可能遭到法国入侵的情况下进行步枪训练。那时对入侵的紧张度是极高的——那些拥有很多财富的人已将他们的妻子和孩子从如亚茅斯这样的沿海城镇撤离了。[19]

访问极为成功，特纳恳求索尔比能让他的儿子多留一段时间：“我们在拉丁文和算术方面合作得相当顺利……我真的很享受和他一起的时光，除了他给我带来的帮助之外，我也担心你会非常需要他。”[20]索尔比同意了。不久后，詹姆斯·德·卡尔写道：“我已经开了三次枪，骑马行走了六英里，但还没有接受训练，因为政府拒绝接收所有主动提供服务的志愿者，所以特纳先生的职员都没有接受训练。我将把特纳先生赠给我的猎犬带回伦敦。我已完成的绘图将在下周寄往诺里奇。”[21]

后来，他写信表示对父亲皮肤感染的担忧。同时，作为一个孝顺的儿子，他提醒父亲要为詹姆斯·迪克森关于隐花植物作品的前三部分进行上色。

詹姆斯·德·卡尔为特纳的“我关于爱尔兰苔藓的小书”所做的艺术创作堪称精湛。[22]他精确地捕捉到了植物微妙的细节，同时又洞察到了植物的整体外观。

∨ 8/10 詹姆斯·德·卡尔·索尔比为道森·特纳关于苔藓书籍（1804 年）所绘制的曲柄藓（*Campylopus flexuosus*）水彩画。

∨ 8/11 詹姆斯·索尔比根据儿子的绘画，为道森·特纳关于苔藓的书籍（1804 年）刻制的曲柄藓（*Campylopus flexuosus*）版画。

对于这样一个经验有限的年轻人来说，他在插图绘制上展现出了精湛的技艺。他的父亲肯定参与到了其中，因为他给了特纳将插图缩小到八开大小的建议。他肯定参与了大部分，甚至全部的雕刻工作，也可能参与了印刷和上色。因为当作品的准备工作延迟时，特纳对索尔比在家产出作品表现出了不耐烦的情绪，说明索尔比也是参与其中的。[23]但是非常遗憾的是，出版的卷册中并没有对索尔比父子给予任何致谢，然而特纳给予詹姆斯·德·卡尔的待遇又极好，几乎像待自己的儿子一样。一个典型的例子就是他送给小詹姆斯和他父亲索尔比一只小猎犬，这只猎犬很快被送到了他们家里，为这个忙碌的家庭又增添了一些喧闹。

《英国百科杂谈》仅出版了12期，共两卷，其中第二卷并未完成。尽管包括道森·特纳和威廉·柯比在内的许多人鼓励索尔比继续出版这本杂志，但他的兴趣和时间却越来越多地被矿物、岩石、晶体和色彩科学所吸引。《英国百科杂谈》带给他愉悦和成就感，现在也可以暂时搁置。实际上，这个项目再也没有重新启动。

> 8/12 索尔比的鲸鱼骨架，收藏于法国比亚里茨海洋博物馆。这条鲸鱼于 1951 年在此陈列。照片版权归迈克尔·文宁所有。

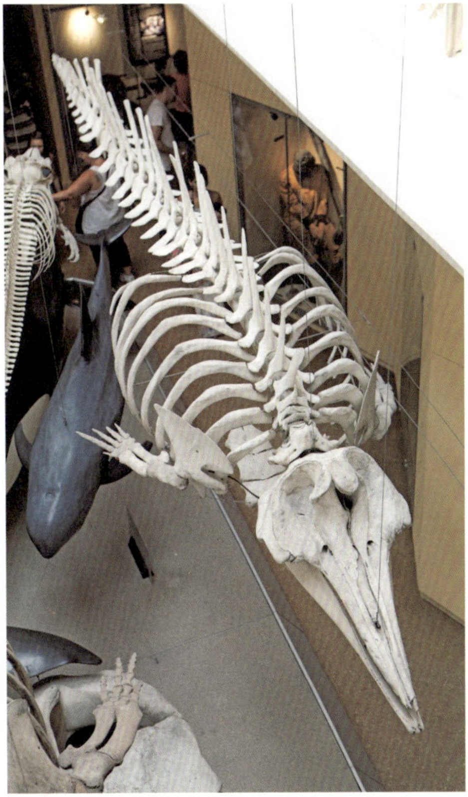

无论如何，这都是一本非常特别的出版物。《英国百科杂谈》虽然无法像诸如植物志等更专业的出版物那样满足读者的知识需求，但买家可能出于新奇而购买。但如果长期目标不明确的话，他们的兴趣就极有可能会大大减退。插图的较小尺寸（八开）对于那些可能希望收集艺术品以供展示的人来说帮助不大。其任何可能的经济收益看起来都不是十分确定。

1800年搁浅在埃尔金的鲸鱼，现在已经与索尔比的名字紧密地关联在了一起。

尽管搁浅事件极少发生，但当它们确实发生时，大家通常都会想起索尔比的名字。2013年9月，英国广播公司报道了一只在苏格兰西海岸一个岛屿上搁浅的“稀世鲸鱼”。这次，它和它的幼崽一起被发现，幼崽在浅水中仍然活着，母鲸死去了。报道中提到了索尔比的发现，还说明我们现在所知道的大部分信息都来自搁浅的标本。这是詹姆斯·布罗迪和詹姆斯·索尔比在两百多年前就已经开始进行的工作。[24]

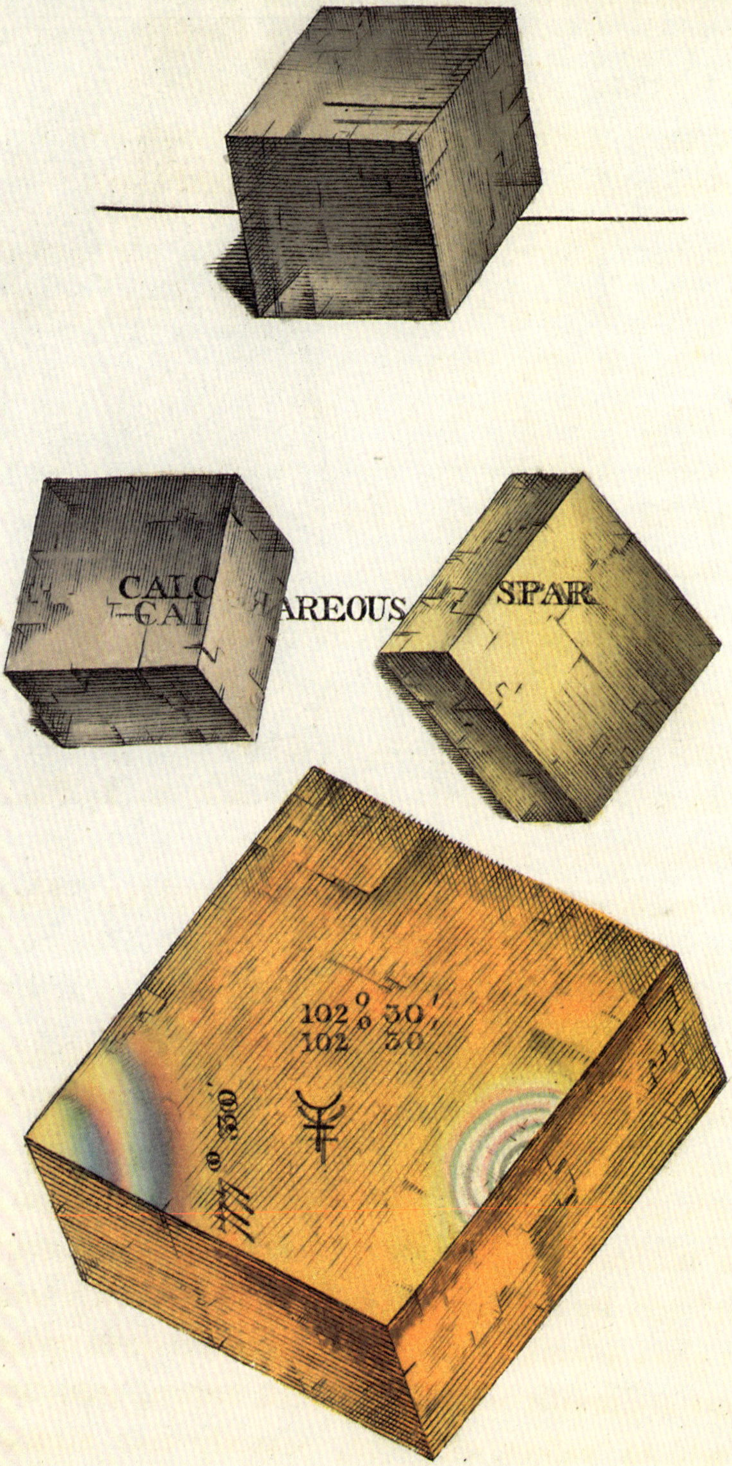

Nov.r 1. 1802. Published by Ja.s Sowerby, London.

第九章
矿石、晶体与色彩

18 世纪末，英国的植物学状况相当良好。在过去的几十年间，许多地方和区域性的植物志业已出版；大学开设了植物学和植物园专职；邱园繁荣发展；英国皇家学会主席——约瑟夫·班克斯爵士具有很大的影响力，而且还是一位活跃的植物学家；林奈的植物分类系统以及林奈的植物收藏已被采用和购买；植物学家有着良好的联络网；药剂师推进了知识发展，并继续撰写关于各种类药用价值的书籍；学者发现之旅带回了精美的插图以及异国的样本。

然而，矿物学的状况却并非如此。英国的矿山，如德文和康沃尔的锡矿和铜矿，或德比郡的铅矿，在经济上很重要，引起了科学探索，但矿物学或地质学的大学职位却很少。约瑟夫·班克斯爵士对此表示感兴趣，但远不如他对植物学的关注。类似于植物志的矿物学出版物仅在较小程度上存在，而且在欧洲大陆部分地区存在的矿业或地质学机构，在英国却并不存在。[1] 更糟糕的是，尽管已经有很多尝试，但并没有一个易于使用并且得到普遍接受的矿物分类系统。

林奈凭借他的有条不紊和组织性很强的思维尝试过一个分类，他采用了一个“性别”类比，就像他对待植物一样，这次他将男性和女性角色分别赋予为“盐”和“土”。这些元素结合在一起形成了矿物群（或“类”），每个类别都包含了属和物种。使用化学和表面（主要是晶体学）特性以区分各个属或物种。

< 9/1 方解石晶体。《英国矿物学》的第二幅插图，描述了矿石的晶体形态、干扰色彩以及双折射现象。

然而，有些人的观点则不尽相同。一部分人如瑞典化学家和矿物学家托尔贝恩·贝格曼，更喜欢基于化学的方法；另一部分人，尤其是杰出的法国晶体学家勒内-朱斯特·豪伊，则更倾向于基于外形或晶体形状的方法进行划分。影响力巨大的德国地质学家亚伯拉罕·戈特洛布·维尔纳深知矿物鉴定与矿物分类的差异，他实事求是地利用外部特征进行鉴定，并利用化学特性作出分类。尽管如此，加之后来索尔比又急于发表自己对此的观点，他还是部分采取了林奈的方法。

虽然存在诸多情况，但仍有许多矿物和岩石收藏者，而且其中一些人的藏品还非常精美。对他们来说，只要能确定矿物是什么，通常就足够了，这随着他们接触到的矿物越来越多，而变得更加容易。但是，由于许多矿物并非为呈现出精细晶面的物种，而是更常见的不规则形态，所以需要依赖其他的物理特性，如颜色和硬度，有时还需要进行化学测试和分析才能知道。有些收藏家可能比较了解欧洲大陆，尤其是法国的矿物学家所进行的晶体学研究，如著名的让-巴蒂斯特·罗梅·德·伊尔和他的《晶体学》（1783年）以及里面关于矿物结构的见解（包括同一种物质的晶体相邻相似面之间的角度恒定性），还有勒内-朱斯特·豪伊的《矿物学论》（1801年）和晶体学单元格的概念。尽管这些进步可能已为人所知，但大部分英国收藏家很少去辩论或应用它们。除了少数的例外，他们并不是为了科学研究而保存他们的收藏，像伦敦的矿物商约翰·马韦这样的矿物商人在内的许多人，他们通过展示或研究精美样本来激发人们对矿物学的兴趣，即便这可能需要支出一定的开销。林奈学会赞助了德国药剂师和矿物学家约翰·施迈瑟的矿物学讲座[2]，然而，与1807年成立的地质学会不同，林奈学会并未收藏地质方面的样本。

> 9/2 碳酸钡（镉矿）晶体在方铅矿上。索尔比表示，这是首次观察到其具有六角形延长刺状体。来源：《英国矿物学》。

Feb.y 1.1806. Published by Jas Sowerby. London.

∨ 9/3 精美的铜砷酸盐（稀有矿物兰默矿）样本。这幅雕刻版画描绘了菲利普·拉什利借给索尔比的这个样本中的纤维状晶体形态。它来自康沃尔的格温纳普，那里曾是一个重要的矿山区域。来源：《英国矿物学》。

收藏家来自社会各界，尤其是上层社会和部分中产阶级，包括神职人员。这是一个许多人仅因他们的收藏而声名远播的时代。在矿物学家和矿物收藏家中，仍然广为人知的名字包括：康沃尔人威廉·波拉斯、威廉·格雷戈尔牧师（钛的发现者）、约翰·霍金斯和约翰·圣奥宾爵士，以及其他人如约翰·伍德沃德（其收藏品现藏于剑桥的赛奇威克博物馆）。还有布特伯爵、托马斯·佩南特、查尔斯·哈切特（铌元素的发现者）以及亚伯拉罕·休谟爵士和威廉·巴宾顿（两位都是1807年地质学会的创始成员）。巴宾顿和圣奥宾雇佣了从法国革命中逃亡的法国人雅克·路易·孔特·德·布尔农，以帮助整理他们的藏品。他也是地质学会的创始成员之一，公认为在晶体学领域具有深厚的知识。收藏品会进行交易，有时甚至涉及相当大额的金钱。例如，约翰·圣奥宾爵士就从巴宾顿手中购得一批收藏品，而巴宾顿则是在1792年布特伯爵去世后不久，购买了他的大部分收藏品。[3]

索尔比与这些人都有过接触。他同样也是一个狂热的收藏家，矿物和岩石构成了他博物馆的重要部分。

∨ 9/4 含有交叉渗透双晶的氟石晶体。较上方的那个晶体上附着了一些小型石英晶体。来源：《英国矿物学》。

索尔比于1800年购买了威廉·戴先生大规模、有组织的收藏品。戴先生曾经是一位积极的收藏家，有时候他会带着铁镐去采矿区的矿渣堆中取样。[4]索尔比的通讯网络在他开始出版工作之前就已经建立，他在采矿区，特别是康沃尔和德文有几个通讯伙伴，并且他们手头上总是有样本。他也从矿物商那里获得了材料，其中包括一些知名的专业人士。因此，凭借上好的材料、敏锐的观察力和满腔热情，他有足够的优势将他的观察和艺术技能用于新的尝试，从而对他的主要作品《英国植物学》构成补充。但与《英国植物学》不同，这是他独自完成的一个项目，并且没有詹姆斯·史密斯或类似的人来分担压力，甚至在科学上提供相关信息。尽管他已经收藏矿物多年，但他一直在快速学习的过程中，通过自己仔细的观察、对相关书籍的研读，以及与他的许多通讯伙伴和访客的交流，获取新的知识。他曾请求詹姆斯·史密斯给他建议，詹姆斯虽然愿意帮助，但他说："我对当前流行的矿物学一无所知，甚至连它的术语都不懂"，[5]因此他的贡献更多的是帮助索尔比改进写作风格。

《英国矿物学》从1802年11月开始发行，订阅者只需支付2先令6便士，就可以得到两页文字和两幅手绘的彩色插图，一条长线装订在传统的蓝色封套里。[6]它持续每月或隔月出版了十四年，总计提供了550个彩色插图和文字，所有的内容都能够在五卷的附录中精美装订。这是一部杰出的作品，不仅因为其插图和独创性，更因为它揭示了那个时代的矿物学和化学知识，以及在出版年代中的不断发展。

分类问题一直是个难题，许多矿物学家对此颇感头痛。[7]索尔比写了一套简单分类体系并将其放在了他作品的前篇，这个系统基于三个部分：可燃物（如煤、泥炭、氧气等）、土壤（如黏土、碳酸盐、石英等）和金属（如金属的氧化物和硫化物等），但他只偶尔对其加以利用。

他起初也对比重这一指标抱有极大的兴趣，认为这是辨别某些矿物的手段，然而他却很少引用他画出并详述的不同样品的比重值。实际上，没有一种分类方法可以在日常生活中轻松使用。人们大多根据经验来识别矿石样品，没有什么比实际操作许多样品，并通过矿石的颜色、易碎程度、相对硬度，以及在幸运的情况下，正确的样品所展现的晶体形状，来磨炼眼力更为有效。索尔比自己总结了这个问题，并给出了他的解答：“**矿物表现出的各种不同形态是矿物学最大的难题，因此我们有必要去学习它们。**”化学成分是任何有意义分类的关键要素，但分析方法还处于发展初期。当然，这也是化学元素首次被发现或分离的时期。

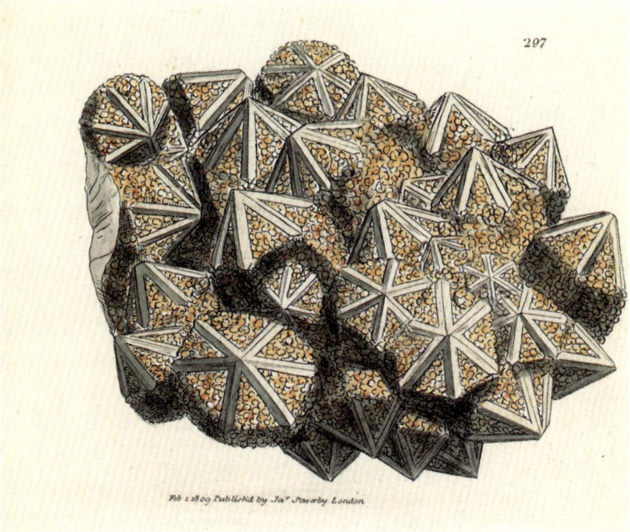

< 9/5 一块色彩斑斓的硫化铜（黄铜矿），根据它的外形，索尔比称其为“起泡的”（现在称为“葡萄状的”）。这个样本来自康沃尔。来源：《英国矿物学》。

^ 9/6 一些异常的石英晶体，由于金字塔表面生长了另一种矿物（可能是白云石）而改变了形态。索尔比总是热衷于绘制不寻常的现象。来源：《英国矿物学》。

索尔比并不反感进行化学试验，他与他的儿子詹姆斯·德·卡尔和乔治共同进行了各种实验。索尔比熟练掌握了吹管的使用，并经常在他的矿物描述中提及它。这个设计简单但使用需要特定技巧的工具，在描述性矿物学中起到了至关重要的作用。它由一个曲管和一个适当的口片组成，用来吹动气流穿过烛焰，然后将这股气流吹向通常放在一块碳块或一片铂片上的少量矿物样本。如果管子聚焦良好且操作者技艺娴熟，那么吹管能达到的温度可以与冶炼炉媲美。[8]无论是单独存在还是和少量的助熔剂（如硼砂和纯碱）一起，都会对矿物行为进行密切的观察，残留物的性质同样重要。在索尔比出版他的《英国矿物学》

期间，吹管技术正值全盛时期。吹管被多位化学家所使用，包括瑞典化学家约恩斯·雅各布·贝采利乌斯，他在1803年发现了元素铈；还有诸如詹姆斯·史密森这样的矿物收藏家，他是华盛顿特区史密森学会的创始人。

每当索尔比需要确认一个特殊种类或测试一种稀有矿物时，他就会使用这个仪器。比如他用这种方式确认一种稀有的白色石头——硅酸盐颗粒石，是一种石榴石。因为这种物种的试验主要通过吹管进行，在吹管下它呈现出与常见石榴石相似的特性。[9]他对一种比较常见的矿物铅硫矿（硫化铅）的罕见形态描述，就是他如何使用吹管的一个很好的例子：

“将一块样品放在木炭上，用吹管轻轻地吹出火焰，到它变得红热，硫从内部升华并呈油腻状融化，伴随着微弱的蓝色火焰，在冷却后，物质的颜色显得更为淡一些。如果进一步加强火焰，表面会出现白色的硫酸铅，它会冒泡、起疱，在冷却后展示出一些切面和细针状结构的迹象。经过一段时间后，它被还原为一个铅的球状物。进一步检查后，我们发现它由硫酸铅和大约10%的硫组成。”[10]

当时很多都取决于直观的观察。但索尔比喜欢通过一些化学测试，将结果与当时公认的参考文献中的报道进行比较。索尔比可能最喜欢引用的书籍就是柯尔万的《矿物学原理》，它详细介绍了矿物的属性，包括化学性质。此书可能在矿物的辨认和确定上更具有用处，而非作为鉴别完全未知物的工具。

保持最新的化学进展和其他发现同步是每个矿物学家的必要工作。索尔比报道了查尔斯·哈切特的分析结果和他发现铌的事情，也强调了汉弗莱·戴维首次分离钠和钾元素。[11]这些最后的成就是通过电解完成的，使用了新创造的伏打电池，这种设备为化学发现的世界带来了新鲜活力，与矿物学并肩同行。

《英国矿物学》出版于化学和矿物学领域非常活跃的时期。它起到了催化剂的作用，推动那些在自己的家中进行研究的收藏家们进一步研究。只需要看一看《皇家学会哲学交流》就能感受到新的视野正在打开。仅从1802年到1805年就记录了以下内容：查尔斯·哈切特发现的铌；哈切特的更多论文（1804年有四篇），包括一篇关于磁性“黄铁矿”的论文；以及由现在著名的人物如汉弗莱·戴维、詹姆斯·史密森、伯农伯爵、查尔斯·格雷维尔、威廉·格雷戈尔、史密森·坦南特和威廉·沃拉斯顿等人撰写的关于矿物学主题的论文——最后两篇关于发现铂、钌、钯、锇和铱元素。人们有预感还有很多东西有待发掘，几乎任何不寻常的矿物都可能带来重大发现。许多这方面的科学家都与索尔比进行了通信交流。

也正是在那个时候，地质学家们对岩石起源的问题进行了热烈的争论。海洋论者（比如萨克森矿业教授亚伯拉罕·维尔纳）坚决主张所有的岩石，包括玄武岩，都源自水的作用。而火山论者（由苏格兰人詹姆斯·赫顿支持，因此有时也被称为赫顿派）则认为许多岩石，包括花岗岩，是源于热力或火的作用。[12]索尔比深知这场争议，但通过他的细致观察，他得出的结论是，两种极端看法都不准确。在描述一种特殊的铜矿物时，他写道：

“玻璃质的外观可能会引发海洋论者和火山论者之间的争论，但我认为在很多只归咎于一种情况的地方，两种形成方式或多或少都有所参与。我将把这个问题留给每一位哲学家，让他们用自己的方式去思考。因为这样一个样本可能会在单独考虑时支持其中任何一种理论。”[13]

他不仅对样本进行了描述，而且还考虑了其最初的形成和可能性的后续改变。他看到的样品足够多，足以让他对它们的性质和变化原因产生惊奇的感觉。比如，他在描述一个包含硫化锌的样品中矿物的分布情况后得出的结论是：样品内部的矿物形成和消失是随着时间的推移而发生的，并写道：“如此，我们可以观察到由各种因素在地下引发的变化。我们不断地获得化学反应的证据，这可能引领我们探索一些具有重要意义的问题。就在我们手头的这个主题，是一个太过引人入胜以至于不能忽视的例子，尤其在目前自然调查被视为最真实的探求和进步方法之时。”[14]

在另一处，他对煤的形成和利用表达了肯定：

“在煤炭中，我们看到了一个令人惊叹的巧妙布局，不仅保留了古老巨大的森林以备未来需求，而且还保存了每一个时期植物界的产出。这样，大片的土地积压起来，存储在大自然的巨大仓库中，以便无一浪费，充分造福于全人类！”

在检查一块含贝壳的岩石时，他对石化的过程也同样感到好奇，他说：“动物部分，除了碳酸钙以外，必然消失，而碳酸钙或燧石则填补了空隙。”但他随后质疑矿物学家是否应该研究这个过程：“然而，拥有这样的信息是方便的，因为有时它可能非常重要，而且，所有人都会觉得奇特的是，虽然其他动物的石化遗骸非常普遍，但我们自己种族的遗骸却从未被发现。”[15]他能深入探讨博物学的许多分支，这是他作品的一个标志。

^ 9/7 美丽的放射状放射石矿物晶体。一个来自斯凯岛矿脉的样本。来源 :《英国矿物学》。

> 9/8 布丁石。在更精细的基质中固定的圆形鹅卵石。上面的样本来自赫特福德郡，下面的来自肯特郡。特别是当展现出一些不寻常或有趣的特性时，索尔比也会偶尔在他的《英国矿物学》中画出岩石。

92
Sept.r 1. 1804 Published by Jas Sowerby. London.

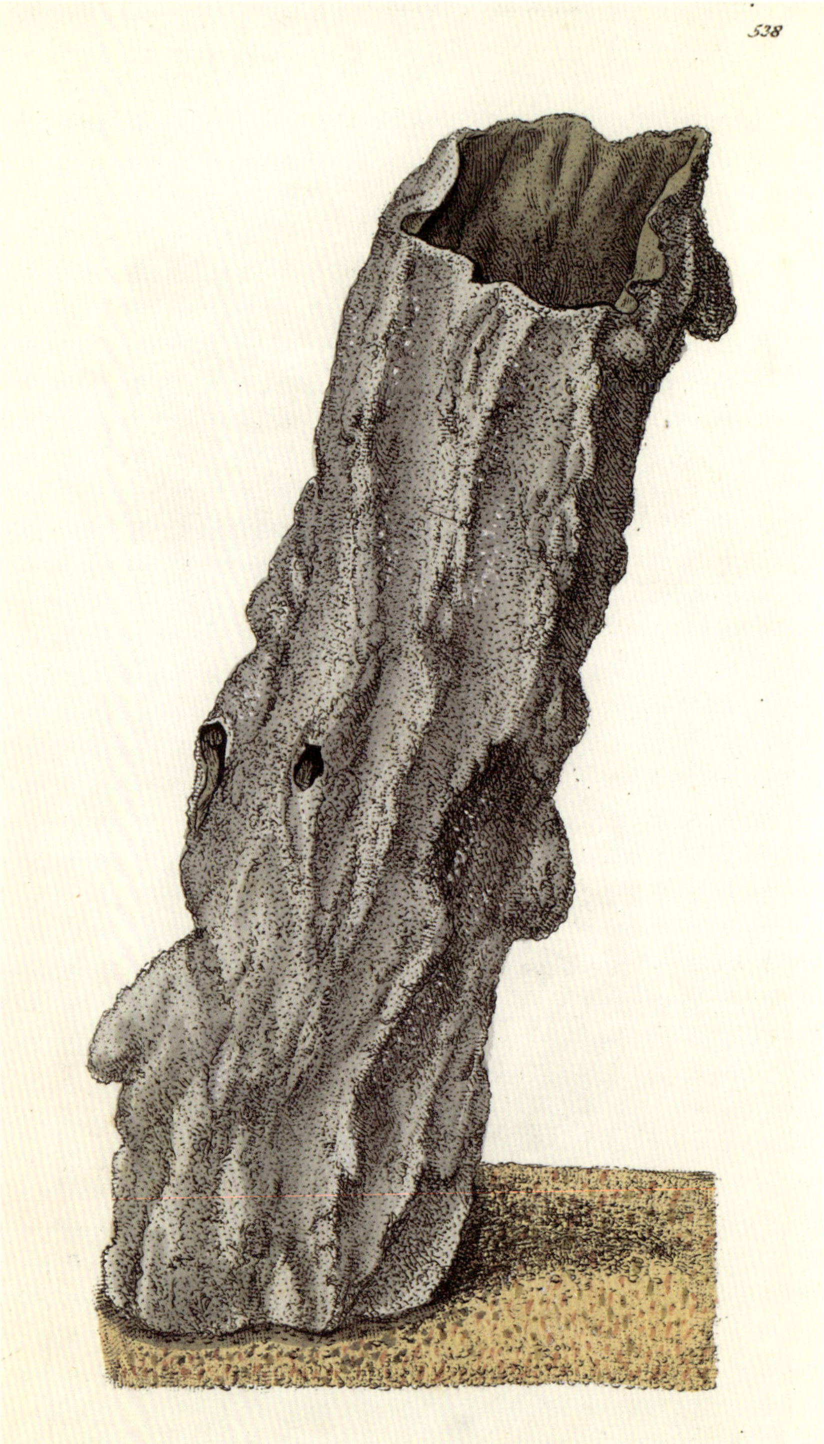

在其内容和风格上，《英国矿物学》与其他任何作品都有所不同。它的地位还得益于索尔比使用的材料的质量，以及为他提供这些材料的人们。众多贵族都从他们的收藏中借出或赠送了标本给他，[16]其中，查尔斯·格雷维尔和菲利普·拉什利这两位收藏家的贡献尤为重要。格雷维尔是一位居住在伦敦近郊的园艺家和矿物学家。他曾是霍拉肖·纳尔逊情妇哈密尔顿夫人的情人，他利用自己的财富从世界各地收集了许多精美和罕见的标本，以满足他对美好事物的追求。他的矿物和宝石收藏可能是英格兰公认的，甚至是全世界私人藏品中最为精美的。[17]他充分授权索尔比对这座丰富资源库的利用——这一事实在《英国矿物学》中得到了充分的印证。但格雷维尔不久以后就去世了，索尔比也因此不得不放弃这项特权，直到格雷维尔死后不久，大英博物馆购买了他的大部分收藏，索尔比的访问权才得以恢复。[18]

矿物爱好者、地主和议会议员菲利普·拉什利，居住在康沃尔的福伊附近，也就是锡和铜矿区，他收集了一批引人注目的收藏，特别是康沃尔的标本。他和索尔比经常通信，分享标本和各种信息。拉什利已经在他的收藏基础上，出版了自己的《英国矿物标本》插图作品，第一卷在1787年出版，五年后出版了第二卷。这实际上是英国第一部成功的此类书籍[19]，但并不是索尔比《英国矿物学》真正的竞争者，而且两人也并未视彼此为竞争对手。53张插图由乔治三世的珐琅画师亨利·博恩和托马斯·安德伍德绘制，虽然也很不错，但总的来说与索尔比的作品不在同一等级。这项研究主要关注的是康沃尔和德文郡的矿物，尤其是众多的锡矿和铜矿样本。每张插图旁都配有对样本的简短描述，但几乎未包含科学信息，也未引用其他作者的作品。的确，在他的第二卷中，拉什利坦承自己在化学知识和内容方面有所欠缺，他希望仅通过展现样本本身就能吸引那些对此类研究感兴趣的人。拉什利邀请索尔比为他的一些“困难”的样本做一些单独的插图，他告诉索尔比：“根据我对你的作品的了解，我认为没有什么是你无法完成的”。[20]

< 9/9 由沙粒被闪电击中而融合形成的玻璃状沙管（现在被称为“闪电石”）。这些管子直径几厘米，但有时可以长达几米。此插图出现在《英国矿物学》接近末尾的地方，索尔比写道：“在我结束这部作品之前，我很高兴能够添加这样一个几乎与陨石一样奇特现象的插图。”

拉什利只对他的矿物进行了简单的研究，因为他主要是一个关注标本识别、产地和外观的收藏家，当发现新的或极其稀有的东西时，他会感到非常兴奋，并且总是急于分享他的热情。他很乐意在索尔比寻找新样本的任务中提供帮助，其中一些样本出现在《英国矿物学》中，但他告诉索尔比不要总是期待从矿山中获取到新样本的成功："你希望得到的很多东西几乎无法获得，有些矿山已经停工，还有就是常见的情况，那就是一些一度丰富的物产有可能再也不会出现。"[21]作为拥有共同热情的人，他们在交流上表现得非常慷慨。他热烈地感谢索尔比送给他的那个装着六个一流样本的精美盒子，"这将会增加我藏品柜的价值。绿色碳酸锶矿是我见过的最好的样本，因为它包含了晶体，白色硫酸钡也给它增添了很大的装饰性"，但他也告诉索尔比，他对岩石的兴趣并不大："有些人喜欢收集岩石和类似的石头，我认为这些都太占地方了，所以我从来没有尝试过，除非它们有某种实用性或装饰性，否则我认为它们在仓库中都不值一提。"[22]矿物是他的真爱，他对自己的样本能够得到索尔比的描绘而感到特别高兴。他对矿物的热爱甚至让他担心如果拿破仑成功入侵，那么他的收藏会落入敌人手中。索尔比的许多精美康沃尔样本肯定是由拉什利提供的。精美的锡石晶体、来自圣阿格尼斯的绿色八面体萤石、尤尼蒂矿山的绿色簇状石矿、金块以及光亮的深黑色闪锌矿，这些都只是康沃尔矿物的一部分，而其他来自许多英格兰和苏格兰地点的矿物则装满了他在米德庄园家中的博物馆展柜。[23]拉什利于1811年去世，索尔比痛失了一位好友。

人们在《英国矿物学》项目中自愿合作是这个时代的显著特点。有些人用文字书写了他们的实验，包括化学和物理实验，还有一位通讯者写了不同厚度的玄武岩被锤子击打时发出的声音。其他人愿意送来难以处理的样本，比如一块来自彭赞斯的、包含大粒长石的花岗岩柱子，并且许多人都小心翼翼，希望确保提供的样本是优质的。

一位来自谢菲尔德的刀具商送来了样本，包括昆虫、贝壳、植物和化石，这些样本他持续多年寄送，有时还会送一些食品给索尔比一家，包括一次寄来的一只约克郡火腿，"今年初由能工巧匠制成……我还附上一些化石"。和其他人一样，他告诉索尔比一些样本的用途，如血石，"在这里被镀银工用来抛光他们的商品，以前在刀具商中非常受欢迎，用来抛光木质刀柄，但现在燧石则普遍更受喜欢"。[24]

> 9/10 碳酸铜（蓝铜矿）以众多毛刺的特殊形态呈现。两个样本都在石英晶体上形成——下方的样本就在尖端处。来源：《英国矿物学》。

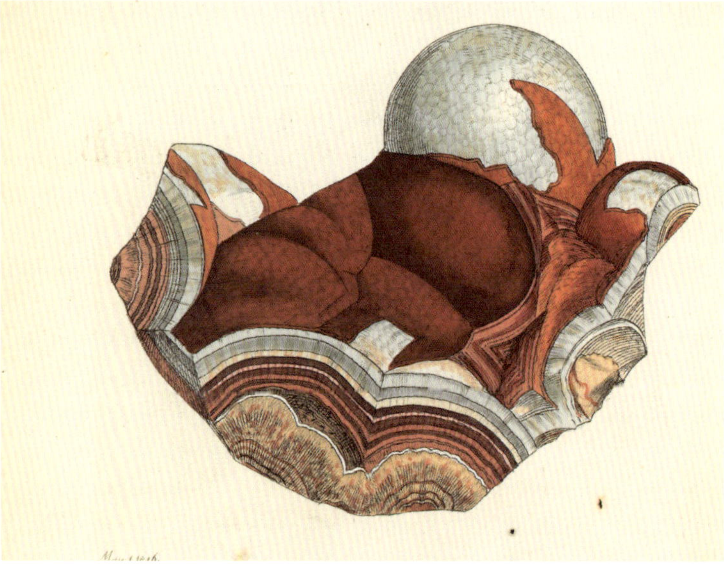

^ 9/11 红玛瑙。一件美丽的标本，来自萨默塞特郡。来源 :《英国矿物学》。

⌄ 9/12 科瑟姆大理石。这是来自科瑟姆的布里斯托尔的石灰岩，其切面上展现出“风景画”。索尔比对其起源曾有所猜测。现在我们知道，这是由形成过程中的藻类生长引起的。来源 :《英国矿物学》。

《英国矿物学》在首度出版时接收到了褒贬不一的反响。在艾金1804年的《年度评论》中，就出现了一篇特别尖锐且早期的批评：

“非常遗憾，我们在这项工作中看到，我们曾经多次赞叹并从中获得乐趣和知识的才智和天赋被误用了。矿物的晶体以及其他特殊形态，还有它们的颜色，通常可以通过绘画来呈现，并且在我们面前的这卷中得到了相当大的成功。但是，对于无穷无尽的光泽级别、光的反射，以及更重要的破裂特征，即使是最出色的艺术家也无法完全捕捉。”

当从根本上去反对一项工作的时候，指出更细微的缺陷就显得无关紧要了。[25]在由地质学家和矿物学家亚瑟·艾金编辑的期刊上发表这条评论或许使之变得更糟，艾金后来成了地质学会的创始成员，并编写了广受欢迎的《矿物学手册》。

幸运的是，其他人认为这是一项值得赞赏的工作，尽管真菌学家以及詹姆斯·史密斯的朋友本杰明·福斯特对史密斯开玩笑似地说：

“我想你已经看过索尔比先生的《矿物学》了吧，如果他按照他已经开始的方式（我认为他用了八块碳酸钙板）继续下去，这项工作什么时候能完成呢？哪个图书馆能够容纳这么多卷呢？又有谁的钱包能支付它们的费用呢？我猜，根据一个非常保守的估计，他可以用他的卵石、矿石等（就是这些板块）从我们在沃尔瑟姆斯托的房子铺到你在萨里街那座房子的步行道了。”[26]

剑桥耶稣学院的矿物学家和研究员爱德华·克拉克对索尔比表示鼓励：“这是一部令人愉悦的作品，而且将会非常有用。我希望你能坚持下去，并保持你一贯的精确性和优雅性。”尽管他也批评过索尔比没有使用外来矿物，否则他就能拥有展示良好晶体形态的标本。[27]但索尔比坚称，他更希望描绘“适中”的样本，而非稀有而华丽的样本，因为这会有助于“克服我们应适应的困难”。[28]克拉克以及许多其他人出于对成功的真诚期待，将样本借给或赠给了索尔比。艾金后来也接受了这项作品的价值，他在自己的《矿物学手册》中称其为：“索尔比先生关于‘用彩色插图展示的英国矿物学’的优雅作品。”该作品的受欢迎程度可从其生产十四年的良好销售情况看出，并在后来的评价中我们能知道：索尔比对于许多收藏家来说，几乎是他们获取英国矿物和地方信息的唯一来源。[29]

100.
BM. 59957
BM. 59955?

‹ 9/13 绿宝石晶体（宝石级别的绿柱石）。索尔比写道：“在所有的宝石中，绿宝石的颜色是公认最让人愉悦的。”来源：《异国矿物学》。

^ 9/14 索尔比在《异国矿物学》中描绘的宝石级别绿柱石晶体，“是大英博物馆典藏的瑰宝”。现在，这些绿柱石晶体正在伦敦自然博物馆展出。

索尔比在《英国矿物学》开始筹备大约八年后，发起了一本配套的出版物《异国矿物学》。这受到了许多矿物学家的鼓励，当然，也包括剑桥大学教授爱德华·克拉克。这是一部有趣的出版物，展示了矿物学的发展，以及对新元素的了解，包括铂族元素——铂、钯和铱（化学家威廉·沃拉斯顿，也是钯的发现者，为索尔比提供了样本）。其中还描绘了近期命名和分析的矿物，例如来自瑞典的硅铍矿，这是一种含有稀土元素的矿物。在当今社会，这些元素具有极大的经济价值。此外，还展示了许多来自世界各地的优质样本，包括来自斯里兰卡的蓝尖晶石、来自西班牙的汞矿石、来自秘鲁的含铍矿石——欧克拉斯石（可能由多姆贝带回并与他的植物藏品一同收藏），还有来自厄尔巴岛的黑柱石矿。《异国矿物学》与《英国矿物学》同期运营了数年，然后各自独立出版了大约三年。虽然《异国矿物学》只有168幅插图，与《英国矿物学》相比，规模小，但它同样也是一部优秀且重要的作品。索尔比的技艺依然娴熟，而且，他还同时忙于其他项目，包括《英国真菌》《英国植物学》和《矿物贝类学》的开篇。他在学术社会活动中也非常活跃，于1807年地质学会成立的次年被选举为会员，并在帮助出版《林奈学会交易》的过程中发挥了重要作用。

^ 9/15 硒矿石。索尔比在《异国矿物学》的最后一期中初步报道了一种新的瑞典矿物，这种矿物在1817年前被贝采利乌斯和加恩发现含有硒元素。这种黑色的矿石是一个铜银硒化物，包含在方解石中。

∨ 9/16 嵌入基质中的硅铍矿晶体。一种含有钇和稀土元素的矿物硅酸盐，首次于1787年在瑞典的伊特比发现（因此也被称为伊特比石）。这种矿石以芬兰矿物学家约翰·加多林命名，他在1792年从中提取出了氧化钇。来源：《异国矿物学》。

出版《英国矿物学》和《异国矿物学》是一项勇敢的决定。成功有赖于作者的艺术技巧和科学能力、与能够接触到样本的人们的合作，以及作品发布后持续的销售。所有这些都需要长时间的维护——大约十六年。索尔比和他的订阅者的坚定承诺是最为关键的。现在，我们可以通过已出版的书籍查找所有的物种，但在当时，订阅者可能等待了很长时间，才能看到某种特定矿物的出现。重要的是，他们的作品补充了同时期出版的，许多其他矿物学的书籍。像理查德·科尔万备受赞誉的《矿物学元素》或罗伯特·詹姆森的《矿物学系统》这样的文本中并没有矿物插图。大部分情况下，它们也没有易于使用的鉴定关键性标志。仅依靠这些作品来鉴定矿物可能会非常困难。索尔比的直观插图和文本，以及他提供的，公认的矿物学家使用的矿物名称同义词，对于收藏家或分析家来说，实在是极为宝贵的工具。

这个工具不仅吸引人，而且很有趣。无论是用来欣赏各种不同矿物的美丽多样性，还是学习当时新发现的角度，都是值得拥有和使用的。像一本科学杂志一样，数字的顺序出版就意味着这项事业是一个正在不断向前推进的工作。还有其他重要的特质就是投稿者感到他们是整个过程中的一部分。他们的名字有时还会出现在印刷品中，或从索尔比本人那得知，他们的努力是宝贵的。

Jan 1 1811 published by Jas. Sowerby London.

∨ 9/17 来自西伯利亚的铬铅矿晶体。来源 :《 异国矿物学》。

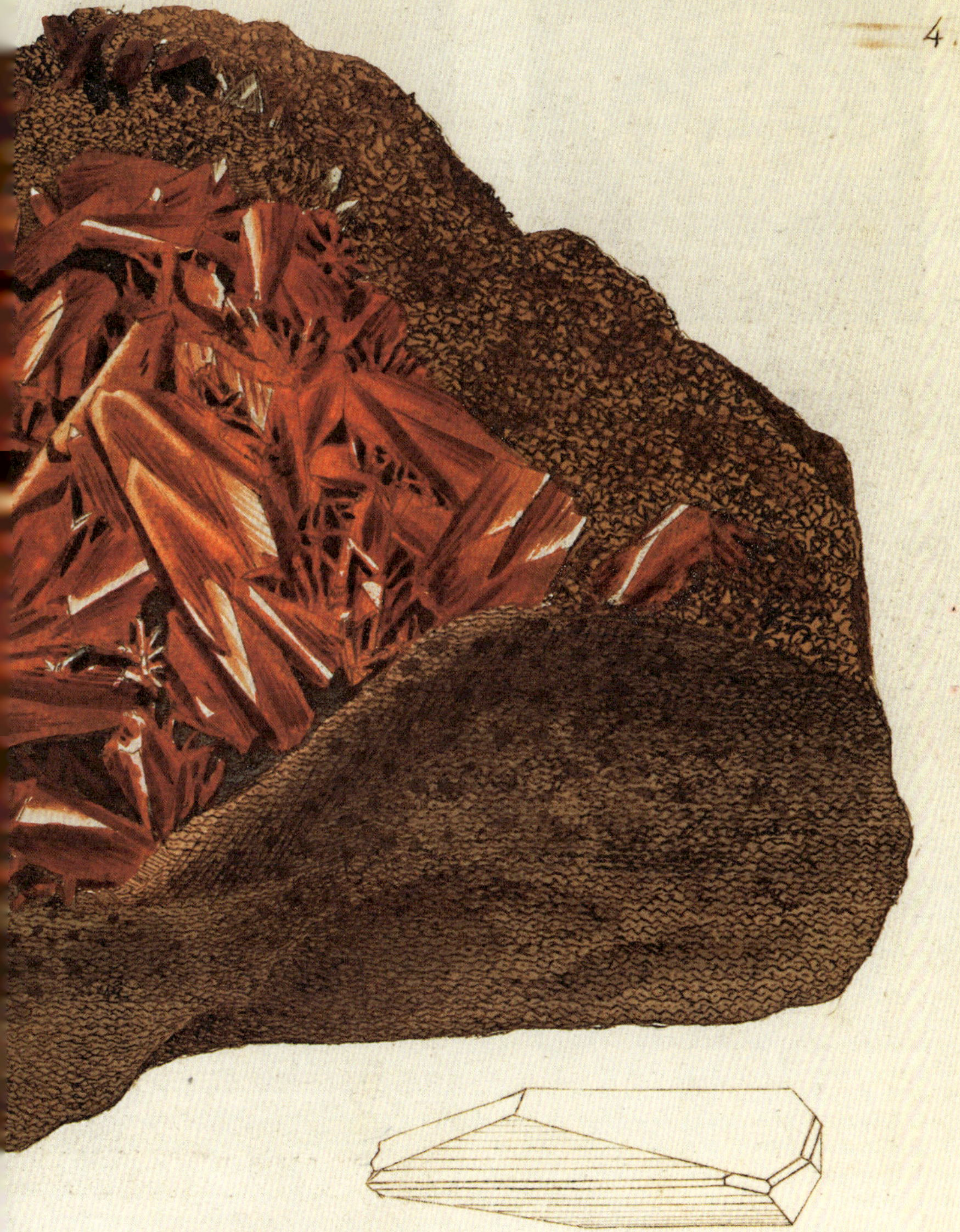

^ 9/18 来自查尔斯·格雷维尔收藏，索尔比在《异国矿物学》插图中作为铬铅矿的标本。

^ 9/19 索尔比使用的红碧矿样本。原产于缅甸（阿瓦王国时期），被格雷维尔纳入其收藏，然后以大笔资金卖给了大英博物馆，索尔比称其为“矿物收藏品中的佼佼者”。

人们对描绘的准确性和来源的可靠性有着高度信任。事实上，如今我们可以通过对比伦敦自然博物馆中仅存的几件索尔比的实物，来观察其精准度。当然，当时的重要矿物收藏家都或多或少地参与到了其中。这些作品有其独立的地位，并无直接竞争对手。无疑，这些作品展示了矿物的特性，其风格与《英国植物学》相仿。他们没有后续版本，因此并无同样的延续性。矿物学和地质学正在快速发展，变得更为技术化和专业化，这些并不完全符合私人收藏家的意图。此外，矿物的艺术描绘并不如许多植物那般引人入胜。但它们属于那个时代的作品，大大推动了矿物学的发展，并激发了更广泛的公众兴趣。

《英国矿物学》首次出版时，索尔比已经结婚十八年，他的妻子也已经生育了八个孩子。他的事业看似稳固，但需要稳定的产出以保证足够的收入。除了自己的出版物之外，他对博物学的贡献主要表现在为其他作者的作品提供高质量的插图，还有他对林奈学会作出的诸多贡献。他的生活方式似乎已经固定，但这是错误的理解，因为他的兴趣更为广泛，而且仍传授他人自然知识，并且驱动了物理知识的发展。

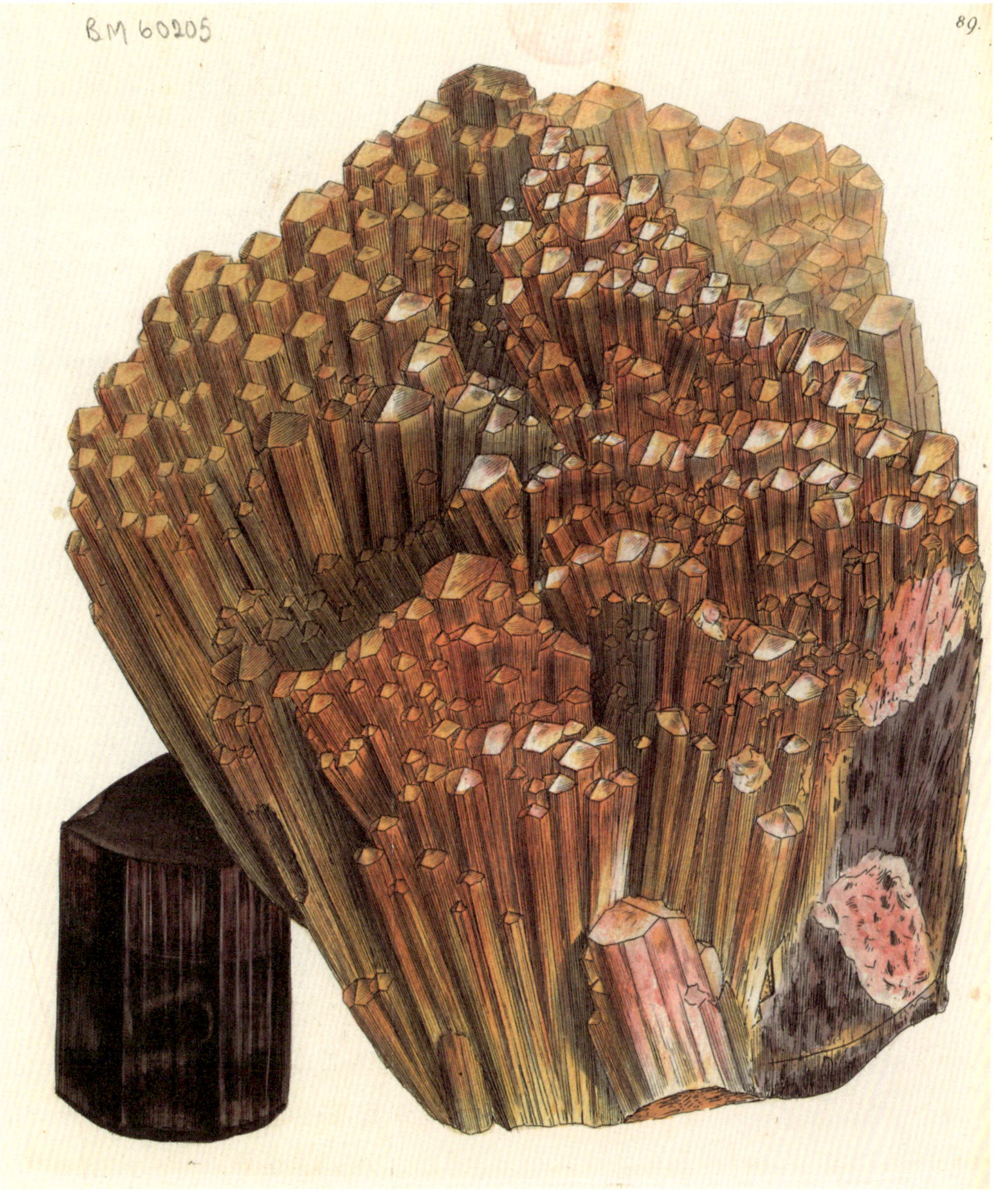

^ 9/20 电气石的一种。当索尔比描绘它时，被公认为是“世界上最知名的样本”。来源 :《异国矿物学》。

^ 9/21 锑黄矿（硫化锑）。《异域矿物志》中的一幅精美插图展示了其结晶形态、羽状形态以及一个带有彩虹光泽的捆绑晶体样本。

特别引起他兴趣的是两个独立的领域：第一个是晶体形态，第二个则是一个古老的问题，那就是艺术家如何精确地生成并定义颜色。

晶体学的进展，包括巴蒂斯特·罗梅·德·利尔和勒内·贾斯特·豪伊的成果。索尔比深知，他渴望通过一种新型的教学装置将这些知识普及开来。在《英国矿物学》开始后不久，他就以其一贯的热情和活力，开发了一套由高质量切割玻璃制成的晶体模型，配有一个精致的乌木盒子和一本解释性的小册子。这些玻璃模型都是简单的晶体形状（如四面体），可以组合以呈现其他简单或更复杂的形状，其目的是展示出可能呈现特定晶体形状的矿物。手册的标题为《晶体学模型解释》，其中详述了如何利用这些模型进行实验，以观察不同晶体形状组合的结果。

这是一种创新且可能有用的想法，但不幸的是，索尔比失策了——他选择在这项新工作的第一部分研究煤。一块煤炭可能确实包含一些晶体材料，但它本身并没有一个连贯的晶体结构。虽然可能会呈现一些规则的裂纹或其他结构，但不会显现出真正的晶体形态。

他似乎没有意识到这一点。他为何选择煤炭我们无法作出解释，只能说他可能受到剑桥矿物学家爱德华·克拉克的影响。他向索尔比提出了一个并不实用的想法，即某些煤炭通常有“五个面”。[30]

三年后，他出版了第二部分（附有自己的模型盒），当时这次主题是钻石，他的理论也因此有了更坚实的基础。原本应该研究硫黄，但索尔比认为钻石对初学者来说是更容易理解的主题。尽管钻石的确具有晶体性质，但再次选择它似乎并不明智。不仅因为它在大多数人生活中十分稀缺，而且只有极少数的钻石样本会展示出良好的晶体形态。为了帮助对此主题有兴趣的学生，索尔比在自己家中偶尔开展讲座，解析各个部分内容，一至四人每小时收费一金币，并使用实际的矿物样本进行讲解。之后他制作了一个只包含玻璃模型的第三部分，但这项尝试并未取得成功，也未能进一步发展。有位来信者写道，他在试图将玻璃模型重新放入盒子时遇到了巨大的困难！[31]

索尔比在推出他的晶体学项目之前，可能没有做足够的准备工作，因此受到了一些批评。然而，在另一个他十分关注的话题上，他并未受到过多批评，那就是标准化颜色的语言描述。他的目标在概念上很简单，但在实践中却极其困难，即创造一种参考体系，这样当他描述一朵花的花瓣是特定的颜色，比如“黄色带橙”，其他人就能明白并认同这个描述。

1809年出版的《颜色新解》不仅仅是对颜色添加标签的一种交流方式。这部作品意在令人印象深刻：致敬已逝去八十二年的艾萨克·牛顿。四开大小，使用高质量纸张印刷，精心上色，定价一金币。对索尔比来说，他采取了一种不寻常的方式，撰写了一篇更富哲理性且篇幅较长的文章，可能是为了展示他对这个主题的深刻理解，和他作为这个领域权威人物的地位。他的思考受到了托马斯·杨关于眼睛机制和颜色理论的研究以及威廉·沃拉斯顿关于折射研究的启发。[32]然而，他的目标是创建一个实用的系统，而不仅仅是理论上的突破。此外，这个系统并未通过任何学术机构，如英国皇家学会的官方发布。它主要是为艺术实践者，特别是博物学领域的实践者编写的。

Tab. 1.

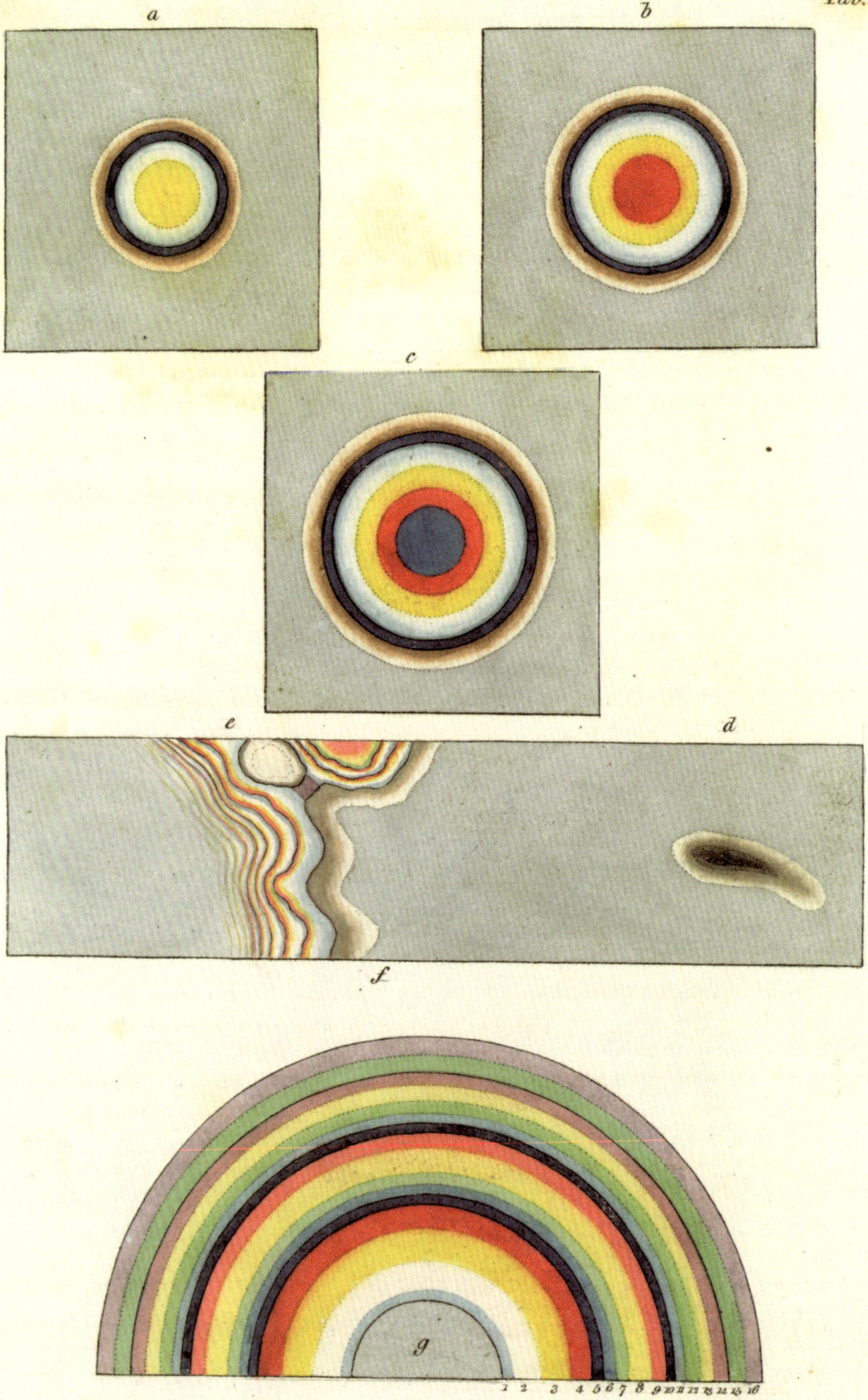

Oct.1.1807. Publish'd by Jas. Sowerby London.

< 9/22 在云母矿物的解理面内观察到的干涉色彩。来源：《颜色新解》。

∨ 9/23 索尔比的色度计，其构造旨在显示黑色条纹或楔形的不同厚度（置于白色背景上）对通过光学棱镜观察到的色谱的影响。

索尔比在他的收藏品中，注意到并记录了一些云母和石膏样本理解面内产生的干涉色。他还认识到存在三种主要颜色：红色、黄色和蓝色，这与牛顿的观点（存在七种颜色）形成对比。索尔比证明，这些主要颜色的混合可以生成一系列“二元”色，例如绿色，进而可以衍生出“三元”颜色，如棕色和紫色。通过一个照明图表的帮助，该图表展示了白色背景上的黑色条纹或楔形，他称之为“色度计”。通过光学棱镜观察，他演示了可以观察到有序的颜色范围，每种颜色都位于特定且可定义的位置。他在一项实验中使用了强对比（黑色对白色）和不同厚度的深色带的效果，这个实验相对容易执行，但实际应用起来却困难重重。[33]他并未真正展示用户如何能够轻松地测量图表上颜色的位置，从而能将结果传达给其他艺术家，后者反过来能够自我复制该颜色。诸如观察者与色度计的距离、光学棱镜的不同折射率等困难，都是实现有效技术的障碍。

然而，他的设备确实展示了不同的颜色序列，然后他利用这些颜色制订了一个简单排列的色彩列表，采用常用术语或最常见的命名法，以便能够轻松理解。这个列表附带有一个彩色且相当精致的图表，包含了六十三种颜色。这些颜色在《色彩解析》的制作过程中被精心涂上，然而，它们显然易受上色过程中的常见变化，以及褪色的影响。索尔比充分认识到这些问题，因此无论是作为主色、二元色还是三元色，他都特地添加了一个关于“对艺术家有用的材料颜色”的部分，提供了使用如胭脂、铅铬酸盐、焦赭、树胶黄和那不勒斯黄等颜色的建议和提示。

> 9/24 六十三色的色度尺度。上部的主要三角形包含三种主色（黄色、红色和蓝色）及其二元混合色（由两种主色的混合制成），共三十六种颜色。三元色（37－63）位于主三角形下方的区域。

这使得本书对其他艺术家或博物学者具有实际的价值和有趣之处。威廉·柯比（被誉为昆虫学的创始人和一本描绘蜜蜂的图书作者）向索尔比质疑颜色的使用，并建议应该有额外的颜色，索尔比则指出，这些颜色可以通过使用他的图表进行进一步的组合产生。[34]

有几个作者曾试图创建定义颜色的系统。其中一位值得注意的人是昆虫学家和雕刻家摩西斯·哈里斯，他在1766年出版了《自然颜色系统》。他使用了三种主色——红色、黄色和蓝色，以在一个颜色和梯度的圆形刻度中产生六百六十种色彩，每一种颜色都可以在其空间内得到明确的定义。这是一本简单、优雅且实用的参考书，但同样存在颜色褪色的风险。

哈里斯通过将其献给画家约书亚·雷诺兹爵士，明确了他的预期读者群。相比之下，索尔比的作品部分基于光谱的基础原理，更易获取。索尔比在此揭示了他对实验的强烈兴趣，以追求更高的精度，这也是书籍质量出色的原因，他为此感到骄傲。一如既往，他强烈地渴望分享他的研究成果，甚至公开进行了展示，从它们的广告来看，这些展示必定是既有趣又富有戏剧性的。只需五个先令，人们就能大规模地亲眼看到太阳、月亮以及蜡烛散发出的原始色彩，还能看到深达六英尺或更深的，彩虹的七种色彩。如果这还不够的话，他们还会看到各种比例来展示颜色的混合，这等同于许多深度达到十英尺或十二英尺的彩虹。这些持续一小时的展示可能会让有求知欲的人满意，它们在他房子后面的房间或工作室中进行展示，这个空间长达五十英尺，能容纳观众多达二十人。[35]

据说，《色彩解析》的构思和写作是在索尔比患有风湿病，无法使用他雕版印刷的时期进行的。如果真是如此，那么这也并没有长时间影响新版画的制作。[36]他的植物学和矿物学作品始终在进行，而《异国矿物学》仅在两年后便问世了。许多商业活动都在顺利进行，他的妻子安妮处理着包括出版物订单等多项事务，但她的健康状况并非一直良好。尽管他们有一些员工，但她依然承担着许多家庭责任，比

Tab. 5

Oct. 1. 1807, Publish'd by Ja.s Sowerby London.

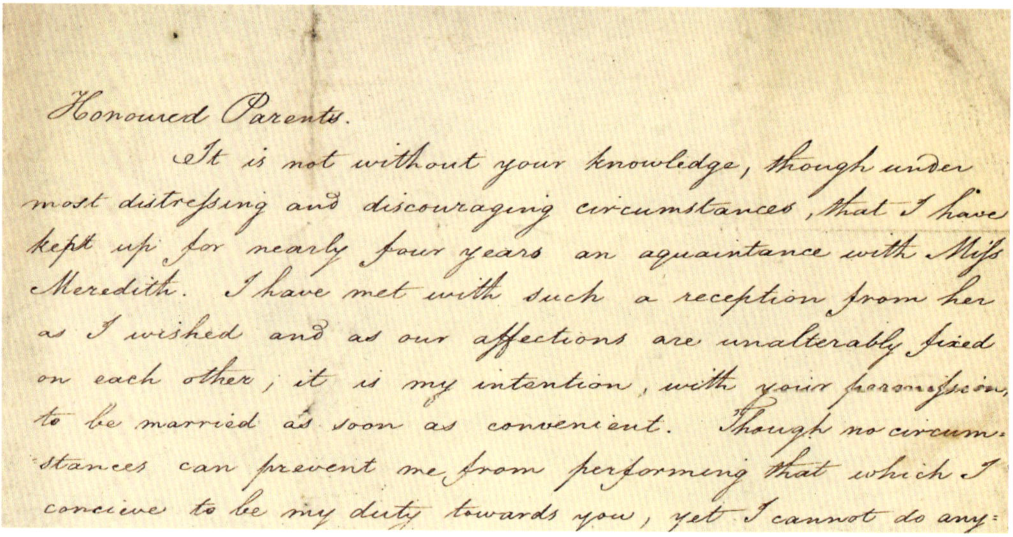
Honoured Parents.

It is not without your knowledge, though under most distressing and discouraging circumstances, that I have kept up for nearly four years an aquaintance with Miss Meredith. I have met with such a reception from her as I wished and as our affections are unalterably fixed on each other; it is my intention, with your permission, to be married as soon as convenient. Though no circumstances can prevent me from performing that which I concieve to be my duty towards you, yet I cannot do any-

^ 9/25 索尔比写给他父母关于婚姻的信件。

如照料孩子。此外还遭受了令人痛心的、意外的各种损失。在《色彩解析》出版当年的四月，他们的第二个女儿去世了。费利西亚·安娜贝拉只有九岁，尽管她看起来一直疾病缠身，但她的离世对安妮来说尤为痛苦。费利西亚·伊丽莎白·安在两个月后出生，无疑是以她的名字命名的。她是他们最后一个孩子，后来结婚并生子。如今，索尔比家九个孩子还有六个活着，包括四个大一点的男孩和两个小一点的女孩，而且在接下来的几年里，孙辈的数量也开始增加。

不同形式的家庭压力也开始出现。如今二十岁的乔治，已经开始考虑结婚的事情了。这样的事情可能会对索尔比家的运作产生一定波动。因为乔治不仅是一位优秀的文书，还对包括化学和昆虫学领域的许多科学活动作出了贡献。如果他离开家庭和事业，那么会在人力资源方面造成巨大的缺口。他还没有完全到达法定成年的年龄，他的结婚提议似乎也并未得到父母的许可。可能是因为父母认为未婚妻的人选不适合，但关于这一点几乎没有确切的证据，我们只能猜测造成这种情况的原因。

他写给父亲的第一封信就涉及这个话题，信中写道："圣诞节已经到来，你可能会理所当然地认为我已经开始考虑结婚了。"他表达了他希望不再继续有关于这个话题的讨论，并且，他的婚姻不会对生意产生任何阻碍。但如果他们有过任何讨论的话，似乎也并未解决可能出现的困难。因为在1810年的夏天，当乔治二十二岁的时候，他写给父母一封长信，展现出这个话题不仅难以处理，而且需要唤起他们更深的情感：

"你们都知道，即使在最痛苦和最令人沮丧的环境下，我也已经和梅雷迪思小姐相识近四年了。我得到了我所期待的，来自她的热烈回应。我们对彼此的感情已经坚定不移。因此，我希望在得到你们的许可后，尽快结婚。尽管没有任何情况能够阻止我履行我认为对你们的责任。正是由于我把这件事视为我对自己的责任并将结婚延宕，使我现在的健康状况日益恶化，我无法做出任何能让我自身感到快乐的事情。我认为，未得到你们的同意，我绝对不会结婚，我希望你们不会在我的选择上设置不必要的障碍，不要因为你们的反对而让我感到困扰，也不会因为缺乏你们的同意而使我——你们的儿子，感到不幸。相反，我希望你们能给我你们认为合适的建议和帮助。我已经经历了前所未有的困扰和焦虑，而你们有能力让我摆脱所有的困难，或者，让我继续闷闷不乐。在你们再次提到这个问题之前，我不会再主动提及，我希望你们不会让我长时间处于等待的状态。但请尽快告诉我你们的决定，无论你们的决定如何，都不要让它公之于众。热爱你们的（我希望我并未自吹自擂地说我是）孝顺的儿子乔治·B·索尔比。"[37]

这封信是密封的，并非简单地交到他父母的手中，但它似乎产生的效果极为有限。虽然这个问题持续了长达几个月之久，但最终二人成婚还是成了无法避免的结果。乔治现在需要帮助，以应对他未来生活的一些情况，如布置他在米德庄园的婚房。然而，他的父母，或者说最起码是他的父亲，似乎并未展现出多少配合的意愿。当乔治寻求购买家具的支援时，乔治觉得有必要附带一句带有不满情绪的话："作为一名父亲，你难道能够拒绝以你所能负担得起的方式，来满足你自己家庭的合法需求吗？"[38]到底乔治是个有时"很难对付"并且"想要的太多"的儿子，还是他的父亲希望以自私的方式对他保持全面控制？他们并没有明说。无论潜在的因素是什么，在乔治于1811年4月与伊丽莎白·梅雷迪思结婚后，也就是他们开始恋爱五年后，乔治第一个孩子出生前不到一年，家族的生意仍然照旧运转着。

第十章
陨石与“天堂之剑”

1795 年 12 月 13 日，一块陨石从天空坠落在了英格兰约克郡沃尔德山村附近的土地上，深深地埋入了地下 19 英寸的土壤和白垩石中，差点击中田间的农场工人。它的降落和其不寻常、引人好奇的性质，立刻在附近及更远的地方引起了一片热议。当时的地主，爱德华·托普汉姆少校恰巧不在家，但他的一些员工和其他当地人目击了陨石的坠落或听到了石头飞行的声音。他们从陨石降落的地方将其挖出并带回房内，审视了一番，然后称量发现：它重达 56 磅。这是一次不同寻常的事件，因而出现了一件宏伟的标本。而富有个性的爱德华·托普汉姆少校正是能从中获益的那种人。[1]

这块掉落的石头引起了各种反响。对于这样的坠落的描述，有很多人轻易地将之归为虚构，而其他人则试图提供各种涉及火山、闪电、月亮，甚至大气中的物质聚集的起源解释。一位德国科学家，恩斯特·赫拉德尼，在沃尔德山村陨石坠落的前一年发布了历史和其他证据，并提出了一个外星起源的说法，但这一理论最初遭到了嘲笑。大约在同一时间，意大利锡耶纳降下的一场大型陨石雨，尽管距离远达 230 英里，但也十分容易被解释为是维苏威火山 18 小时前的爆发造成的。但这样的陨石坠落成了热门话题，沃尔德山村的陨石无可避免地加剧了这场辩论，尤其是考虑到它距离火山很远，且陨石是在一个晴朗的日子里降落的。到底是农民目击者的话语会被慎重考虑，还是会被当作来自那些幻想过于丰富的人的话，而被轻易地否定呢？

< 10/1 沃尔德山村陨石，展示切割和外表面。图片来源：伦敦自然博物馆。

∨ 10/2 爱德华·托普汉姆少校，由约翰·罗素绘制的肖像（约 1795 年）。

托普汉姆少校准备相信他所听到的。他是一位著名的军人、报纸所有者、戏剧作家、地主和当地法官，他为自己的地位和正直感到自豪，但他特别喜欢吸引公众注意力，也喜欢女人，他已经受到了大量的公众关注。他仔细记录了各种目击者对陨石坠落的描述，并很快同意于1796年7月在伦敦展示陨石。参观者只需要支付一先令的门票，还可以获得一个雕刻的插图和一份包含各种人的宣誓证词的手册。

詹姆斯·索尔比可能是去参观了，因为他一直在收集“陨石”，并对不寻常或新的样本产生了兴趣，尤其是那些肯定会出现在他的《英国矿物学》中的样本。约瑟夫·班克斯肯定是看到了陨石，并且没过多久就有一部分陨石到了他手中，使他可以安排对它和其他陨石进行专业分析，并向英国皇家学会报告。关键的结果是它与正常岩石有所不同。

最重要的是它们含有富含镍的铁，这种类型的铁在地球岩石中并不存在。接受它们来自外太空起源的观念正在悄然被人接受。

在几年内，托普汉姆在陨石掉落地的地方就竖起了一座纪念柱，这座纪念柱至今仍然矗立在那里。虽然瞩目的关注让他感到愉快，并激发了他外向的性格，但由此带来的工作量却让他感到疲倦。索尔比给他建议了一个不错的退路，毫无疑问，他一直渴望得到这块陨石。他想让公众在他的博物馆里看到这个精美的标本，并且在他的《英国矿物学》中也能有对于它的描述，尽管一些人可能会对此表示怀疑，因为他后来写道：

∨ 10/3 约克郡沃尔德纽顿的纪念碑，由托普汉姆少校建造，标记为1795年12月沃尔德山村陨石落地的地点。来源乔治·尼科尔森的水彩画（1812年）。

“在《英国矿物学》编写的工作中，引入了一个物质，无论多么奇特，都像陨石一样从天空中落下，或者像法厄同从天堂中落下，可能看起来很荒谬。然而，无论矿物学这个词的范围有多大，人们普遍认为它包括对石头和金属的了解。我们将这个产品放在后者类别中，并因为能在英国目录中增加如此大的一件稀有物品而感到非常高兴。”[2]

应要求，托普汉姆在1804年4月给索尔比寄去了一块陨石，但这远远满足不了《英国矿物学》的作者和博物馆所有者，因为他想要整个陨石。然而，托普汉姆是一个不情愿的捐赠者。到了9月份，托普汉姆派他的女儿画了陨石的图，试图安抚索尔比，期望这对他来说足以用来制作合适比例的雕刻。他自然不愿意冒险通过当时的任何邮政系统寄送整块陨石。但索尔比对别人的画并不满足，他已经在告诉他的订阅者，一份关于“陨石或天降之石”的描述和插图将作为第二卷的第一幅图公之于众。他写得充满哀求又近乎压迫，带着紧迫感和对公众的道义责任感：

> 10/4 沃尔德山村陨石，包括一些放大的片段的雕刻。来源：《英国矿物学》。

“我亲爱的先生，

我在您的慷慨和我对您和公众的责任之间处于一个非常困难的境地。当我感到应该感激您的善良，让您的女儿为我画了这么漂亮的素描时，这种困境变得更加强烈。我感到非常感激，但是，因为我对公众的信誉，我要自己亲手完成作品，在严苛批评的惩罚下限制自己，保持我从未失信过的承诺。我希望能够一直保持下去。

也许很不幸，我向他们承诺，在您的慷慨大度之下，我将进行严格的审查并尽最大限度的努力，为他们提供最真实的注解和形象。承诺的时间正在快速流逝，因为这将是我在今年12月1日出版的《英国矿物学》第二卷的第一号。”[3]

托普汉姆是否需要被如此提醒他自己的慷慨态度尚不确定，但这封信的确产生了预期的效果，整个陨石及时送到了索尔比的手中，以便出版。托普汉姆只要求十个金币和一本装订精美并有印刷体的《英国矿物学》作为回报，这是一个慷慨的结算。

但《英国矿物学》中随后的插图却显努力不足。其中只展示了陨石碎片的两个侧面，以及四个小图，有一些放大了，以显示一些细节。艺术作品缺乏索尔比通常的才华和对细节的关注，整个画面都显得有些沉闷，流露出匆忙的迹象。

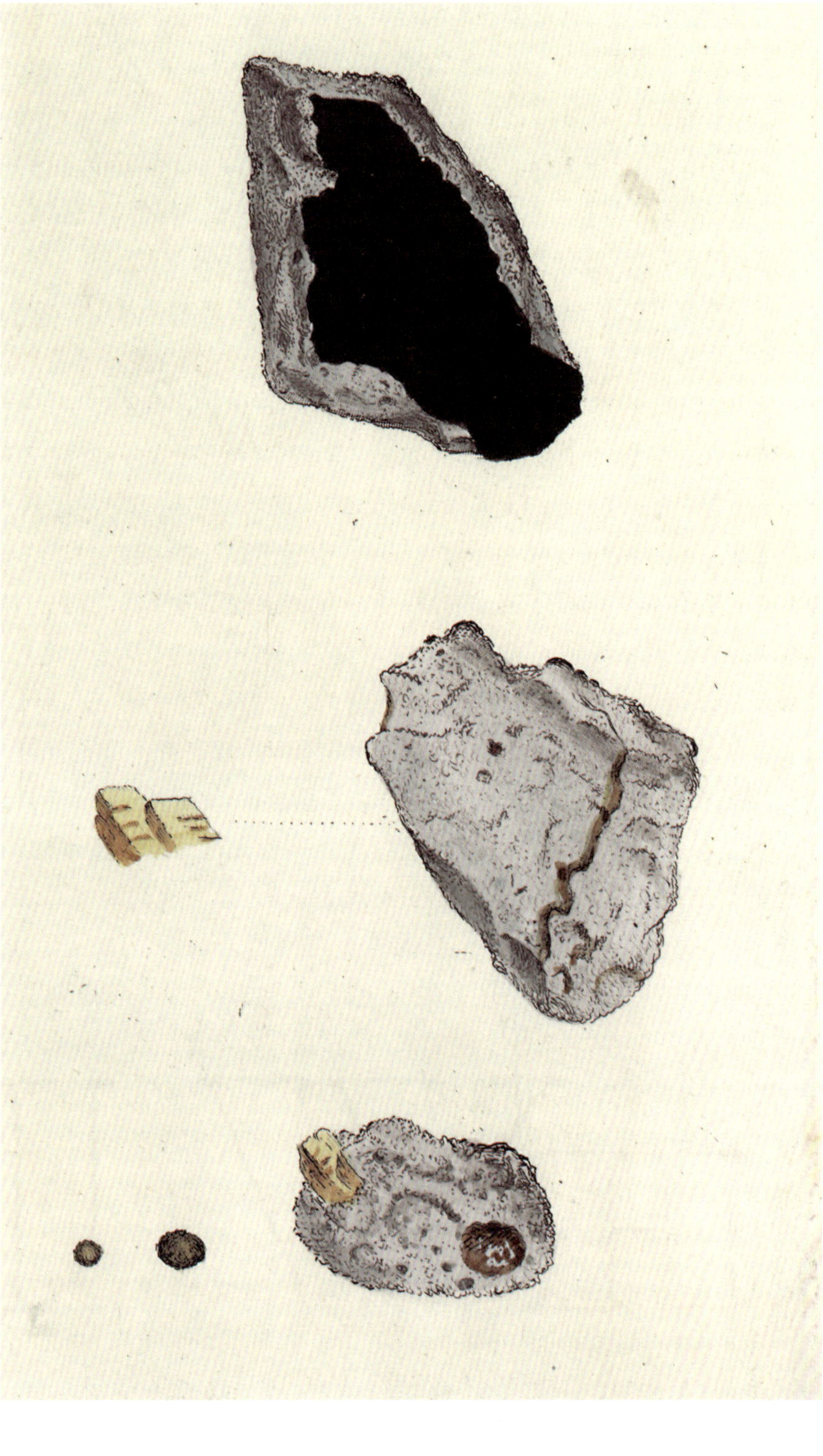

重要的事实是，这颗陨石与其他在别处降落的陨石相似，而且，所有的陨石都与它们周围的岩石不同。如果索尔比认为它们来自外太空，那么他也只是选择顺便提一下，而更愿意讨论它们的大气起源。在此，他受到当时一些人写的论文和小册子的影响，其中许多都缺乏关键性的分析。[4]因此，毫不奇怪，他的报告相当混乱并充满了猜测，尽管他认为"时间可能会揭示真相"。但他的出版物却提高了人们对陨石的兴趣，并增加了对它们的了解。尽管有些人可能因插图的贫乏而提出批评，但是索尔比很快就告诉他的读者："**约克郡大气石的全尺寸轮廓将在工作过程中发布。**"他把小块石头描绘出来，是因为索尔比先生不确定在承诺的时间内是否能得到其他英国的样本。[5]过了一段时间，他才为沃尔德山村做了一个精美、大型、彩色的插图，并放置在中心位置，而苏格兰和爱尔兰的样本分别放在两侧。直到不久前，一份复制品还装饰在沃尔德山村的墙壁上。[6]沃尔德山村的陨石现在是伦敦自然博物馆的宝藏之一，并对公众展出。它也是索尔比的"宝藏"之一，因为它在他1816年的肖像画中占据了突出的地位。索尔比遭受了与托普汉姆一样的后果：他的博物馆访客过多，导致他限制参观时间为"每月第一个和第三个周二，从早上十一点到下午三点"。[7]

索尔比总是积极为他的博物馆进行收集，并通过交换和购买以帮助他人。当一颗陨石在1810年坠落在爱尔兰的蒂珀雷里县时，他利用都柏林学会的关系获得了一个样本。这个学会非常乐意帮忙，因为他们知道索尔比的地位，同时，他也确保他们得到了沃尔德山村陨石的一部分。[8]其他人会为他获取样本或协助他购买。甚至很久之后（1820年），汉诺威的一个药剂师告诉索尔比，他期望获得一颗陨石，这颗陨石曾落在哥廷根附近的一个村庄，他说："如果我得到了，除了你，我不会给其他人。"[9]人们对这个主题的兴趣很高涨。汉弗莱·戴维得到了陨石的分析结果，用于他的化学工作和演讲。然而，这引起了利益冲突，因为当索尔比在传播博物学时，他却不愿将他的约克郡陨石借给剑桥的矿物学教授E.D.克拉克牧师。克拉克想用它举办讲座，他说他不会"损伤它一根宝贵的汗毛"。索尔比并不情愿，因为这会让许多已经来看它的人失望，他也担心它可能会丢失。一年后，克拉克再次尝试，写道"我跪地祈求借用"，并指出索尔比曾将它借给汉弗莱·戴维在英国皇家学会举办讲座。他肯定，向他人展示它会增加你的收藏的"名人效应"。索尔比再次推辞。三年后，克拉克宣布他已经放弃，并从其他拥有"最无私的慷慨"的人

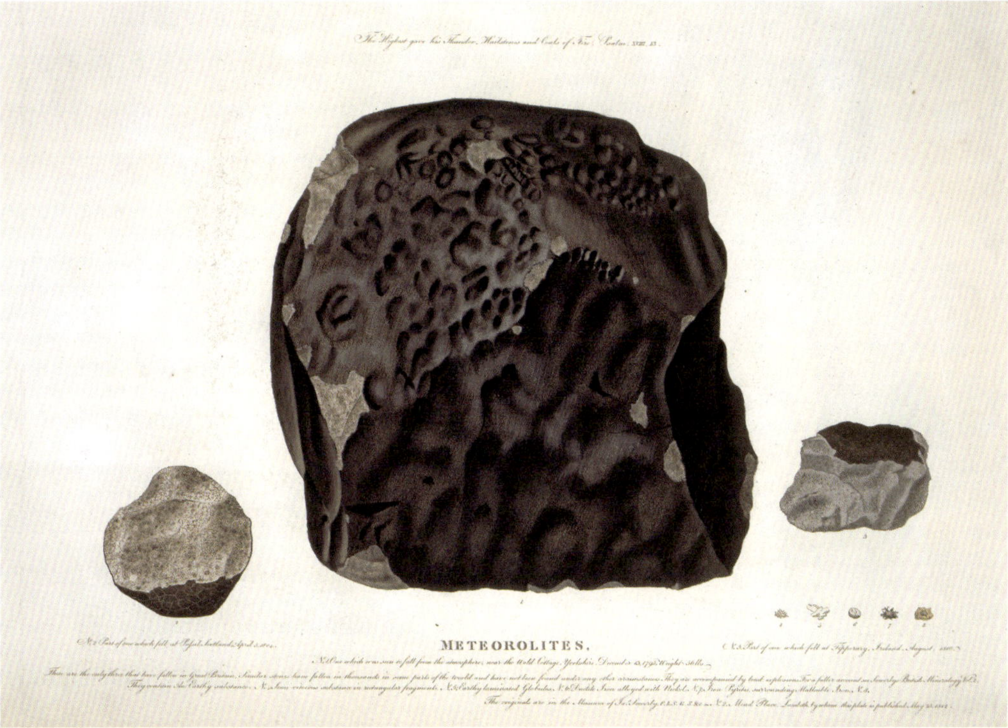

∨ 10/5 “陨石”。一幅大型（370 毫米 ×490 毫米）手绘彩色的陨石及其成分雕刻。中间是大块的沃尔德山村陨石，左边是 1804 年在苏格兰坠落的波瑟陨石的一片，右边是 1810 年 8 月在爱尔兰提珀雷里郡坠落的陨石。

那里借到了样本（不像索尔比！），并且他并不想要沃尔德山村的陨石。[10]然而，几年后，当索尔比借给克拉克他的重要的好望角铁陨石时，两人之间的任何敌意也都消除殆尽了。

在陨石上的工作只占索尔比时间的一小部分。他可能只睡了很短的时间，醒着的时间充斥着许多工作，很多都是持续的，还有一些是更间歇性和特殊的。他们夫妇自结婚以来一直住在同一所房子里，建立了一个稳定的业务系统，并定期出版一些持续了许多年的出版物，这保持了生活上的习惯性。无疑，一些事件也会打乱这种模式，比如与道森·特纳一起去英格兰西南部的旅行，或者突然失去一个孩子，再或者关于《希腊植物志》的制作和销售的混乱。

^ 10/6 俄罗斯皇帝亚历山大一世。由乔治·道伟于1824年画的肖像。

索尔比自己发起了一些工作，比如与光和色彩的实验，以及他制作晶体模型。与法国战争有关的两个独立事件有着不同的利益点：第一个是在1812年，英国舰队重要战舰出现木材腐烂问题，此事对索尔比提出了紧迫的要求；第二个是索尔比的想法，为了庆祝1814年联军对法国的胜利，他用自己收藏的陨石铁做了一把剑，送给了俄罗斯的沙皇。这就是索尔比的博物学世界的多样性。

当然，欧洲和平的来临对英国公民来说，是一种巨大的解脱。长年的冲突已经对政府的财政造成了影响，税收增加和多样化，常常存在被召唤去参加民兵队的威胁，而且真正的入侵恐惧几乎是实实在在的。

早在1803年，道森·特纳就从他的家乡亚茅斯写信给索尔比，说人们被法国人吓得失去了理智，大多数有能力的家庭正在把妻子和孩子们从城里转移出去。[11]索尔比也收到了参加民兵队的征集令。

1814年6月，普鲁士国王和俄罗斯皇帝亚历山大一世以及一些著名的将军来访伦敦，这一事件激发了索尔比的行动力。这次庆祝活动标记着与法国战争的结束和巴黎和约的签署。索尔比是一个在信件中对当前事务或政治很少表示看法的人，这次也对和平的开始以及亚历山大一世在实现和平过程中发挥的作用，而感到非常欣慰。他希望能够表达感激之情，并且以一种能够展示博物学奇迹的方式呈现。还有什么能比用他自己的一件非凡的收藏品，将其转化为战争与和平的象征更加美好的事情呢？于是他想到了制作一把用陨石铁打造的庆典剑的想法。他面临的问题有两个：一是为制作剑安排的时间有限，二是找到一种向皇帝赠送剑的方式。[12]

在伦敦举行了几次盛大的接待会和宴会后，皇帝被授予了嘉德勋章骑士称号。普鲁士国王和亚历山大参加了在阿斯科特的赛马，并且皇帝亚历山大还在牛津大学获得了名誉学位。亚历山大以其亲切的举止和他的骑兵在公园巡游的风格，让人们感到特别愉悦，以至于一位热情洋溢的观察者这样写道："当皇帝卫队的白羽毛在树林间跳动时，人们全都从一边跑向另一边。"[13]

但在这些尊贵的客人到来之前，索尔比就已经在忙碌着了。他选择了自己藏品中一块精美的陨石——好望角铁陨石，来制作这把宝剑。他在离自家不远的亨利·毛德斯雷及其合伙人在兰贝斯的专利压力蒸汽引擎和机械制造厂，切下了一块铁陨石，然后塑造成剑刃。[14]宝剑的最后塑形、磨光、安装在钢柄上，以及剑鞘的制作，都由乔恩·普罗瑟完成，他的地点位于查令十字路口9号，是"为国王以及皇家尊贵的威尔士王子、约克公爵、肯特公爵和坎伯兰公爵制造武器和军装的制造商"。此外，索尔比还专门为宝剑制作了一个红木剑盒。剑刃上装饰着帝国皇冠、月桂和棕榈的花环以及俄罗斯皇帝的双头鹰的雕刻，在剑刃的另一面上刻有铭文："这块铁从天空坠落，在陛下访问英格兰期间，献给陛下，亚历山大大帝，和所有俄罗斯的皇帝。他获得了战争的胜利，为整个欧洲传播了和平的祝福。"这是一把相当帅气的剑，微微弯曲，带有装饰性的握把和一个整齐的防雨护板，整把剑大约有0.75米长。这把带有陨石铁的剑以及其精美的剑鞘，无疑是一件皇帝应得的珍品。

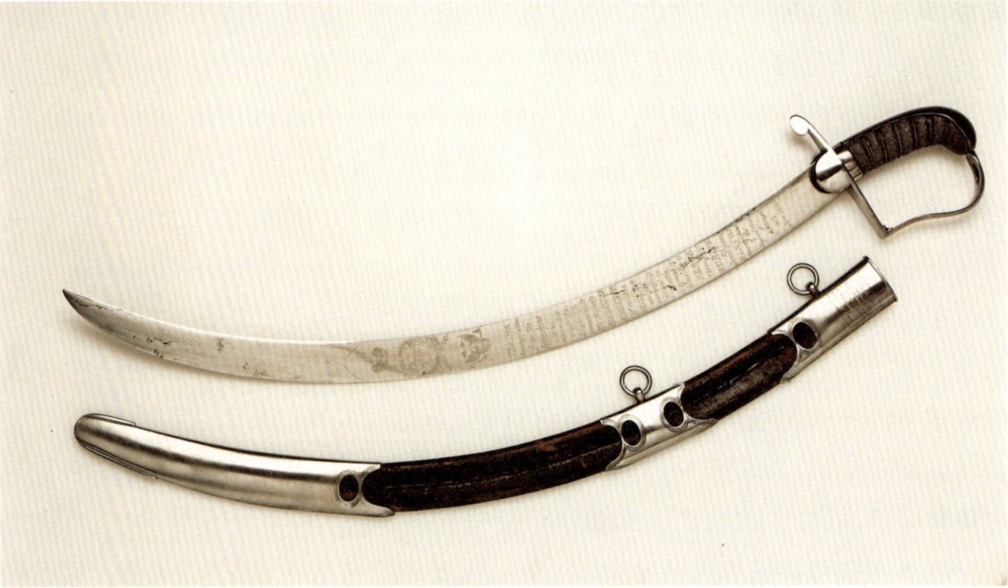

索尔比对制剑过程的描述充满了自豪感，他介绍整个工作是如何快速地完成：

“该剑刃由一块一英寸厚的单块铁在红热状态下锤打出来，然后进行磨削和抛光。它的弹性在冷状态下通过锤打赋予，剑柄通过焊接一小块钢来加长。操作过程中，发现这柄宝剑使用起来非常顺手，整个过程大约用了十个小时。之后的两天用于剑的装配与雕刻。因此，没有一把剑的制作从原材料到完成用了如此短的时间。”[15]

为了达到良好的效果，索尔比并没有在付出努力或成本上妥协，但是，如果说剑的制作过程已经成功了，那么它的赠送就显得困难得多。索尔比在皇帝抵达后的四天内寻求赠送的契机，他试图接触皇帝或其官员都遭受了挫败或无果而终，宝剑最终在皇帝离开几天后送往俄罗斯，希望日后能有赠送的机会。但在宝剑离开英国海岸之前，它在约瑟夫·班克斯爵士家中的一场接待会上被展示给了许多杰出的访客和众人。一位宾客给亲戚写道：

“那天晚上最有趣的展品是一把专为皇帝制作的宝剑！让摄政王、他的嘉德勋章、他的爵位、商人们、市议员和所有人都羞愧地钻到地缝里去吧！他们和他们的礼物比起这个又算什么？”

< 10/7 陨石剑及其剑鞘，赠与亚历山大一世，上面镌刻有奉献的铭文。版权所有：国家艾尔米塔什博物馆。

这实际上是一把由索尔比从最近降落的一些陨石中提取的铁制成的剑。当然，这是为了向皇帝表示尊敬。剑上有一段铭文，虽然写得不够精致，但是表达的意思类似于此，它将赠与亚历山大大帝。顺便说一句，他并不值得拥有它，因为他在所有场合中都完全忽视了约瑟夫爵士，这让这位可怜的老人感到很受伤。[16]

但是，亚历山大还未曾看到这把剑，而且在他真正看到它之前还需要相当长的时间，这完全归功于索尔比的坚持不懈。当这把剑离开英国前往俄罗斯时，附带着剑鞘和盒子、一幅描绘英国陨石（包括著名的沃尔德别墅石）的彩色印刷品，以及一封致皇帝的信。信中提到另一块在西伯利亚降落的铁陨石，以及化学家史密森·特南特对好望角铁的分析：

"致尊贵的亚历山大大帝，和所有俄罗斯皇帝，

愿陛下欣然接受，

吾辈有一块质地与帕拉斯教授几年前于西伯利亚发现、并现已珍藏于贵国博物馆的铁质陨石相同、同样具有天体起源的铁块。

如果能将一把由这块铁打造的剑赠予陛下，作为英国人怀着敬意、热切希望表达感激之情，以及对陛下亲自来访我国的尊重，陛下一定会感到欣喜。愿尊贵的皇帝陛下欣然接受。打造这把剑的陨石铁是由巴罗船长在好望角以内约200英里的地方发现的。

这块铁已经由我同胞史密森·特南特进行了检查，并通过在其中发现约10%的镍确立了其性质。这是由这种稀有且特别的材料制成的唯一一把剑。愿陛下能够笑纳这把剑，这是您陛下最忠诚且永远感恩的仆人——我所殷切期待的。"

詹姆斯·索尔比

1814年7月3日[17]

> 10/8 “陨石铁”。在《异国矿物学》中，有一幅插图描绘了切割开来的好望角陨石（左图），以及来自各国的铁陨石和由爱斯基摩人制作的两把插入铁陨石碎片的骨刀。最后两样物品是在1818 年由北极探险家约翰·罗斯发现的。

1.
163.
4.
5
9
2.
6.
7.
8.

然后一切都石沉大海了。如果索尔比期待至少能收到一份回复，那结果也让他感到失望了。他尽力保持与一些俄罗斯朋友的联系，但显然并不是每个人都认同他那把剑的重要性。然而，他的一个特别联系人——亚历山大·克莱顿博士，不仅是一名矿物收藏家，也对索尔比的出版物十分感兴趣，而且近水楼台先得月，他还是“全俄罗斯皇帝的特聘医师”。于是，在一封关于可能进行矿物交换的信件中，他向克莱顿博士说明了关于这把剑的情况，并巧妙地寻求他的帮助：“**我希望这把剑能尽快交到他的手中，当我确认它已经交到他的手中后，我希望能够从您那里听到人们对此的评论。**”随着时间的流逝，这把陨石剑可能已经从大多数人的记忆中逐渐淡去——然而，索尔比却是一个例外！

皇帝访问伦敦四年多后，克莱顿向皇帝本人询问此剑，然而被告知，他对此事毫无印象。他大概有更为重要的事情需要去关心。但是，有人提出了一个可能的解决之道。他们建议索尔比向内政部长，一个叫作科索达乌列夫的人写信，他应该是最初把剑献给皇帝的人，这样他就能找个借口提醒皇帝此事（或许甚至能再次展示这把剑）。当然，这个建议是在一封关于矿物和它们的价格的信中提出的——这是收藏家真正想写的话题。

这个建议终于奏效了。在皇帝访问将近五年之后，索尔比终于从内政部长科索达乌列夫那里收到了一封令人高兴的信，信中带来了好消息，不仅是“**皇帝陛下欣然阅读了您的来信，并特别慷慨地接受了您的剑**”，而且“**作为满意的标志，回赠您一枚镶有钻石和一颗大的绿色宝石的戒指**”。[18]这枚戒指将由即将前往英国的克莱顿博士送来。然而，让戒指真正戴上索尔比的手指的过程，也遭遇了一些延误。因为克莱顿首先访问了他在苏格兰的亲戚，并有其他职责要履行。到了11月，索尔比收到了他的礼物，这个传奇故事促使他为《哲学杂志》撰写了一篇简短的报告，并在他的《异国矿物学》中加入了几种铁陨石的彩色插图和描述。人们很快就得知了他的成功。剑桥大学矿物学教授爱德华·克拉克请求借用这块好望角铁举办讲座，索尔比立刻答应，并且还送给他其他的样品，与他早期拒绝关于沃尔德山村石陨石的请求形成了鲜明的对比。

陨石学已经取得了长足的进步。在《异国矿物学》中，石陨石和铁陨石被明确区分开来，对它们的地外起源不再持保留态度。索尔比的收藏备受推崇，他常常是爱德华·克拉克或者其他收藏家首先寻求建议或进行样本交换的人。他去世几年后，他的博物馆在拍卖销售中，陨石占据了重要位置。

关于这把剑及其传奇故事还有一个后记。在索尔比和皇帝都去世后，这把剑逐渐消失在公众视野之中。1947年在俄罗斯进行了一次搜索，但却没有找到任何关于它的踪迹。人们认为它可能已经被毁、丢失或者被第二次遗忘，但是根据2012年的调查揭示：它现在仍在圣彼得堡国家艾尔米塔什博物馆里，还保持着良好的状态，作为对1814年事件的一个适时的回忆。[19]

索尔比的同行中，无人能在多个领域如他般广泛涉猎。有些人可能视此为弱点，因为他永远无法成为某一学科的大师。然而他的视野独特，在陨石学研究上拥有实质性的影响力。正如他在植物、真菌学上所做的，以及他稍后在化石研究上所做的那样。在约克郡陨石坠落与拿破仑失势这段时间，他正进行着他的《色彩解析》《英国真菌》《英国矿物学》和《异国矿物学》的研究。同时，也在为一些作者的作品绘制插图，包括詹姆斯·史密斯的生理和系统植物学导论。《英国植物学》只到1814年就结束了，并被《矿物贝类学》所取代。索尔比是地质学会和林奈学会的贡献会员，也是新成立的兰贝斯化学会的会员。他是个有追求的人，生活仍然以他在米德庄园的工作为中心。

尽管植物学和动物学的研究方法仍然大致相同，但他多年前开始踏入的科学领域，已经发生了翻天覆地的变化。在沃尔德山村陨石坠落，与他从亚历山大一世那里接收戒指的年份间，化学、地质和天文学领域都取得

10/9 陨石剑刃上的雕刻细节。版权所有归国家艾尔米塔什博物馆。

了重大的进展。从英国皇家学会的交易记录显示，汉弗莱·戴维、威廉·沃拉斯顿和史密森·坦南特等人，正在对化学元素进行描述和新的发现。

威廉·赫歇尔正在报告关于天体、太阳系的运动和双星的情况。伯农伯爵、威廉·格雷戈、汉弗莱·戴维和詹姆斯·史密森公布了他们对矿物的研究，而大卫·布鲁斯特揭示了光经过某些晶体物质时所发生的变化。这些记录中关于植物或动物的论文数量极少。植物和动物是林奈学会的主要研究对象，詹姆斯·史密斯担任会长。尽管他也是英国皇家学会的会员，但他就选择在林奈学会发表他的研究结论。索尔比偶尔会贡献一篇笔记或论文。大多数林奈学会的论文是关于化石、真菌、苔藓、地衣、鸟类、蝙蝠和獾等主题的描述和观察。其他国家，尤其是新荷兰（澳大利亚）的生物多样性也受到了关注。威廉·柯比牧师在他的论文《罗伯特·布朗在新荷兰收集的几种新昆虫种类的描述》中写道：**"在所有博物学门类中，没有哪个国家比新荷兰产出更多的新鲜事物。我可以这么说，那个岛屿大陆的植物和动物大部分都具有独一无二的特性。"**即使涉及矿物和陨石，但对博物学的研究对于詹姆斯·索尔比而言，仍然再合适不过。

除了学术团体外，科学和技术都在按照各自的特色向前发展。尽管索尔比对于工业革命在水能、蒸汽能利用及机械工具开发方面的进步有所了解，但这些并未对他的个人活动产生实质性影响。

然而，被誉为"英国地质学之父"的威廉·史密斯，却帮助索尔比进入了一个全新的研究领域。

1815年，史密斯发布了他现在广为人知的地图，这张地图显示了基于英格兰、威尔士和苏格兰部分地区所含化石的地质层次。[20]第二年，他发表了一项重要的研究，通过最具特色的化石对地层进行识别，其中包括索尔比绘制的彩色插图，稍后我们将回来再谈这个话题。

地质学和化石在过去几年已经成为索尔比日益深入关注的领域。在1808年，地质学会成立前不久，他在米德庄园协助演示了由爱尔兰矿业工程师詹姆斯·瑞安发明的新型钻矿设备，此活动包括地质学会的几个成员，如会长乔治·格林诺，亚瑟·艾金和约瑟夫·班克斯爵士。索尔比引入了威廉·史密斯的方法，并且瑞安为索尔比正在筹备的《矿物贝类学》提供了样本。在地质学会的许多同事中，索尔比更为坚决地支持威廉·史密斯的方法。[21]

∨ 10/10 黎巴嫩雪松（*Pinus cedrus*）。这是索尔比为艾尔默·兰伯特的《松属》（*Pinus*）制作的部分大幅插图——这是一个历经二十多年精心制作的插图作品。他写道："这种树所独具的特征十分显著，无法与其他物种混淆……其球果非常大。"

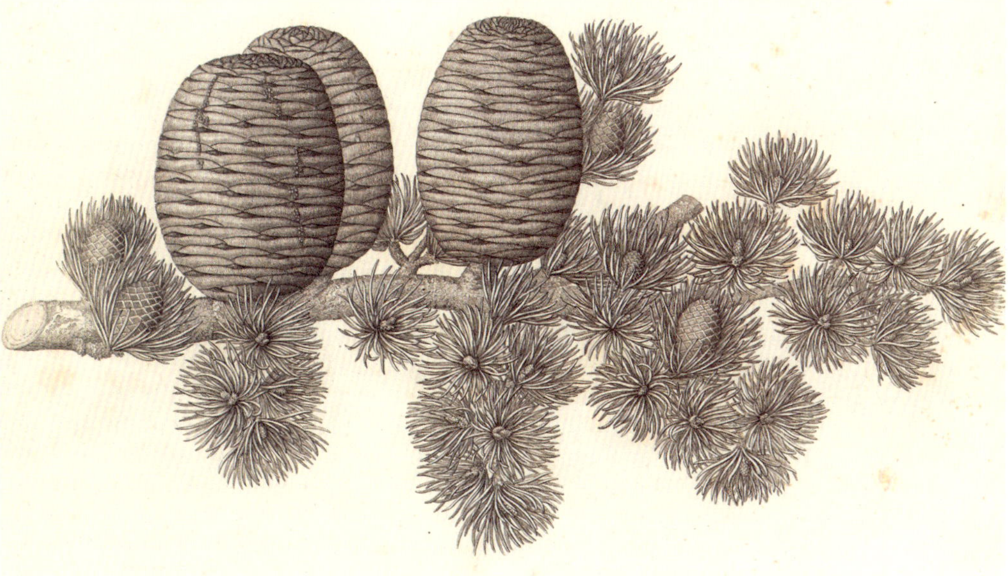

拿破仑战争的结束和和平的到来导致他的作品，特别是《英国植物学》在欧洲其他地区的销量有所增加。他也通过接受一些小规模的插图任务获得资金来支持家庭运转。例如，为旅行者和伦敦矿物商人约翰·马韦的手册和书籍绘制插图，为艾尔默·兰伯特的大幅松树作品绘图，为威廉·利奇的螃蟹和龙虾研究绘图等，此外还为T.普尔顿关于英格兰中部各县植物的书籍绘图。[22]他也在为林奈学会的交流事务忙碌，同时，还是其他新成立的哲学和化学学会的积极成员。因此，他有时对可能出现的错误，不得不向他的朋友和信件收件人致歉。他在给外科医生和博物学家吉迪恩·曼特尔的信中感谢他送来的大块菊石碎片，并请求他"**原谅我有时匆忙，尽管我从早上四点就开始工作，但仍无法完成所有想要完成的事**"。然而，必要的时候，他也完全准备好停止计划中的工作，立即为紧急的请求提供帮助。这就像英国舰队在与法国战争的最后几年中，战舰严重腐烂的情况。

^ 11/1 从德普特福德船厂启航的“夏洛特皇后号”。1810 年 7 月 17 日，作者：乔治 · 汤姆森。图片来源：国家海事博物馆。

第十一章 满目疮痍

在 1812 年，拿破仑战争期间，英王的旗舰“夏洛特皇后号”发生了严重的问题。此艘舰并非 1797 年那艘在准备升锚追击法国军队时，由于工资拖欠、食物质量差，无疑还有其他更多的问题，而导致船员叛变，引起了恐慌的“夏洛特皇后号”。

那艘“夏洛特皇后号”在 1800 年起火并沉没。现在的恐慌源于另一种类型的问题：新船本身出现问题，而这个问题就是干腐病。这艘船于 1810 年作为一等舰队旗舰配备了 110 门大炮，所以当詹姆斯·索尔比被召唤来检查这艘患船并试图找到救治方法时，这艘船已有两年多的历史了。像这样的船只都是巨大的木制结构，尽管其规模和设计令人印象深刻，但其在建造和使用中也存在诸多障碍。它们在与法国的战争中发挥了关键性的作用。

木材的腐烂是英王舰队以及“夏洛特皇后号”在其早期生涯中所面临的一个普遍而众所周知的问题，且修理费用很快就超过了初始的建造成本。

建造工作始于 1805 年 10 月，当时船的龙骨已经安置。到了 1810 年初，船只已几乎准备完毕，人们在主船舱及其他区域放置了加热炉，以在五月份启航前将船只烘干。剩余的装配工作在秋天完成。次年五月，“夏洛特皇后号”驶向了普利茅斯，在那里，人们发现它已经腐烂到所有内外板材以及许多木材和横梁都必须更换。[1] 海军委员会已经尝试过一段时间处理这个重要问题，所以起初突然迫切地召唤索尔比处理这个问题，也确实让人有些惊讶。但索尔比反应迅速，这是他一贯的作风。最初他似乎对受命完成这样一项他从未做过的任务感到高兴，甚至可能是自豪。对于索尔比而言，这是一段相对短暂的时间，但任务的结束揭示了他的能力和性格的隐秘，也揭示了海军委员会特殊的工作方式：无论是公开还是幕后。

1812年7月15日星期三，索尔比收到一封信，要求他第二天下午三点去海军部办公室。在那里，他了解到干腐病的严重问题，并看到了它的破坏性。两天后，他就收到了书面指示，要尽快与利奥内尔·卢金先生一起前往普利茅斯，检查英王舰队“夏洛特皇后号”的状态。该舰已经由于干腐病受到了很大的损伤，他们的工作目标是要阻止真菌的生长和扩散，找出停止它进一步恶化的措施。**“我们进一步希望，您关于此主题的报告可以扩展到，防止皇家舰队中的任何一艘船出现这种问题，所需要采取的一切必要措施。您可以按照您觉得最方便的方式，与卢金先生共同或单独进行报告。”**[2]

考虑到问题的长期性质，这无疑是一个巨大的挑战。

按照惯例，他们并没有书面提及任何报酬，也没有任何除卢金先生（他已经进行了一些调查，但被部分人认为并不具备合适的专业知识）之外的援助指示，更没有明确表明他们期望报告的提交日期。然而，索尔比却另外收到了海军办公室测量委员会秘书约翰·诺尔斯先生的一封机密信件，信中建议他的报告将会**“对你自身利益和公共服务都极为重要”**，并且要求他在不受卢金先生干扰的情况下单独完成报告。[3]信件并未具体说明报告如何对索尔比有利，尽管看上去诺尔斯可能会比其他官员更加关照他。事实上，诺尔斯在第二天向他私下透露了海军办公室对船体干腐和木材热处理的观察情况，包括多艘船只已经遭到泣菌肉孢菌破坏，有些在服役几年后就出现了损毁。[4]

卢金是个离经叛道的人。他通过讨好逢迎获取了海军委员会的许可，接到了各种他自己提出的任务。证据也表明，他更多地将皇家船只和造船厂当作他拙劣不堪的实验场，而不是基于可靠并经过时间检验的知识而提出的建议。

他的一些实验造成了严重的损失。其中一个实验是卢金提出的，用油性物质浸泡木材以防止腐烂。为此，他在伍尔维奇造船厂建造了一个特殊的窑炉，木材被暴露在由加热松木锯末产生的油蒸气中。工厂发生爆炸，造成六名男子死亡，多人受伤，以及严重的结构损坏。而经过处理的木材也未能达到预期效果。一位名叫本杰明·塔克的先生，后来成为海军的测量员，早在1811年就对卢金所获得的信任感到讶异。他将卢金描述成了一个“布罗杜姆博士”——当时一个臭名昭著的江湖骗子和药贩子。[5]卢金与索尔比不同，他没有真菌学经验。

周二晚上，索尔比和卢金已经开始前往位于英格兰西南部的普利茅斯，途经斯坦恩斯、巴格肖特和贝辛斯托克，他们在安多弗用餐，在靠近威尔特郡的斯通亨奇的埃姆斯伯里过夜并用早餐。然后在周三和周四，他们经过温坎顿、伊尔敏斯特、霍尼顿和埃克塞特，在周五上午11点到达了码头和“皇后夏洛特号”。[6]1812年，旅行肯定是一件耗时的事情。索尔比肯定有很多机会和卢金先生讨论船体干腐的问题，但他会按照诺尔斯先生的建议独自撰写报告。

索尔比用了那天剩余的时间以及隔天的部分时间对“夏洛特皇后号”做了检查。他发现已经有大量的木材被移除，而且还打算移除更多。他确实发现了数种真菌物种，尤其是在中甲板以下，包括杂交牛肝菌、心木牛肝菌、巨型木层孔菌（一种专门寄生于腐烂橡木的韧皮菌）和粉状耳菌。泣菌肉孢菌（如诺尔斯先生所提及）确实存在，但并不常见。[7]他使用湿度计测量出船内的空气湿度极高，为真菌生长提供了理想环境。检查完成后，他立刻将报告草稿发送给了在米德庄园的儿子乔治，要求他在哥哥詹姆斯的帮助下尽可能地复制这份报告。到了下午，他就开始在附近的一些采石场进行考察。索尔比的工作效率之高、工作投入之深，都确实让人惊讶。[8]

索尔比的返程与去程的方式大不相同，返程的时间是去程的两倍之多。此时，他独自一人，有时间去深入研究他热爱的博物学。他首先向北到达了塔维斯托克和位于达特穆尔城边的利德福德村，可能是为了观察当地的铜、铅和银矿石，也可能是为了欣赏利德福德桥边上那流淌的瀑布，他还为此做了一个简单的素描。他的回家路线包括对燧石、砾石、砂岩和铁矿石等各类岩石和矿床的考察。他在离家十二天后的8月2日（星期日）回到家，实际在码头的时间还不到两天。他在回家两天后就递交了报告，强调了这个问题的紧迫性。[9]对于索尔比来说，如此长时间的离家出行是罕见的，尤其是在他正忙于许多项目的时候。在此期间，他还正在准备并出版他的《英国植物学》《英国真菌》《英国矿物学》和《异国矿物学》的材料。他也刚开始从事化石贝壳的研究——《矿物贝类学》。更让人难以理解的是，仍住在米德庄园的儿子乔治为他生了第一个孙子，但他与父亲的关系正经历着一段困难的时期。甚至他的长子——非常尽职的詹姆斯·德·卡尔，也离开了家，与道森·特纳一起住在亚茅斯。因此，这些工作的重担必然落在了他的妻子安妮和他的其他一两个孩子身上，比如查尔斯，那时他已经17岁了。他的归来一定受到了极大的欢迎。

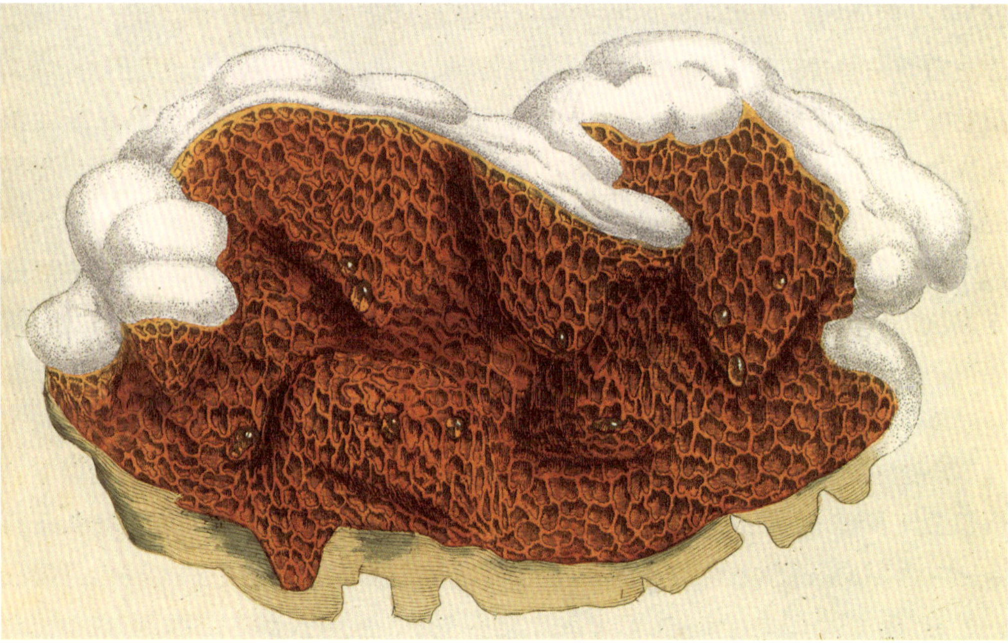

^ 11/2 泪滴牛肝菌(*Boletus lacrymans*)(现名为泪滴菌 *Serpula lacrymans*)——是“夏洛特皇后号”出现干腐病的真菌来源。“泪滴(*lacrymans*)”这个单词用来描述这种真菌经常渗出像泪珠一样的水滴的现象。来源:《英国真菌》。

他在报告开头对国家许多国防工事的现状表示震惊，并且有些恭维地表示了他坚决履行职责的决心，尤其是："当我注意到贵委员会对提出的问题深思熟虑、关切备至，我的任何有用的回答都得到了您珍视并深思，这让我深切感受到贵方对忠诚执行艰巨任务的热切期待。"他表示曾对自己的任务有些怀疑，但他认为没有其他人具有合适的经验，所以"尽管我可能对于有机会在如此重要的问题上作出贡献感到自豪，我只能将自己视为上帝手中的一种工具，被选中在如此关键的时刻负责一个特定的部门"，他为匆忙编写报告可能造成的错误和这是他首次提交官方报告的事实表示道歉。

他列出了那些引起问题的真菌，并在他的《英国真菌》中提供了它们的插图并引用了描述。[10]

不出所料，他的建议简明扼要且明智，但这些建议还未被实践：修复过程中要使用干燥的老木材；不要在湿木上涂漆；保持船舱内空气流通，并在维修期间用遮阳篷保护船只免受雨水的侵害。他否定了使用加热法干燥木材，因为这可能引发我们不希望出现的真菌，也否定了使用酸性或盐性渗透剂，认为这对木材、螺栓和工人都有害。

定期使用湿度计来测定船上各层的湿度，也将帮助确定是否需要进行纠正性的措施。他的报告与几个月前由卢金先生提出的建议有所不同，卢金强调在保持良好的空气流通的同时，也建议使用他自己调制的"硫化铁矿"。[11]硫化铁矿是一种天然存在的铁硫化物（黄铁矿）矿石，但在英格兰西南部，可能含有极高浓度的砷。

卢金提议用他的混合物在"蒸汽状态"下处理木料，同时钻孔以增加渗透深度，但他并未详细解释应用方法或对工人的保护措施。他进一步建议要合理移除有缺陷的木料。几天后，普利茅斯造船厂也报告称，在按照索尔比和卢金的建议从"夏洛特皇后陛下号"船底一头检查到另一头，移除一块木板后，就发现了几块带有真菌的木料，有些已经腐烂到无法再次使用。[12]

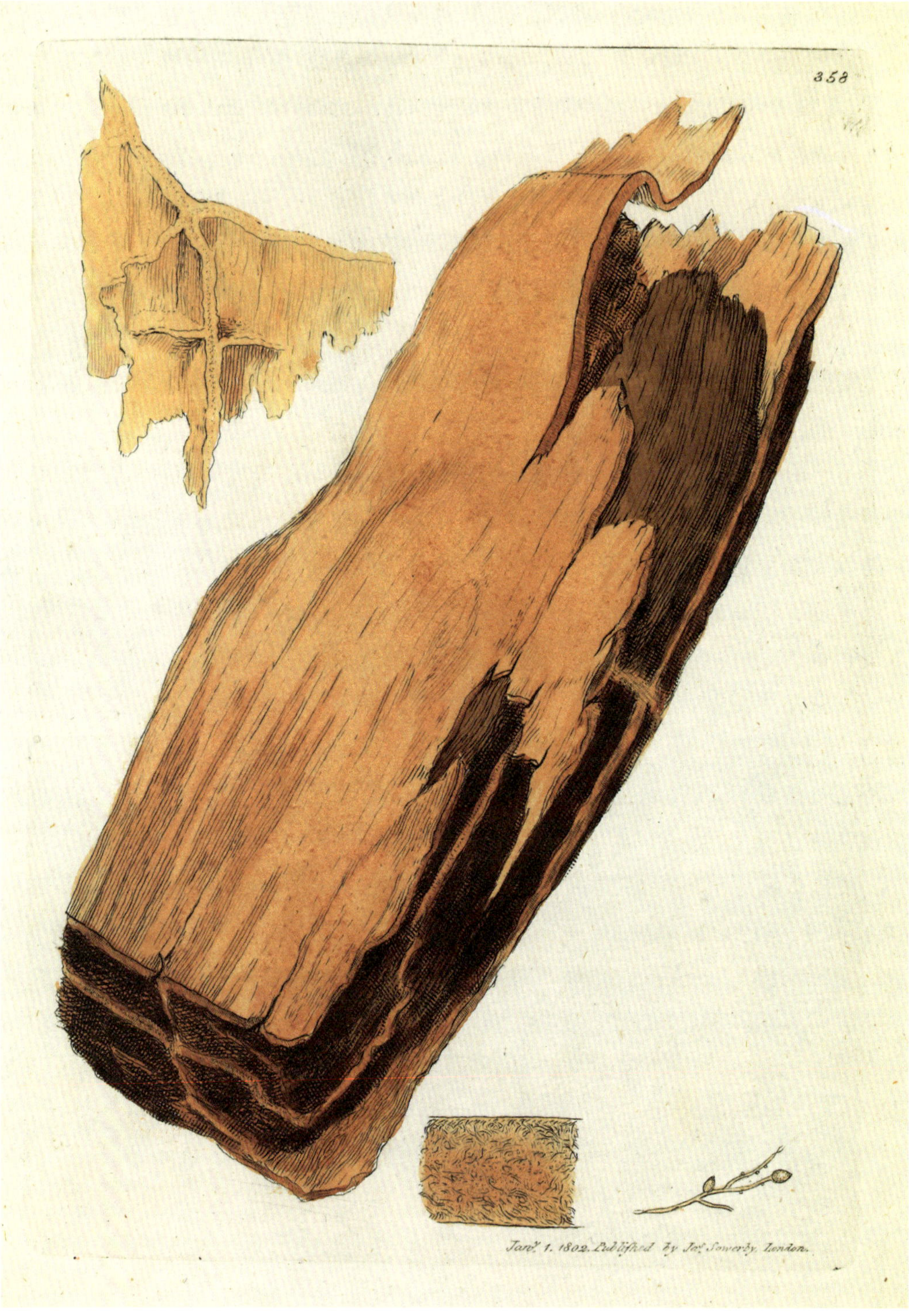
358
Jan.y 1. 1802. Published by Jas. Sowerby, London.

< 11/3 腐木真菌：巨型木质菌（*Xylostroma giganteum*）。索尔比写道："这种真菌以其在我们的大橡木中生长不息的特性，可以被称为'巨大'。"来源：《英国真菌》。

索尔比的报告很快得到认可，他收到诺尔斯先生的私人信件，告知他所有的建议都会付诸实施，而不再参照卢金先生之前的报告。同时，委员们已经指示海军委员会向他表达赞扬，[13]但没有提到任何金钱报酬的事情。他们的贵族大人认为他们可以随时召集任何人为他们服务，而不考虑这对他们会产生何种影响。官方信件中的语气更加傲慢，贵族阁下们认为给予了索尔比应有的感谢和赞赏。[14]信中还请求他推荐一款湿度计。卢金先生则写信表示，他无话可说，只是同意空气流通的观点，并且仍然坚持使用他的化学配方。[15]实际上，硫化铁矿的糊状形态曾被用于一些木材，但因会对工人健康产生危害，而不得不停止使用。[16]

索尔比了解到，他的报告得到了热烈的反响，诺尔斯先生和其他人已经视察了造船厂，以确保建议得到实施。短短几周内，他起草了一封准备寄给海军委员会的信，并将此信发给了在雅茅斯（与道森一同工作和居住）的儿子詹姆斯，征求其意见。

看起来这封信从未寄出。[17]然而，次年初，他向委员们提出了进一步的建议和明智的推荐，例如关于建筑中使用的木材的季节和存储问题、关于湿度计的使用，甚至关于最佳的木材类型和来源等。对此，他并未寻求任何经济报酬。然而，他确实以他的风格提醒了委员会他所取得的成就：**"如果我为'夏洛特皇后号'推荐的措施继续如我预期的那样成功，那么，它们将大幅提升信心，激发更多人的关注，从而成为进一步努力的、强大的动力。"**[18]海军办公室对此过程表示满意，因为他们在秋天邀请索尔比前往德普特和伍尔维奇的造船厂展开讨论，并就木材的储存方式提出建议。索尔比尽其所能，很快就前往这些造船厂，鉴定指出了严重的问题并提出了解决问题的有效建议。在他的建议信中，他甚至赞扬了委员们的判断力，表示他作为一个在英国政府下出生的个体，非常愿意自称为"你们最忠实且谦卑的仆人"。[19]他还是没有请求任何经济报酬，但这种情况即将改变。

即使他乐于"自称为……"，他也已经和诺尔斯先生说明了他的困境。诺尔斯先生建议他为海军委员会编写一份报告，列出他所做的所有工作，并要求支付报酬，这将使他们注意到这个问题，就好像他们以前从未考虑过这个问题一样。因此，在1813年12月，也就是他访问“夏洛特皇后号”大约十五个月以后，他在一份声明中详细列出了他所做的工作、建议和相关问题，“关注这个国家级的问题，我不敢有片刻放松，其紧迫性甚至中断了我的一些定期工作，让我的朋友们失望了，因此我也承受了很多损失”。[20]

这起到了预期的效果。海军办公室的官员们发来了一封非常简短的信，告诉他，他因努力获得了两百个金尼的奖金，但同时他们还添加了这样一句话：

“同时，我们认为有必要告知你，在授予这笔奖金时，我们并不认为你的建议挽救了‘夏洛特皇后号’，所有有缺陷材料已经在它在普利茅斯进行修理时就被取出了。”[21]

这样一个不实的声明着实激怒了索尔比。[22]诺尔斯先生希望他能够获得更多的补偿，还甚至建议索尔比对委员会表示感谢！他的确这样做了，但意外的是他以稍显恭顺的态度结束信件：“愿你们继续享受幸福的岁月，英国海军在你们的坚韧努力下繁荣昌盛。”[23]

金钱上的奖励确实非常微薄。海军办公室曾有一次建议支付卢金先生500英镑，作为对他在索尔比到来之前的服务的额外奖励。然而，卢金积极寻求报酬，对官员们来说已经熟悉无比，他也从未认为自己处于从属的位置。但是，索尔比太过于急切了。在他向海军委员会提供的服务报告中，也强烈暗示了他期望的赔偿形式，这无疑会给委员会带来了麻烦：

“人们普遍认为，‘夏洛特皇后号’已经被船体干腐折磨得无可救药了，而现在它却还能坚持服役，这全都是因为我指导的恰当措施。对于熟悉这个问题的人来说，我无需提及这种节省带来的价值，这些成果肯定足以补偿我过去的服务。而且，考虑到未来的支持，以及因为适当的帮助而得以挽救和将会被挽救的其他一流船只，这个数目将会是巨大的。”

这些严肃的词语暗示索尔比可能会索取对船只的救援费，因此海军委员会不得不采取防御的态度。

委员会一收到他的报告，就简单地向测量员办公室询问他们对从索尔比先生防止船体干腐的建议中已经或可能得到的好处的程度有何看法。[24]测量员们简短的回复就是，索尔比关于保持木材干燥的建议已经证明有用，他建议停止使用炉子加热也是如此。但显然“夏洛特皇后号”当前的状态与索尔比无关，因为所有有缺陷的木材之前都已经被更换过了。[25]同一天，委员会开会决定支付给索尔比两百个金尼，并告知索尔比“夏洛特皇后号”的最终状态并非归功于他的建议。会议记录也把炉子使用的词汇从“停用”改为“适度使用”，这是索尔比所反对的。[26]委员会显然对自己的行为处于防御状态。

但事情并未就此结束。索尔比继续提供一些建议或帮助，即使他已经发出了账单，他的支付仍然遭受着重大的延迟。[27]海军继续在维持索尔比建议的良好工作习惯，因为舰队中的木材烂化问题依然存在。他从众人中被挑选出来完成这项任务，然而，海军委员会尽管接受了所有的建议，但是因为其种种不作为，而未能给予应有的赞誉，也没有完全且持久地从中受益。索尔比受到了不公的待遇，他曾为自己挺身而出，但行动的时机过晚且方式不妥。

在那个时代，即使主动寻求建议，支付咨询费用也并不是文化习惯的一部分。索尔比的真菌学知识得到了官员和朋友们的一致认可，但这也可能致使他做出特殊的好人好事。有一次，道森·特纳在写到船体干腐问题时提到，“**科克先生请求我询问你是否方便在七月期间到他在诺福克的霍尔克汉姆宫殿**”，但没有提及可能的报酬，因此道森觉得有必要添加暗示的短语“**清楚他的王子般的财富……**”[28]我们不知道索尔比是否去过，以及如果他去了，他是否收到了报酬。

Apl. 1 1814 published by Jas. Sowerby London.

第十二章 矿物贝类学

1797 年 8 月，年仅十岁的詹姆斯·德·卡尔从他外出访亲的父亲那里收到了一个盒子，他的父亲和他的母亲安妮当时正在诺里奇探望亲友。一份简短的附带信件告诉他，箱子里面装有一些“奇珍异宝”，并希望他能小心保管。其中包括一些类似鱿鱼的化石，父亲强调这些一定要非常小心地保存，并给他提供了一个简单的草图。[1] 几天后，在索尔比从诺里奇乘坐马车去亚茅斯访问道森·特纳之前，他又寄出了另一个包含海藻和对其进行烘干的包裹。詹姆斯·德·卡尔的博物学学习从那时就开始了。

索尔比知道这些形如子弹的类似鱿鱼的化石是有机遗骸，并非民间传说中的雷电。他的诺里奇之行总是包含他的科学探索，该地区的地质层构成为调研提供了极好的机会。

他的化石收藏已经开始，他在房子后面的博物馆已于一年前建好，用来陈列这些化石和其他样本。尽管他刚开始自己的关于英国真菌的出版活动，而且《英国植物学》正在成功进行，但这并没有阻止他去探索其他可能在未来有用且重要的博物学领域。索尔比对所有的自然都充满兴趣，他主要的困难在于没有足够的时间去研究他所有感兴趣的领域。实际上，矿物化石几年后就出现在了他的《英国矿物学》一书中。

< 12/1 阿蒙贝（*Ammonites mantelli*）。在《矿物贝类学》中，索尔比为他的朋友吉迪恩·曼特尔命名的阿蒙贝的插图。曼特尔为他提供了许多化石样本，尤其是来自苏塞克斯郡里维斯地区的。阿蒙贝现更名为 *Mantelliceras mantelli*。

现在，大约过去了15年，那些曾经占据他大量时间和精力的出版物呈现出接近尾声的迹象，而且他现在即使想继续，也没有从其他作者那里得到重要的委托。矿物学的研究正如火如荼地进行，尽管还有好几年才能完成。在当时的经济环境下，他需要赚钱，同时，他也需要满足他的创作欲望。因此，开始研究化石，特别是他已经收集并绘制了图画的化石壳，是自然而然的事情。[2]对于这个话题，不仅他的两个儿子詹姆斯·德·卡尔和乔治感兴趣，还吸引了越来越多的人。

化石不再仅仅是博物学家和收藏家柜子里的自然奇观，它们越来越被认为是过去生物的迹象。同时，它们和特定地质层的关联性对于矿工、运河建筑者，以及仍然年轻的地质学会的成员来说，也十分有用。这对索尔比来说是一种激励。而另一个激励因素，是他的通信朋友们都非常积极热情。

女地质学家埃塞尔德雷德·贝内特，一位居住在威尔特郡的未婚女性，她有着足够的财力来追求对化石收藏的热爱，并希望将她的收藏成果分享给朋友们。[3]她是少数几位通过购买和实地考察，尤其是在自己所在的郡和多塞特郡，收集到大量精美化石的女性。她将自己的化石样本借给或赠给索尔比，经常与他进行书信交流，偶尔还会亲自去见他，讨论某些特定种类。很多年后，她编写了自己的《威尔特郡有机遗迹编录》。

另一位外科医生兼地质学家吉迪恩·曼特尔，他发现了恐龙伊瓜纳冬，他在苏塞克斯进行地层探索，并收集样本供自己的出版物使用，也与索尔比和贝内特等人共享。他非常愿意投入大量时间来满足索尔比对化石和矿物样本的需求。他和埃塞尔德雷德只是许多渴望有一部可靠且有用的化石研究作品的人中的两位。索尔比即将启动一个重大且长期的项目。这将产生一部对科学有着无法估量价值的作品。

准确地说，19世纪初可称为是地质历史研究中一个激动人心且具有变革意义的时期。威廉·史密斯多年来已经辨认出了国家各地岩石序列中地层的特征化石，并深入理解了许多地层的结构特性。他为地质勘探引入了预测性元素。

詹姆斯·帕金森是一位能识别出（后来以他的名字命名的）震颤麻痹症外科医生，他也是一位具有启发性的古生物学家。他在1804年为普通读者撰写了《旧世界的有机遗迹》。这本书展示了不同地层的化石植物和动物，并深入讨论了它们的起源。因此，他能够在序言中这样说：

“本卷后部详述的现象，为我们提供了一些关于我们居住的行星结构的重要知识。如有需要，这些事实也将会成为最强有力的证据，反驳那些认为历来存在着连续现象的人们的观点。他们认为人类过去一直有，并且未来也会持续拥有一个一致，并且无尽的存在方式。这些现象几乎以相同的力度反对所述的系统，该系统认为这个星球的表面形状和结构，是由一个规律性重复的类似变化系列而产生的。整个物种或属的消失，以及最近的新物种出现，如本作所假定的，都是与这两种假设完全相互矛盾的情况。”

虽然其他人可能强烈否认灭绝已经发生，但他有足够的理由忽视他们的争论。同样，巴黎古生物学家乔治·居维叶展示了巴黎盆地的白垩纪岩石主要通过其化石来表现其特征，而这些化石又与该地区的粗石灰石所包围的物种在种类甚至属上都存在显著的差异。[4]他还发现了含有淡水化石的地层，并得出结论，它们一定是在这样的环境下形成的。索尔比熟识这些人，他的身边有他们的出版物和信件，他也赞同他们的观点。他将以各种方式与这三位人士互动。

^ 12/2 吉迪恩·阿尔杰农·曼特尔。由未知艺术家于1835年前后绘制的肖像画（油画）。图片来源：伦敦地质学会。

< 12/3 鹦鹉螺化石标本。《矿物贝类学》首版。

《矿物贝类学》首次于1812年夏天出版，其采用了索尔比熟悉的出版风格——作为一个期刊，每期包含几幅插图和印刷文字，然后缝合在一起，并用通常的蓝纸封装，售价5先令。最早的一期是关于鹦鹉螺化石种类的，这是一个极好的开始，尤其因为这些标本来自伦敦北部海格特的伦敦黏土，正如索尔比本人所说的那样，那里的重要道路工程正在揭示地层信息并引发众多发现。[5]

版面的印刷说明书涵盖了三页内容，详述了各地点、地质特性、化石壳体的一般及特定特性，当然，也包括向那些献出化石样本的热心人们表示感谢。首期仅包含三幅插图（后续的通常含有六幅），其后的两个月便发布了第二期。然而，其他工作，特别是关于海军舰船腐烂问题的工作，打断了进程，直到次年二月第三期才发行，之后便开始稳定的出版模式。这个出版模式继续了六年，一直到索尔比去世。此后，在他的儿子詹姆斯·德·卡尔的领导下，又延续了二十四年，直到1846年。

这项工作对于新物种描述的分类学，对承载化石地质层的重要性的认知都有重要影响力。每期都会印制并手工彩绘五百份副本，对于那个时期的出版物来说，这绝非一个小数字，之后还有法语和德语的盗版版本出现。它从一开始就只专注于那些有硬壳的化石——腕足类和大型软体动物门类，包括像菊石这样的已灭绝的群体。这是一项重大的科学研究，没有太多的炒作，却因其优质和实用性（即使在分类学上有所变动）而立即得到了高度尊重。

《矿物贝类学》并非对知识的回顾，它是一部连载作品，展示了研究进程，因此为我们提供了对古生物学发展的深刻洞见。样本捐赠者和通讯者的合作就像一支研究团队，他们共享样本、交流思想和信息。吉迪恩·曼特尔就是这样一个例子，他试图在他的职业生涯和对地质研究的热情之间寻找平衡。

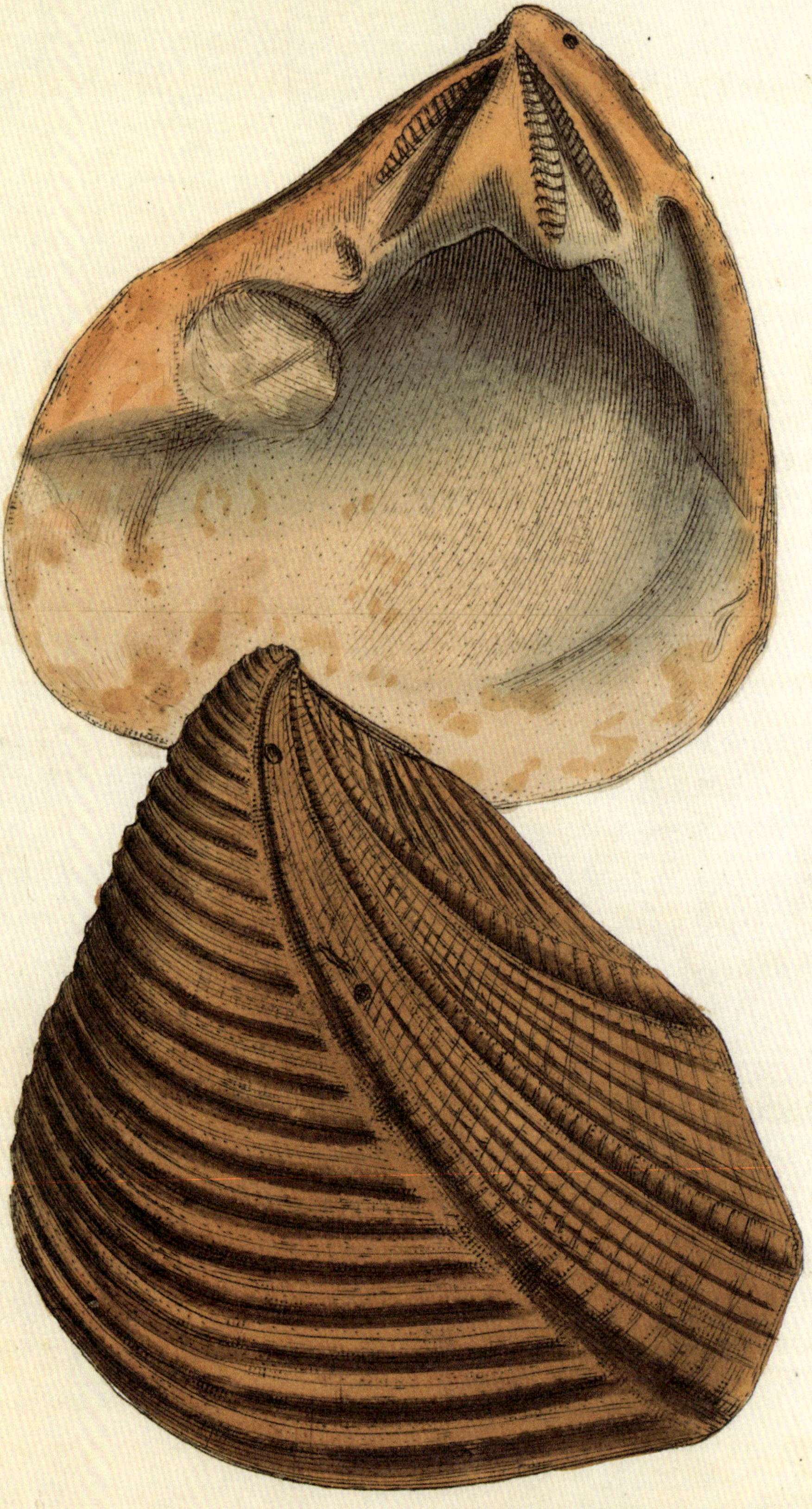

Apl 1815.

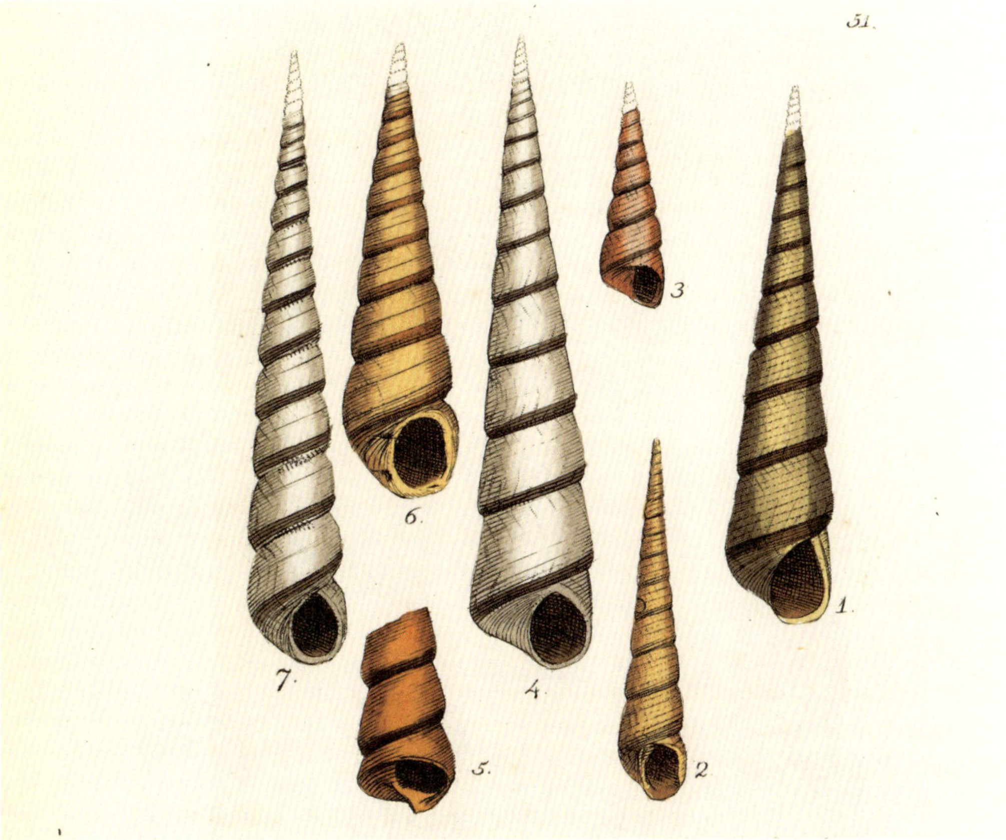

< 12/4（对页）沉积物贝壳化石（肋齿三角贝）。索尔比讨论了单个肌肉压痕的分类使用及铰链结构。来源：《矿物贝类学》。

^ 12/5（上图）螺塔属海洋腹足类（海蜗牛）的不同物种标本。索尔比发现，物种间的变异使得区分各种物种变得困难。来源：《矿物贝类学》。

他在项目开始时只有22岁，但始终是一位忠诚且热情的贡献者。他根据苏塞克斯的岩层中送来的大量标本，讨论其特性，并详述它们的地质位置。他还报告了地层是如何揭示以往各个时代的环境状况的，有时是陆地被淡水湖覆盖，有时则是海洋，这都是基于它们所含的化石种类而判断的。[6]这一切对索尔比来说都是必需的，因为他越来越依赖他的通信伙伴，而他自己却越来越多地留在米德庄园。

∨ 12/6 来自刘易斯附近的曼特尔以及威尔士郡的威廉·史密斯提供的一种相对罕见的化石样本——螺旋卷曲的菊石（肋齿螺塔菊石）。

和索尔比的其他出版物一样，他对化石类型出现的顺序并未采取系统的方法。当前的兴趣、新的发现、时间压力以及需要的咨询，这些都是影响特定物种出现的因素。有时，由于对可用标本质量感到担忧，描述特定化石的过程可能会有所延迟。索尔比写给曼特尔说：“如果你朋友的螺塔菊石的侧壁能被展现出来，足以辅助我描绘图形。如果没有更好的替代，可能会借用，但如果标本不够完美，我宁愿等待。”他表达了他想向读者展示化石真实性质的愿望：“如果能送来无牙菊石等大块碎片，让普通的观察者了解到它的直径有时可以达到四五英尺，我会非常欣喜”。[7]读者们希望使用优质的样本，但他们对样本出现的顺序感到困扰。这些出版物并未定期更新物种和属的索引，直到1835年才有第一份索引出现。然而，一个重要的创新是由约翰·法雷制作的补充索引，它给出了化石的地层位置，也是由于威廉·史密斯的英格兰和威尔士地质地图的出版成为可能。法雷曾是贝德福德公爵庄园的代理，并完成了德比郡的农业和矿物学调查。他与威廉·史密斯的地质考察经历使他积累了大量专业知识，他成了《矿物贝类学》热情且知识渊博的贡献者，为它增添了科学的维度。这些补充内容出现在前四卷，但到了1826年他去世后就停止了。

12/7 在苏塞克斯的白垩纪地层中常见的带刺化石蛤。在《矿物贝类学》中指定为刺副口贝。

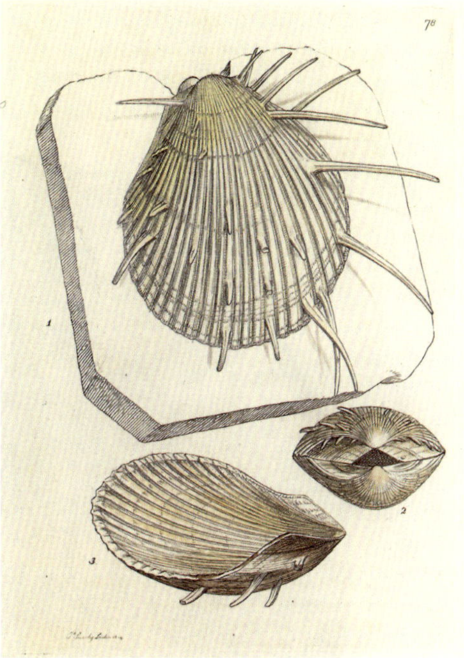

索尔比对描述不同化石的顺序并不是特别在意，但他却一直都致力于精确性，以及仔细记录任何物种特定的特征。一位专业的古生物学家最近在谈论《矿物贝类学》时写道：“其精确无误的彩色插图和描述性注释，确保其至今仍具有实用价值，而非仅为历史趣谈。”[8]

^ 12/8 康尼贝尔氏菊石（*Ammonites conybeari*）。在《矿物贝类学》中的描绘，康尼贝尔后来对海洋爬行动物化石的研究有着重大贡献，因此索尔比后来以威廉·康尼贝尔的名字对菊石进行了命名。而今，康尼贝尔已更名为康尼贝尔氏菊石（*Metophioceras Conybeari*）。

⌄ 12/9 来自索尔比收藏的康尼贝尔氏菊石化石标本。此标本用作了他在《矿物贝类学》中的插图。图片来源：伦敦自然博物馆。

在极为罕见的情况下，当化石壳不被硬质沉积物或矿物质填充，索尔比才能描绘出其内部的重要结构。如果还能与活体标本进行比较，他就会感到十分满足。在所有这些特性中，他的工作都展示出了一位真正科学家的风貌。

在《矿物贝类学》中，新物种丰富，索尔比特别享受发现的过程和其中的新鲜感，特别是在研究某些已灭绝的头足类动物群（菊石）时。他乐于以人名来命名物种，比如以威廉·D.康尼贝尔牧师的名字命名的康尼贝尔氏菊石，他的热情值得后人纪念；又如以地质学会主席乔治·贝拉斯·格林诺命名的格林诺氏菊石，他如此表述：

“在目前的这个标本中，壁隔的细长且分叉的缝隙非常显著，让我想起了友好而专注的地质学家格林诺，他才华横溢，让我无法抗拒以友情来纪念他，他的礼貌风度令我深深铭记。”

他也表达了他在一些化石中所看到的美，例如一个菊石：“这个物种特别优雅，让我们为其稀有而感到遗憾，因为我们很少有机会看到它的外表……壁隔波状边缘精细锐利，非常美丽。”[9]他同样关注其他有趣的特征，例如在一种双壳贝的情况下：“这种牡蛎是如此的扁，壳之间的空间对于动物来说几乎没有什么空间。”就像他在其他出版物中一样，他赞扬那些愿意提供帮助和贡献标本的人，例如，他在写到一种之前未描述过的耳贝（厚边刻边耳贝）时写道：“这是在伊普斯维奇附近的克拉格地层中，科布尔德夫人发现的，她对科学的热情促使她把这个精美的标本赠送给我，这幅图就是以此为原型绘制的。”许多标本或信息的提供者后来也在他们自己的领域成名，例如地质学家查尔斯·莱尔和威廉·巴克兰。还有一些人来自其他国

> 12/10 由科布尔德夫人赠送的一种化石腹足类壳（在《矿物贝类学》中称为条纹螺），来自伊普斯维奇。

家，特别是法国，其中包括来自马恩省的收藏家和研究者与索尔比进行通信并交换标本；包括来自诺曼底的狂热博物学家查尔斯·德吉尔维尔（索尔比以他的名字命名了一些物种）[10]；巴黎附近斯科的J.L.德·弗朗斯；以及巴黎的杰出科学家查尔斯·居维叶和亚历山大·布朗尼亚。

德吉尔维尔是一位特别有趣的通信者。他从他所在的地区收集了大量精美化石，并采用科学的方法根据这些化石来识别各地层，无论在法国还是英国。他向索尔比发送了一些材料，其中一些出现在了《矿物贝类学》中。索尔比在不同的场合派他的儿子乔治和詹姆斯·德·卡尔前往，拿破仑战争的结束让这些旅行变得更为便捷。[11]索尔比和他的法国朋友们之间的标本和通信交流重要的一点在于，它开始揭示英法两国化石动物群和地层之间的差异以及相似性。

索尔比有时会将他的研究成果呈现给林奈学会，例如他命名的种类“无角贝”（*Inoceramus*），一种一些已经灭绝的双壳贝类，部分种类的体积可以达到数英尺以及他描述的物种“居维叶无角贝”（*Inoceramus cuvieri*），但他的大部分研究都在《矿物贝类学》中展示出来。[12]一旦项目进展顺利，它便开始定期出版，索尔比可能负责大部分甚至所有的绘画和铜版刻画工作。而他的儿子们，尤其是乔治，负责撰写文本。很难准确知道他的儿子们具体做了多少工作，但索尔比在他于1822年去世前不久一直都忙于这个项目，项目已进行了大约十年的时间。最初，詹姆斯·德·卡尔离家两个月以上，在亚茅斯与银行家和博物学家道森·特纳一起生活和工作。在那里，他帮助道森进行他的研究，向他的女儿们教授绘画和蚀刻，以及矿物学知识，并继续为《英国植物学》准备材料。他告诉父亲，他们早餐的时间非常早，所以早上没有时间外出，而且他整天都在忙于绘画，因为未来几个月的工作将会非常繁重。不过，他还是能够寄送一些他收集的化石，偶尔还有一些新鲜的鲱鱼摆上餐桌。他乘马车旅行时，家人对他的安全感到担忧，尤其是在恶劣的天气下，他们告诉他“昨晚一名灯光工人在布莱克弗里亚斯桥试图点灯时被风吹下梯子，不幸淹死了”。因此，他应该早点回家，以免让他母亲担心。[13]

June 1 1813 published by Jas. Sowerby London.

∨ 12/11 索尔比在《矿物贝类学》中用于描述的化石腕足动物（三角形螺旋石）标本，具有内部螺旋形附肢。图片来源：伦敦自然博物馆。

> 12/12 带有螺旋附肢的腕足动物（三角形螺旋石），《矿物贝类学》，1821 年。索尔比利用这个机会，澄清了他早先向林奈学会提交的论文中出现的分类问题。

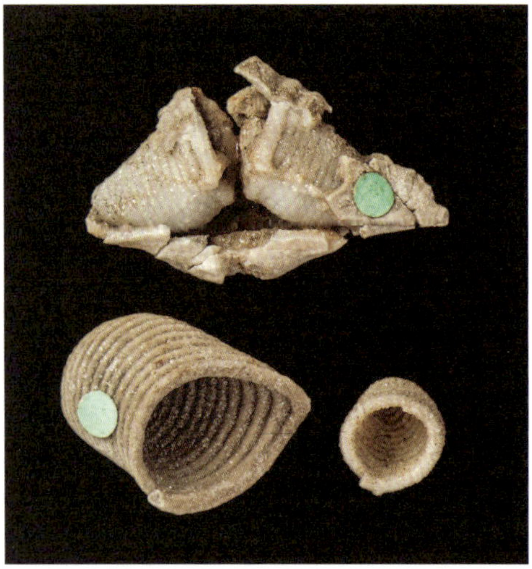

对可能被征召参加“民兵队”的担忧（为了防止法国入侵），索尔比选择冒着因未出席而可能被罚款的风险，希望特纳先生能够提供一些证明以为他开脱。任何偏离他的工作的事情都会对索尔比家的日程和收入造成困扰。但是詹姆斯·德·卡尔并没有过多地考虑《矿物贝类学》：他的心思更多地在许多其他事情上，比如他明年即将举行的婚礼。

而乔治在《矿物贝壳学》开始前的一年就已经结婚了，但他们的新生活秩序可能会被他们的第一个儿子，也叫乔治·布雷廷翰，在春天的出生时打乱。米德庄园的家庭人数较多，然而，直到詹姆斯·德·卡尔即将结婚的时候，才采取了更为理想的安排。他建议父亲以房客身份居住在房子的一部分，并将八个房间中的三个转租给乔治，所有租金为每年五十英镑，乔治支付其中一半。他向父亲保证，**“你和母亲会发现，相较于同时承担两栋房子的压力，这种方式会更好。”**[14]这就是后来的情况。詹姆斯在次年结婚，他与他的妻子玛丽·安和乔治一家，自那时起一直住在米德庄园3号。随后的几年里陆续有孩子出生，直至1818年乔治最终离开，自行创立自己的家庭和事业。

索尔比的收藏和专业知识帮助他结识了新的伙伴，其中重要的一位是地质学家威廉·史密斯，可能是通过支持者约翰·法瑞的介绍认识的。史密斯在他的地质地图发布的次年，提出了通过化石识别地层的方法，这些化石又由索尔比做了插图描述，并以新颖的方式，使用代表每个特定地层色调的彩纸印刷，无论是燕麦色、混浊的绿色，还是淡蓝绿色。

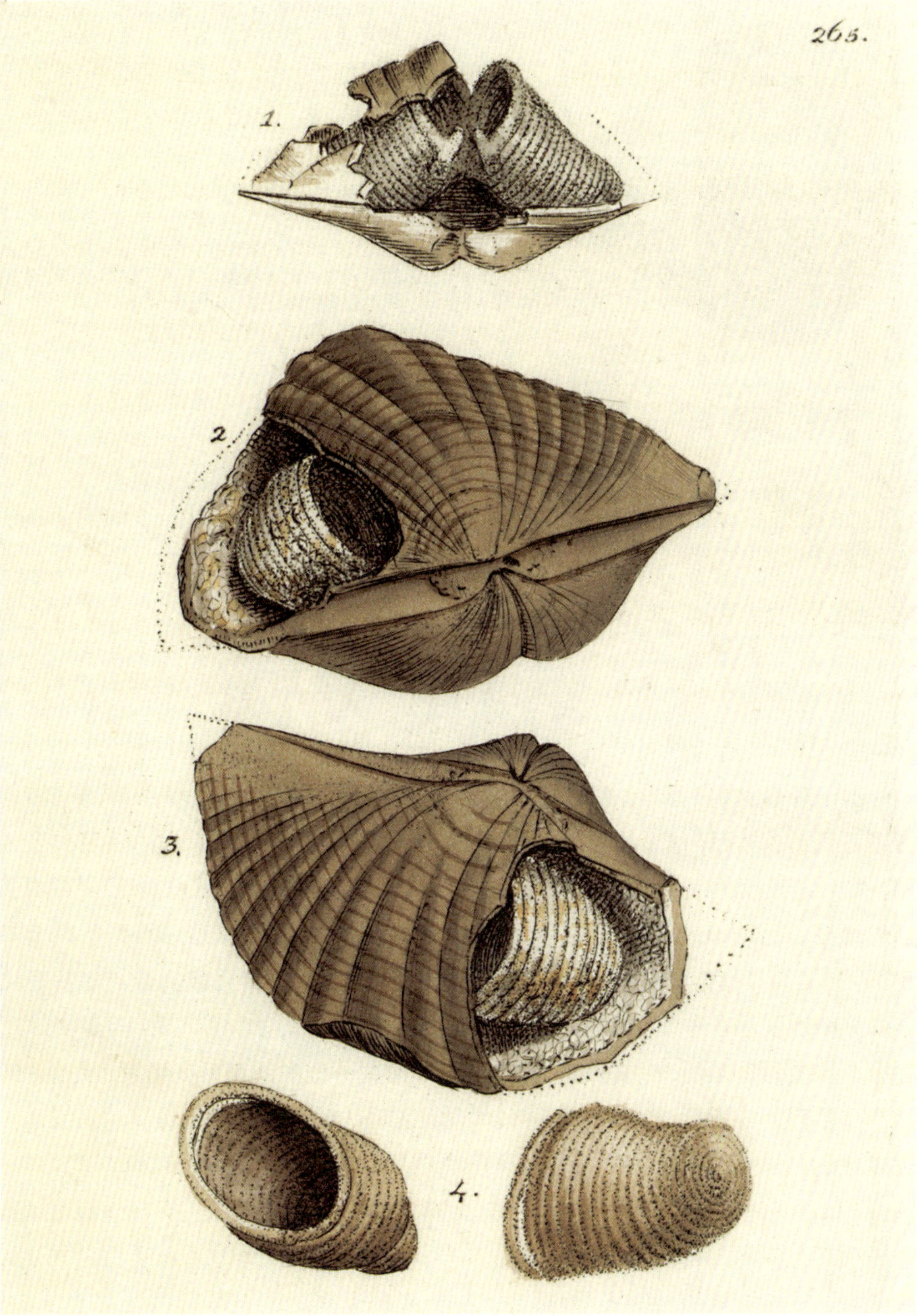
265.
1.
2
3.
4.

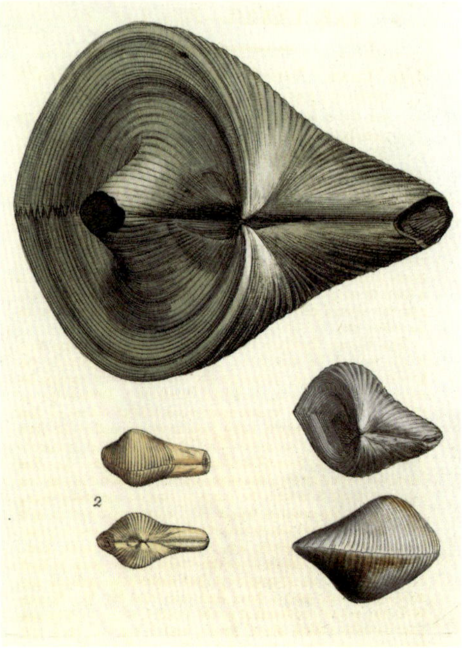

< 12/13 一种很不寻常的化石“蛤蜊”壳（在《矿物贝类学》中命名为爱尔兰心蛤 *Cardium hibernicum*），索尔比对其分类有些疑虑，因为它与同属的其他物种有所不同。另外，因为壳体通常是破碎的，他必须使用数个样本来构造他的插图。

> 12/14 在萨默塞特发现的一种泥质石灰石中富含大量的化石菊石，这些化石出现在“中等的块体中，偶尔能够形成相当大的侧面。莱特森博士就拥有一件，十分精美”。在《矿物贝类学》中被命名为平肋菊石（*Ammonites planicosta*）。

由于对《矿物贝类学》的引用非常恰当，腕足类、软体动物、菊石等的插图均清晰且细致。然而，这个项目因订阅者过少而受限，预计发行的七期只发布了四期。相比之下，索尔比被要求为一本关于斯卡布罗及其周边地区的矿物和化石的书提供插图。[15]索尔比非常喜欢这种任务，由于他使用了先前发布的插图，所以相对易于完成，而且销售情况良好，也带来了经济上的收益。他甚至鼓励曼特尔发表关于刘易斯地区化石作品，他非常乐意使用来自《矿物贝类学》的插图，但曼特尔对他看起来冒险的项目，尚未做好准备。然而，伦敦一位书商及贝壳学家，威廉·伍德，却准备冒一些风险。他的《普通贝类学》证明是一部成功且受欢迎的出版物，索尔比为此准备了若干插图。但并非所有的同伴都在这个时期涉猎化石学的研究。托马斯·珀顿，一位在沃里克郡的真菌学家和外科医生，使用了《英国植物学》中的插图，编写了关于“中部郡”植物的详细植物学描述。他的观点让我们得以简单了解一些植物学家的思考，他称：

Oct 1 1814 published by Jas Sowerby London.

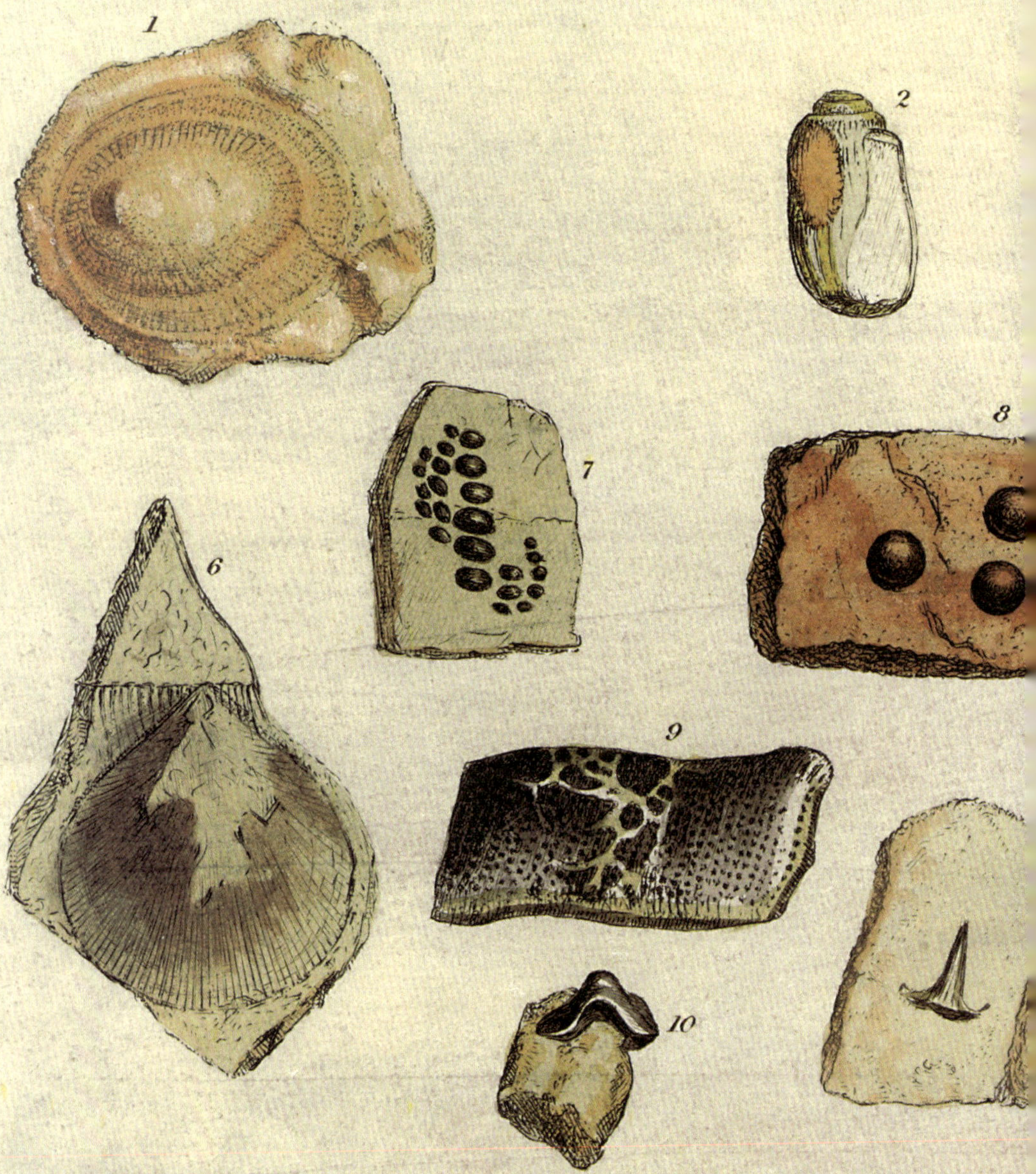

1. *Patella rugosa, M.C.*

2. *Ancilla,*

3. *Rostellaria, imperfect Specimens, Strat. Syst. P. 72.*

4. *Ostrea,*

5. *Pec*

6. *Pect*

7. *Oval*

8. *Roun*

ARBLE.

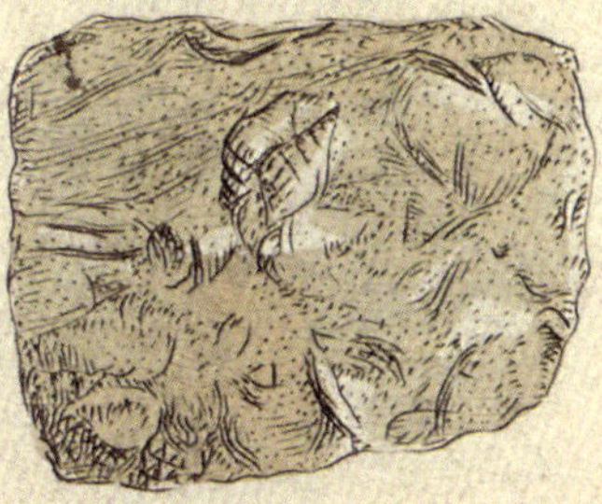

3

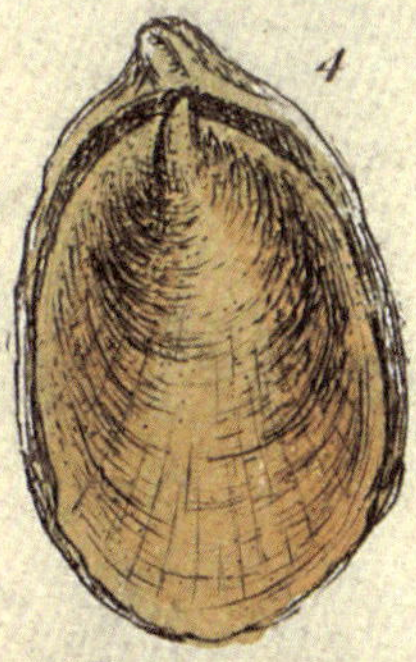

4

5

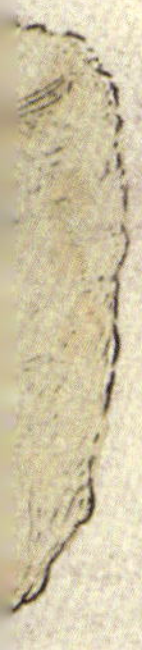

, or Teeth,

æ,

9. Palate of a Fish,

10. D°

11. Teeth of Fishes.

^ 12/15（前页）森林大理石中的化石。摘自威廉·史密斯的《有机化石地层辨认》的插图。它包含了软体动物、腕足动物和鲨鱼牙齿，并且用淡蓝绿色的纸进行印刷，以呈现地层的颜色。（1819 年第四期）

> 12/16 威廉·伍德《通用贝类学》（1815 年版）中的鹅颈鹤（*Lepas anatifera*）。索尔比在（养在一桶海水中的）这些动物"伸展它们的羽毛状触角寻找食物"时，绘制了这幅图。这些鹅颈鹤会附着在漂浮的木头、漂流物等上面。由于颈部过长，而无法在图中完全展示。

"这个植物群尤其适合女士们以及广大的植物学初学者研究。因此，它尽可能地排除了所有与植物性别相关的内容。从我自己的经验中得知，这一点一直是阻碍女性将其作为教育部分的主要障碍……我的主要目标是将植物学研究引入女子学院，以便给她们年轻的心灵带去更多宗教、道德和实用方面的影响。这种影响可能逐步降低，并最终消除她们对小说阅读的痴迷。"[16]

他指的这些小说，可能包括简·奥斯汀的作品。然而，大约在四十年前，威廉·威瑟林在他的《植物分类汇编》中，也摒弃了类别和阶级名称中的性别标识，从而使得女性也能参与到植物学的研究中来。他用"细葱"代替了雄蕊，用"花柱"代替了雌蕊。

与索尔比合作的另一位动物学家名叫威廉·利奇，他致力于关于螃蟹、龙虾和虾的系列研究。这些作品一直使用常规的蓝色封套，一直到1820年才停止，其中展示了索尔比持续的、细致入微的工作和极高的专业技能。但这项工作最初并未受到热烈的欢迎。詹姆斯·布罗迪，索尔比的老朋友和通信伙伴，抱怨说这项工作以"我觉得，最无序、最令人反感的方式出版"，而且没有任何引言或关于工作计划或令人期待的信息。但他补充说，插图做得非常精美。[17]索尔比为自己辩解说，利奇还年轻，他们正在研究许多新的分类。并且，他进一步指出，"我因为不去拜访而损失很多，但如果我过于频繁地拜访，我无法画出许多绘画作品，我在传播自然知识方面拥有强烈的愿望。"利奇后来在大英博物馆成了博物学部的助理馆长。

想象一下索尔比的家庭，有如此多的不同工作同时进行，还要应对家庭生活的喧嚣，实在困难。难怪索尔比写信给曼特尔说，他在家里就像个隐士，他几乎不知道外面世界发生了什么[18]，这甚至包括林奈学会，在那里他也错过了曼特尔作品的一些展示。化石收藏家德法朗斯，透露索尔比还深陷于处理和修复他的博物馆的繁忙之中[19]，但对于诸如诺森普敦勋爵捐赠的一只非洲羊的羊皮这样罕见标本的提供，他无法抗拒。[20]索尔比在化石学界日益增长的声誉，不可避免地导致更多的

LEPAS.
PL. II.

3
4

1

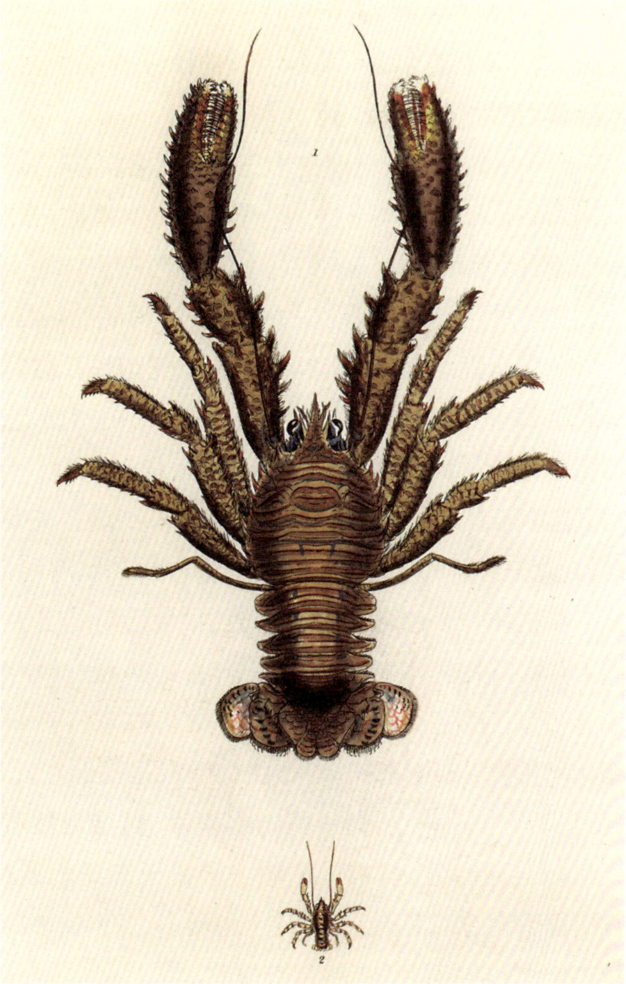

^ 12/19 龙虾(*Galathea strigosa*)。在利奇的《软甲纲》中，索尔比基于他人的图画创作了雕刻。

< 12/17 在利奇的《软体动物亚门》中描绘的青蟹(*Carcinus maenas*)。他记录了这种蟹在英国的岩石海岸非常常见，并“被大量送往伦敦，供穷人们食用，他们认为这是一种极大的美味”。而现在，它被视为一种外来的入侵物种。

< 12/18 在东大西洋，包括德文郡和康沃尔郡海岸所发现的蟹，名为吉布斯石蟹 *Pisa gibbsii*(也叫作武装石蟹 *Pisa armata*)。该图展示在利奇的《软甲纲》一书中。

人向他寻求有关标本鉴定和收集的建议，还有一些人寻求矿物学和植物学的帮助。甚至地质学家查尔斯·莱尔也请他推荐解剖学以及矿物学的教材，因为莱尔承认自己是“矿物学的初学者”。[21]

索尔比的女儿——现在十几岁的夏洛特是在学校接受教育的，并不是由家庭教师教导，她非常喜欢上学。尽管日程安排繁忙，詹姆斯·德·卡尔仍从雅茅斯送回一条活蛇，然后在接下来的几个月里的书信中询问它的状况。

在这种活动和创造力之中，有一个瞬间的情况表明，索尔比对他的位置和独立性并不完全满意。1813年7月，随着现任馆长乔治·萧的去世，大英博物馆博物学部馆长的职位就空缺了。索尔比向詹姆斯·史密斯表达了他对这个职位的兴趣，史密斯自然是索尔比能够寻求支持的人。史密斯向他保证能够提供支持，但同时警告他，这绝不是一个轻松的职位，而是一个需要无尽的辛勤劳动并且缺乏自由度的地方。[22]史密斯的直言不讳似乎让索尔比的脑海中打消了任何这样的念头。

在这样一个创意活跃的环境中，生活可能无法长期平稳地进行。1815年秋天，即《矿物贝类学》开始后的第三年，发生了一件事情，这对索尔比的生活环境和幸福感带来了深远的影响：他的妻子安妮在年仅五十一岁时意外去世，家里留下了两个年幼的女儿。这是一个巨大的打击。虽然他在几年后再次结婚，但他从未真正恢复过来。他的朋友和同事博物学家休·戴维斯牧师试图安慰他对失去最为亲密爱人和挚友的痛苦。这样的严峻考验是至高无上的神所允许的，这是我们在他的慈祥引导下耐心的考验，无论这个考验多么严峻，如果我们以恰当的顺服去接受它的意志，最后的结果可能就是有益的。[23]

索尔比简单地回答说，他不会去参加即将到来的林奈学会周年会议，**“因为我没有心情离开家”**。詹姆斯·史密斯也发送了他的慰问，但在同一封信中表示他对索尔比没有像他期望的那样继续进行《异国植物学》的研究感到失望。[24]但是索尔比确实以极大的精力和决心继续履行他对他人以及对自己的承诺，尽管米德庄园再也无法回到从前的样子。

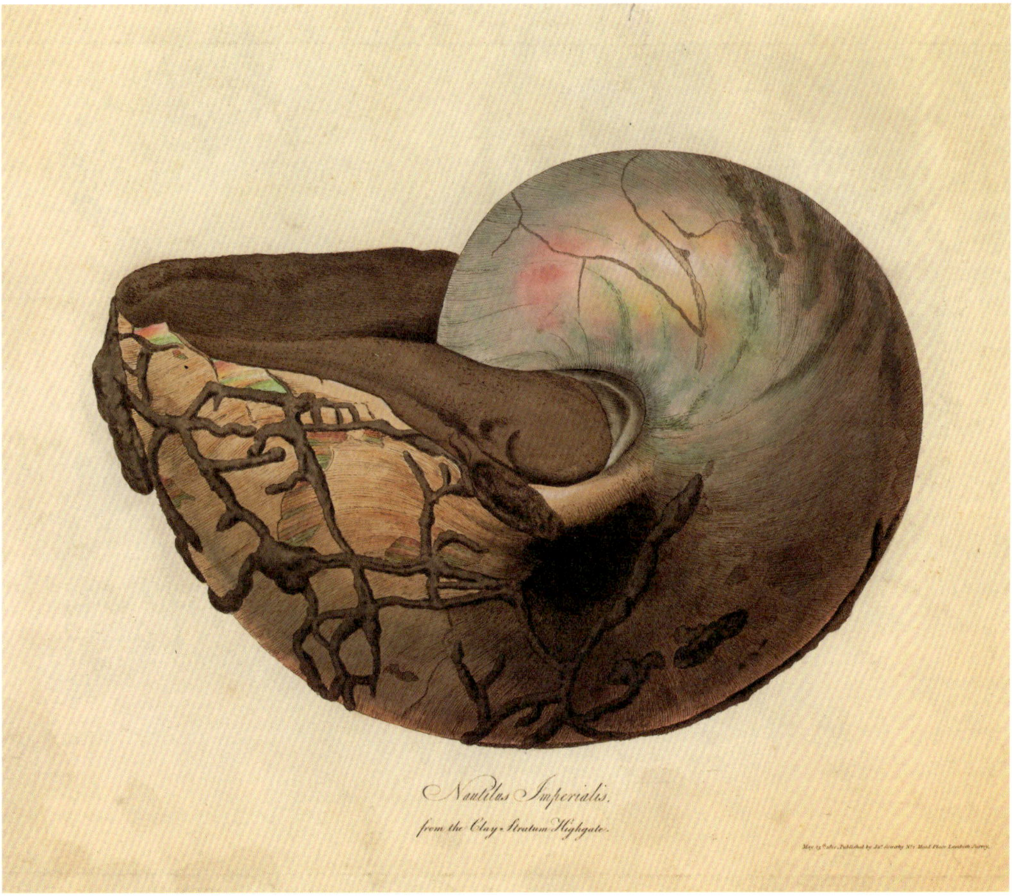

^ 12/20 帝王鹦鹉螺（*Nautilus imperialis*）。索尔比的大尺寸（290 毫米 ×400 毫米）彩色石版画，描绘了在海格特黏土层中发现的化石壳，1812 年 5 月绘。作为单独的大幅版画出售。

1
2

第十三章
哲学与化学社团

在 18 世纪和 19 世纪初的英国成立社团，让有志于讨论哲学或科学问题的人聚在一起，这是一种非常普遍的现象。

有些社团规模小且更私人化，可能持续的时间较短。然而，像地质学会这样的社团，则有着显著的持续性并且拥有长远的发展前景。

诗人和哲学家塞缪尔·泰勒·柯勒律治和索尔比同属一个社团，即伦敦哲学会的成员，这并非巧合。同样，德国作家和诗人约翰·沃尔夫冈·冯·歌德和索尔比一样，是耶拿矿物学会的会员。这两个社团，特别是在这个充满发现和创新的时期，虽然目标各异，但都反映了有智者希望通过与志同道合的人交流，加深对各自思想和知识的理解。他们在实现或试图实现启蒙时代的理想。然而，索尔比并未能预知他将成为伦敦哲学会的荣誉会员，直到 1811 年初冬，他收到了秘书 T.J. 彼得格鲁先生的两封信。第一封信告诉索尔比他在上周五被选为了会员，第二封信告诉他“我有幸提名您加入社团，我很高兴能告知您这个结果。我这么做是因为我深信你对科学的兴趣和传播充满热情，而且杰出的才能应得到尊敬”。索尔比并没有急于去见其他的会员——他可能并不知道他们是谁。但他回信说，他并未预料到会被选为会员，并且在能认定自己为会员之前，他需要查看社团的规章制度。[1] 他肯定对此感到十分满意，因为在 18 个月内，他被列为社团理事会的成员，与其他十七位成员一起，当时的会长是约翰·科克利·莱特森，这位医生曾经在多年前雇佣他在自己位于坎伯韦尔的格罗夫希尔的住所绘制植物插图。

< 13/1 地衣。索尔比为道森·特纳关于新发现的英国物种的论文，细致刻画了两种珍珠地衣（*Parmelia*）的插图，这篇论文是为莱恩社准备的，于 1809 年发表。

尽管索尔比在此社团的地位较高，但并无太多证据显示他对此社团产生过多兴趣，可能是因为他们的讨论或对话涉及的主题，比如“人是否能够出于纯粹无私的动机去行动？”“坚决主张世界上的苦难多于幸福的观点是否有正确的依据？”甚至“教育贫困人口是不是个值得追求的目标，因为它会影响到他们的个人幸福和社会的整体利益？”等，都是他鲜少思考的。尽管存在一些关于化学的讲座，但关于博物学的讲座似乎是缺失的。会议在弗利特街附近的博尔特法院举行，地点离索尔比童年的家园非常近，但这似乎并没有为他的出席提供足够的额外动力。然而，该社团在几年间还是相当成功，直至其关于账目审核和虚假指控的争论引发了内部纠纷，许多成员包括索尔比，最终都以抗议的形式退出了社团。[2]对于处理程序的不满，柯勒律治在他冗长而富有表现力的辞职信中写道：“**我毫不犹豫地撤销了我的名字，因为我很清楚，这只是一个名字，从一个已经变得比名字更糟的，并且是一个虚假承诺的哲学社团中撤销。**”[3]但事实是，许多成员的名字在社会上都有一定的地位，索尔比也是其中之一，即使他只参与了少量活动。该社团在一段时间内挣扎求生，但还是在1820年的晚夏被解散了，不久后索尔比便去世了。

然而，索尔比非常高兴能成为耶拿矿物学会的名誉会员。歌德这位有影响力的会员曾涉足过多个科学领域，包括植物学、气象学和矿物学，还写了他自己的《色彩理论》。

他对英国科学非常感兴趣，深知索尔比的研究，包括他经常引用的《色彩解析》。索尔比似乎是该社团的合适人选，特别是如果像歌德预期的那样，这就意味着会收到样本和出版物，比如《异国矿物学》等。歌德对索尔比作品中彩色插图的质量印象深刻，他熟悉柯蒂斯的《植物学杂志》并对索尔比在利奇的螃蟹研究中绘制的插图表示赞赏。因此，在1816年的夏天，索尔比收到了他的荣誉学位证书——这是他现在在他的出版物的标题页上都会加上的荣誉头衔。（德国植物学家乔治·海因里希·诺登与耶拿学会有所关联，因此安排了学位证书的颁发。[4]他是索尔比多年的通信伙伴，他也可能在索尔比被任命为哥廷根物理学会的荣誉会员的过程中发挥了作用）

除了林奈学会和地质学会之外，还有其他的社团邀请索尔比加入。这是一个社团迅速增长的时代，它们利用城市化带来的机会来加强围绕共同兴趣主题的网络联系和社交互动，包括宗教。伦敦作为中心地带，到了18世纪末期，有多达三千个俱乐部和社团存在。[5]其中一个较小的社团，名为“奋进社”（Endeavour Society），其目标是传播已确立的英格兰教会的信条。它在1804年邀请索尔比加入，并在三年后请他帮助筹备一个委员会，但索尔比可能并没有十分活跃。[6]他的主要贡献在林奈学会，其次是地质学会，以及离他家近的兰贝斯化学学会。最后这个提供了一个有趣的视角，来看19世纪初化学领域的发展。

兰贝斯化学学会为索尔比的儿子们提供了机会，去发展他们由英国皇家学会的汉弗莱·戴维以及巴黎的安托万·拉瓦锡等人引发的、新的兴趣点。[7]该学会在1809年哲学和化学学会解散后不久便成立了，尽管它仅仅存在了几年，但却拥有了五十位“城镇”会员，包括索尔比及其儿子詹姆斯，并且有许多“乡村”会员。詹姆斯·德·卡尔曾是学会的财务主管，他和他的父亲热切支持让会员有机会进行自己的实验，并讨论实验结果的目标。设备是共享的，索霍的场地就可供会议使用。[8]这个学会为何寿命短暂尚未知晓，但显然索尔比家希望能够继续享有这样一个学会所能带来的利益。尽管兰贝斯学会严格说来并非位于伦敦，但如果有索尔比家的推动，特别是两个儿子詹姆斯·德·卡尔和乔治作为热心的会员，以及他们的父亲作为财务主管（这个职务或许颇为出人意料，因为他并非以善于管理自己的财务事务而闻名），那么该学会有望成功。其他的会员有三十人左右，他们的兴趣各不相同，有艺术家、外科医生、博物学家，以及少数对化学有兴趣的人。会员名单上包括了威廉·利奇（螃蟹研究的作者）和埃德蒙·戴维（汉弗莱·戴维的堂兄）。学会在索尔比的家米德庄园开会，那里有一个工作室，以及已经设立的一些化学实验设施。学会购买了一些必要的物品，如蒸发盘、伽尔瓦尼电池、化学试剂（包括汞），以及一只装有黑白球的红木投票箱。这是一个美好的愿景，但是无疑会面临许多困难，因为进行化学实验可能会非常复杂。

学会的组织结构健全，拥有可以选举的官员、规章制度、账目，每年一度的会费是一金尼，还设有实验程序。乔治进行了“硫黄与盐酸结合”的实验，索尔比研究了磷，詹姆斯·德·卡尔研究了“金属在氧气中的燃烧”，并代表他的父亲研究了“在海格特发现的树脂质物质”。其他会员进行了一系列的实验，包括对“氢”的实验以及“热量来源”的研究。会议原本计划在特定的几个月内每两周进行一次，但实际并未按计划进行。

每位会员在轮到他提出实验的一个月前，会收到秘书的通知信，通知他准备进行实验。[9]

索尔比似乎自己进行了首次的介绍性的讲话，阐述了学会目标以及“为何不允许女士们每晚入场”的原因。他的演讲开场就大胆地宣称：

“最近，化学科学因为展示了上帝在自然界的伟大作为，开始引人深思……”然后，他又探讨了一个人独立尝试通过实验获得结果的挑战，以及如何通过朋友之间的相互沟通和帮助来克服这些困难。最初，会是那些众所周知的实验，然后才会进入更加困难和深奥的操作，同时可能会有一些有益的发现。

至于“女士们”，她们被传统习俗排除在学会之外，但她们应该能享受那些能增加快乐、激发思维敏感性的乐趣，因为她们的思维有能力达到极高的境界。但偶尔，一些实验可能会引发她们的不适。因此，学会决定某些会议可以邀请女士们参加，而其他会议则不邀请。决定由委员会作出，而不是由女士们自己作出。尽管有这种约束，但向更广泛潜在会员开放大门，仍然是一项重大的创新。[10]

兰贝斯化学学会的成立恰逢索尔比家族企业繁忙时期，有三大主要出版物——《英国植物学》《英国真菌》《英国矿物学》正在进行，随后又出版了《色彩解析》并紧接着发布了《异国矿物学》和《矿物贝类学》。这些出版物，再加上平常的商业任务和家庭压力，几乎让他无法在自家场所内为社团安排额外的时间。这种情况，以及成员可能缺乏持续的兴趣或能力，导致了学会在1812年宣告解散。器材出售给了有兴趣的成员，乔治·索尔比购买了几样，销售所得也适当地分配了出去。这个持续约三年的尝试虽然并未取得巨大成功，但却揭示了化学的发展方向，特别是詹姆斯·德·卡尔对这个主题的热情。他曾与汉弗莱·戴维一起工作，他也是迈克尔·法拉第的朋友，但他们之间的具体关系尚不明确。[11]

> 13/2 男子在宝石加工台上使用吹管。（由詹姆斯·索尔比或他的儿子詹姆斯·德·卡尔绘制）

尽管元素的发现和分离带来了巨大的兴奋度，但实验化学最终并不是一个非常适合社团重点关注的领域。人们更倾向于向有兴趣的朋友展示矿石或植物收藏品，而不愿意让自己涉足产生恶臭气体或需要繁琐设备的实验中。特别是，如果可以帮助他们对矿物进行鉴别的话，有些人可能会有能力在自己家里设立的实验室。为此，他们可以求助于伦敦著名的矿石和宝石商人约翰·马威，他在德比郡矿石方面有着丰富的经验，曾深入探索过巴西的采矿区，并在各类矿石的打磨和分析上也拥有丰富的经验。他的《矿物学和地质学通俗教程》一书中包含了如何使用吹管进行矿石打磨和分析的指导[12]，马威也曾求助于索尔比，以获取为他的书籍绘制插图的帮助。

与对化学和哲学学会的贡献形成鲜明对比，索尔比对林奈学会的贡献则是长久且忠诚的，既作为他的商业活动的一部分，也是他为博物学传播而作出贡献的一部分。他在《交易》上发表了四篇论文，包括关于各类化石（包括一篇关于化石腕足贝壳）的论文，以及关于热情花属植物的论文，其中包含一些精细的分类学插图，在

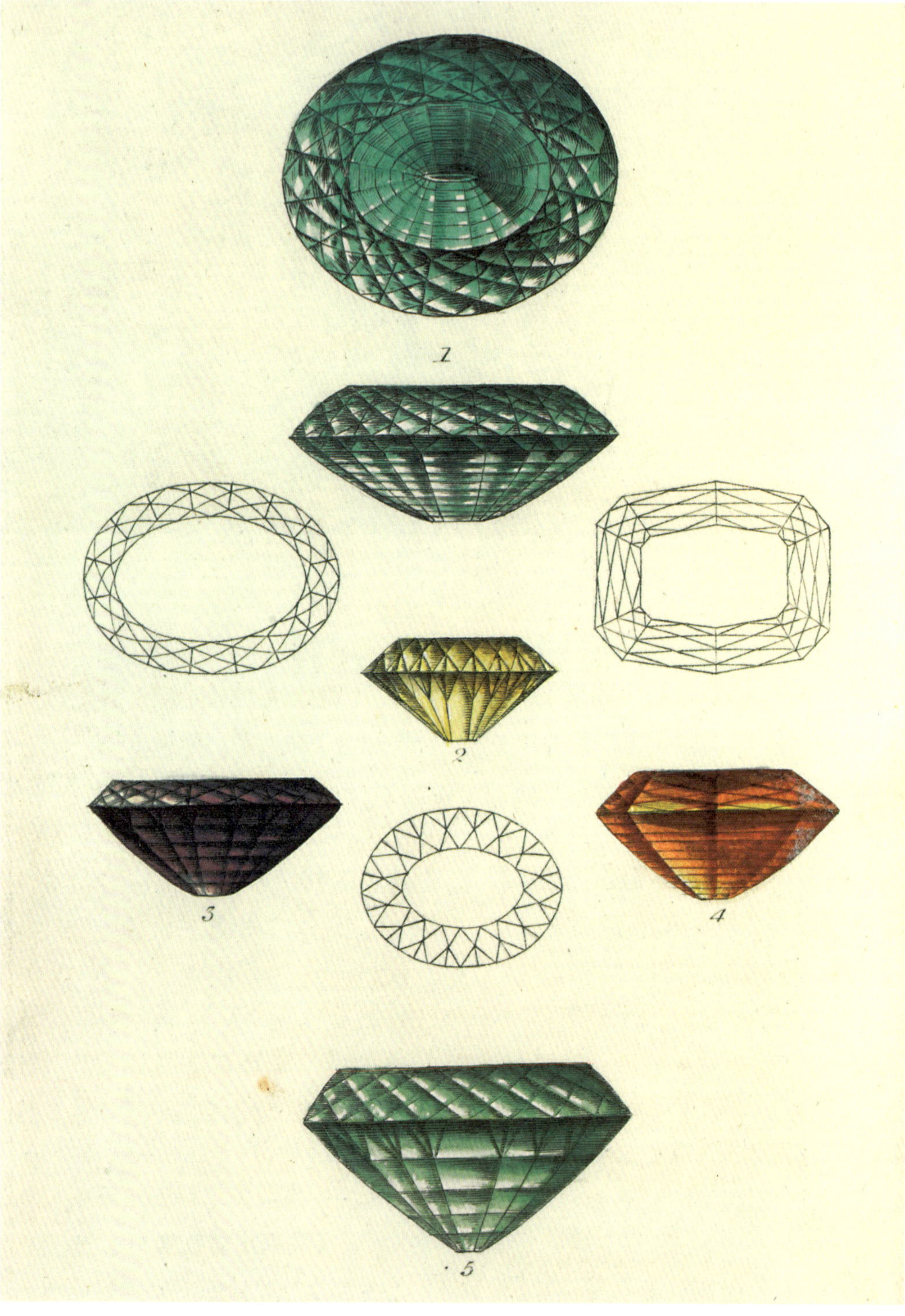
1
2
3
4
5

第四章中有所展示。[13]其他论文是口头报告，涵盖了广泛的话题，例如一种可以像号角一样发声的砂岩的管状结构，关于双齿抹香鲸、腐烂的木头以及一些方解石晶体性质的研究等。[14]

他还展示了各种不同类型的样本供讨论。社交活动方面，他利用学会的机会来见他的通信朋友，完成物品交换和接受委托，尽管他晚年的参会次数大大减少了。于是，人们就写信来表达他们因未能见到他而感到的失望。他是许多人的赞助者，有时甚至是主要赞助者，他在三十年的时间里赞助了超过一百四十名成员的选举，直到他生命的最后时刻。他所支持的人包括艺术家弗朗茨·鲍尔和赛登汉姆·爱德华兹，邱园园丁威廉·艾顿、约翰·莱特索姆、吉迪恩·曼特尔，他的苏格兰朋友詹姆斯·布罗迪，以及地质学会的会长乔治·格林霍。他常常帮助他的候选人支付1英镑11先令6便士入会费和1金币年费。索尔比也非常慷慨地奉献了他的时间。

《林奈学会会刊》非常受欢迎。索尔比的参与就是为了确保能有足够数量的插图版，以满足会员和公众的预期需求。许多作者聘请索尔比家族来提供或者协助他们的论文制作，而其他一些人则希望获得如彩色印刷所有副本等定制产品。这些索尔比会通过色彩艺术家约翰·亚当斯来安排，有一次，亚当斯为印刷第五卷的五百份彩色插图收费5镑4先令2便士。[15]索尔比对质量有一定的控制，他也一直为一些作者的论文提供插图，如道森·特纳关于地衣的论文。[16]一位名为托马斯·瓦尔福德的作者在报告一种破坏小麦的昆虫时，自谦说：“这幅画是由索尔比先生的精准画笔绘制的，因此无需对这种昆虫进行描述。”[17]索尔比对詹姆斯·史密斯的一篇论文感到非常满意，这篇论文以他的名字命名了一个新的植物属——天门圣科的紫缨百合属（*Sowerbaea*），这个属包含了一些只在澳大利亚才特有的、非常吸引人的多年生草本植物种类。[18]

林奈学会是索尔比生活中的一个要素，林奈学会的主席詹姆斯·史密斯也是。他的博物馆是另一个要素，他始终倍加关注，朋友和参观者也会来访。他的另一个生活要素——他的妻子，已经意外离世。他的家庭也在不可避免地改变其动态和雄心壮志。现在，全新的挑战正等待着他。

‹ 13/3 切割好的宝石。封面插图出自约翰·马威的《钻石论》。

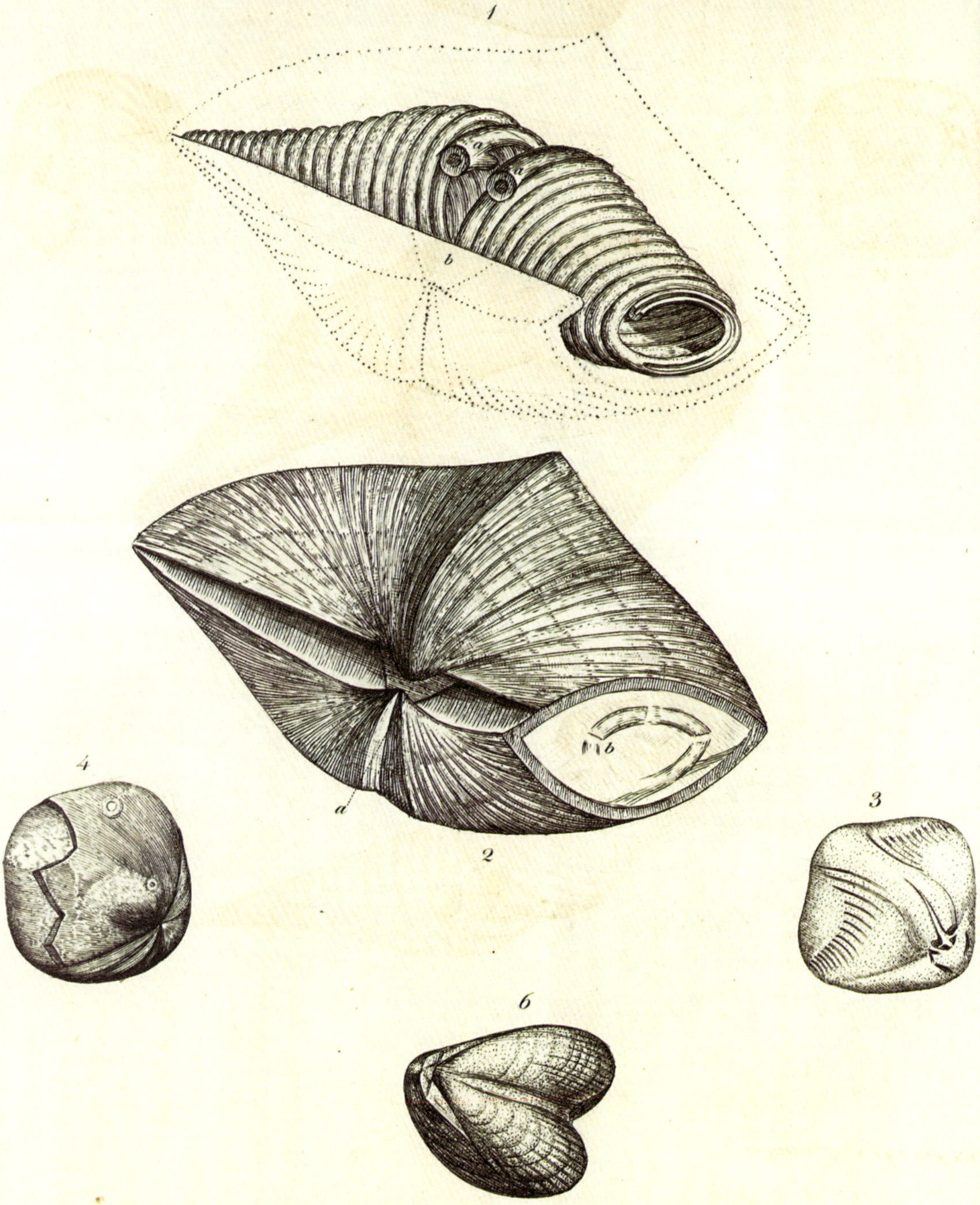

^ 13/4 带有内部螺旋管的化石腕足贝壳。索尔比为他提交给林奈学会并由其发表的、关于这些生物结构的论文所绘制的插图，发表于 1814—1815 年。

∨ 13/5 一种能够破坏小麦的昆虫。索尔比为沃尔福德向林奈学会提交的论文创作的插图（1808 年），展示了昆虫的自然大小和放大后的样子，以及昆虫在小麦壳中挖掘的洞口。

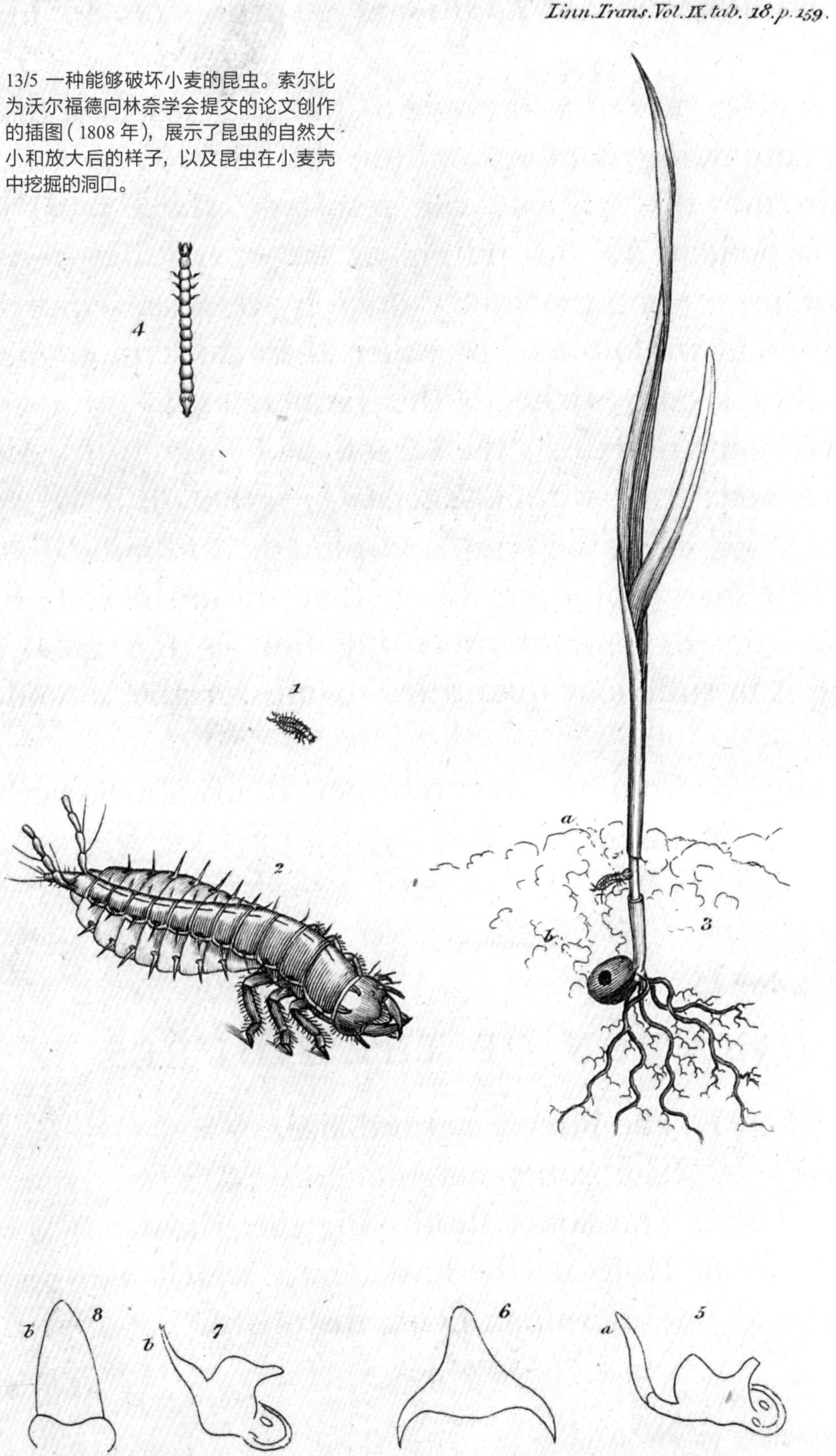

第十四章 薪火相传

在妻子去世后的第二年，索尔比决定让艺术家托马斯·希菲为他画一幅肖像，他精心打扮坐在一把红色皮椅上，旁边是他出版的书籍、他的色度计、一个水晶模型，以及沃尔德山村的陨石。[1] 这是为了展示他的兴趣和成就，并表明他已经接受了他生活中一大部分已成过往的事实，这就是他希望让人们记住的方式。这并不意味着他的生活不再充实。事实上，他的生活仍然非常充实，但是随着他许多项目的稳步进行，他感觉有了一种例行公事的感觉。詹姆斯·德·卡尔向道森·特纳表达了他的感受："我们以旧有的方式缓行向前，这个国度的蔬菜已经耗尽，我们必须靠岩石为生，偶尔以化石款待，或者是我们在途中遇到的东西。"[2] 新的研究项目已经启动，尤其是一项面向学生的项目，《现生与化石贝壳属类》，还有他的老朋友及合作伙伴——詹姆斯·史密斯委托他的关于植物学"语法"的作品。有些时候，一些偶然的机会被错过了：当植物学家威廉·J·胡克（后来成为英国皇家植物园邱园首任全职理事）提议共同出版一本关于外国隐花植物的图解书籍时，索尔比因为"当前存在的障碍太多"而婉拒了他。[3] 然而，他乐意满足一些突然出现的需求，比如为《植物学杂志》和约瑟夫·班克斯爵士绘制植物插图。[4]

< 14/1 詹姆斯·索尔比。由托马斯·希菲在 1816 年绘制的肖像。右边是沃尔德山村陨石的大样本。图片来源：R. 克利夫利。

> 14/2《贝壳分类》中圆锥属的雕刻。

《现生与化石贝壳属类》既美丽又具有重要的科学价值。每一版都细致地描绘了几种物种的外部，有时甚至是内部特征。这些艺术作品细腻且精确，作品本身以及其分类学价值都能受到赞赏，尤其是彩色版本。引言写道：

“这部作品的版图都是原创的，并由一位公认的才华横溢的人以他最好的方式制作，这个人已经通过他的辛勤努力，在博物学的几个分支科学上作出了大量的贡献，他过去三十多年的全部努力都致力于这样有用和科学的目标：当我们提到詹姆斯·索尔比这个名字，他是林奈学会和地质学会的会员。”

每版的印刷文字长达两页或更多，提供了这个属类的重要信息，接着是其历史，更全面的描述，不同物种之间的一些比较，有时甚至包括栖息地和特定位置的详细信息。正如标题所示，这本书涵盖了现生和化石物种，许多新的属类和物种首次得到了描述。这是一项严肃的研究，用十分通俗的英文（除了拉丁文编写的关于分类特征的简短初始部分）写成，并在软体动物学科学迅速发展的时期发表。因此，这本书受到了热烈的欢迎并不令人惊讶。像往常一样，它以蓝色包装的期刊形式发行，从1821年底开始，大约每个月发行一次，直到索尔比去世后很久都在继续。这是一项团队工作由乔治·索尔比撰写，由父亲提供插图，然后在他父亲的素描画完后，由詹姆斯·德·卡尔接手。

《现生与化石贝壳属类》一书在另一个方面也很有趣：它的版图可以单独购买。

索尔比家族显然期望这本书的市场不仅仅局限于分类学连续出版物。最初，这本书没有索引，这是他们出版物的一个常见特点，尽管给订阅者安排副本的自由，但这不可避免地引起了一些不满。这也表明，这样的工作并不完全依赖于索尔比，其他家庭成员会继续创作出优秀的博物学作品，这一事实在接下来的几代人中得到了验证。

詹姆斯·史密斯的《植物学语法》也显示出了一种变化，因为这是他第一次解释了法国植物学家安托万·洛朗·德·朱西厄的分类系统。这个系统，不同于林奈的系统，基于许多特征，而不仅仅是雄蕊和雌蕊的数量和特征。对于史密斯来说，全面承认朱西厄的系统可能优于林奈系统，是件困难的事，毕竟他购买了林奈的收藏，并且一直倡导林奈系统的优越性。然而，在他的序言中，他提到：

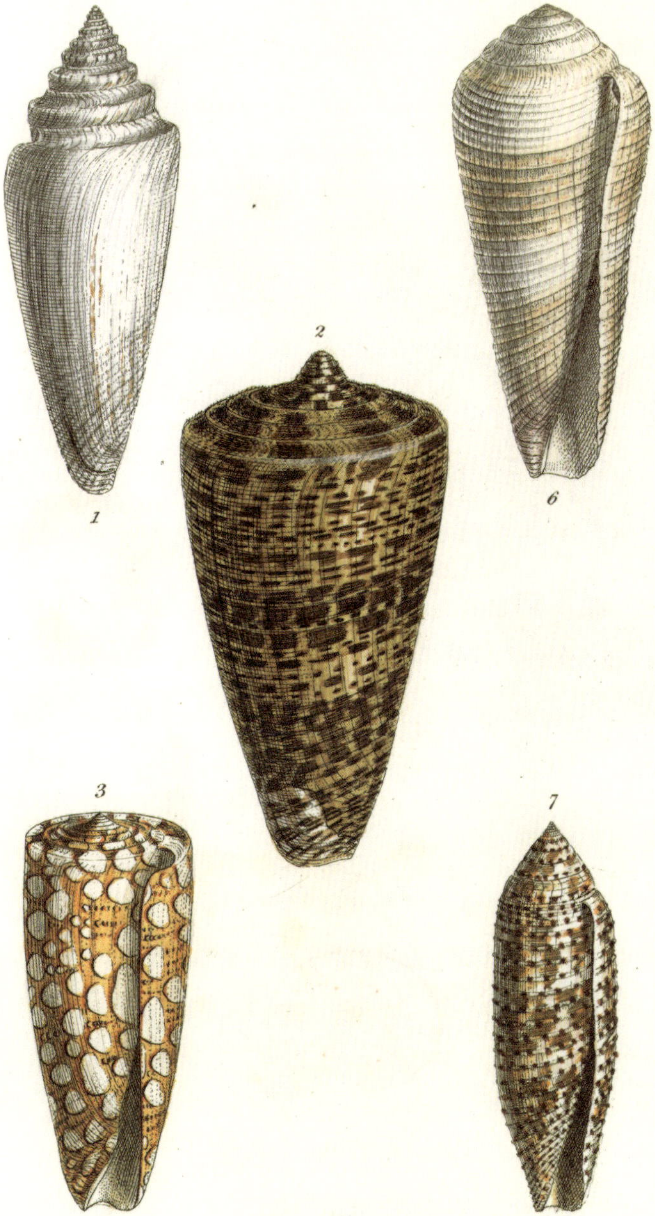

1. *Conus antediluvianus*.
2. .... *grandis*.
3. .... *nobilis*.
6. .... *Terebra*.
7. .... *Nussatella*.

﹀ 14/3 镶边蛤属（旧称 *Corbis*，现称 *Fimbria*）双壳贝壳，展示了对内部结构及外部形态的关注。来源索尔比的《贝壳分类》。

> 14/4 詹姆斯·史密斯的《植物学语法》。图注显示：上图，银白杨（*Populus alba*）的雌雄花序和花朵；下图，无花果（*Ficus carica*）及其花朵。索尔比绘图的清晰度和准确性是显而易见的。

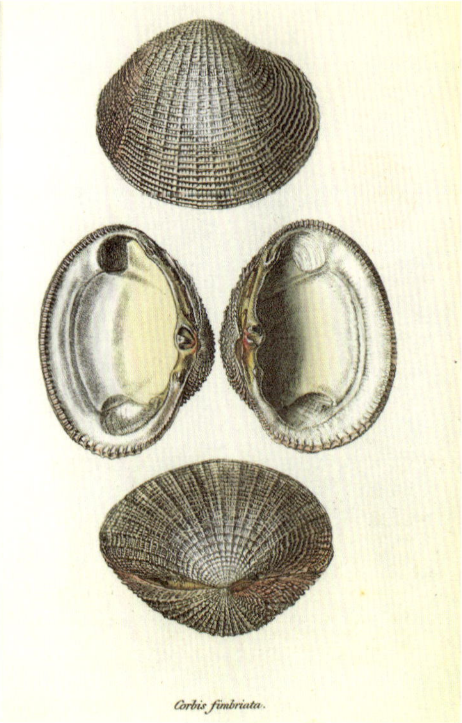

“正如朱西厄教授和他的学生在自然分类领域中处于领先地位，英国的植物学家在真实科学中从未落后于他们的邻居，也理应了解这个系统的原理或优势，毕竟该系统公认地得到了如此广泛的关注……显然，目前还没有一种分类方式可以充分应用于分析性研究，以确定未知的植物。而这个系统，也许是至今所有方案中，唯一全面适用于此类问题的。”

“也许”这个词的使用表明，他的信仰甚至开始受到了挑战。

这本小书附有索尔比的21幅彩色图版，是史密斯早期的《生理和系统植物学》（当时已经是第四版）的补充，且主要面向学生。文字部分描述了植物的各个部位及其功能，并阐述了系统分类的理论。索尔比的插图都引人入胜，每幅包含了多个图像，以展示不同的特征，尽管描绘的方式并非总是与他早期作品的风格一致，但其准确性是不容置疑的。学生都会很高兴能拥有这本书。实际上，史密斯也需要用这些插图来为他在利物浦皇家机构的植物学讲座备课，并曾在1820年3月催促索尔比提供校对版本，以便他在五月的讲座上能做好准备。然而，索尔比的回应很典型地反映了他忙碌的生活：“我一直在忙于你的语法书的插图，大约两周内能完成。”[5]很可能接下来的信件表现了进一步的延误和索尔比的遗憾。最终，这本书在第二年出版。

VI
88
90
89
91
92
93
95
94

家族事业继续进行，但与安妮在世时的氛围大不相同。儿子们作为一个团队参与了化石研究工作，但他们的家庭生活却在米德庄园的2号和3号之间划分开来。当他的女儿夏洛特去诺里奇探望亲戚时，索尔比变得更为孤独。在回复她的一封信中，他请她不要忘记询问关于一个特定种类的问题，但他接着说：

“菲利西亚今天早上6点就来找我，并没有任何约定。我们在公园散步，在威斯敏斯特的途中收集了一些珍奇物品。她要我向你传达她的爱意，而且你特意提及她，让她感到非常高兴。我们在用餐时通常没有其他人陪伴，她认为我过于礼貌，试图与我匹敌。我因为访客等事情忙得不可开交，对于可能沉溺于此的时间感到抱歉，因此我留下一些问题以等待你下一次的来信。”[6]

他与两个女儿的关系非常亲密。夏洛特在一个月后他来诺里奇与她团聚感到非常兴奋，但她对他在路上的事故肯定感到担忧。他后来在给米德庄园的儿子的信中提到：“亲爱的詹姆斯，第一辆邮政马车，马和驿车夫都摔倒了，但当我们换了马后，所有的事情都恢复了，除了跪破的马膝和稍微受伤的驿车夫……在晚上到达诺里奇时，夏洛特看到我们比预期早，她的担忧得到了缓解。”[7]这样的语气在给他的儿子乔治的信中是看不到的，他们的关系变得更加冷淡，乔治虽尊重他，但希望能得到比父亲愿意给予的更多的独立性。而在安妮去世后的这段时间里，他们的关系并没有任何改善。索尔比会在诺里奇时给他的儿子詹姆斯写关于家庭事件的信，但似乎不会给乔治写。

乔治最终决定离开米德庄园自己创业，同时期望从父亲那里获得一些工作，这并不出人意料。他写道：

“我亲爱且敬重的父亲，

遵循这样的习俗，因为您明确表示希望收到此通知。我在此告知你，我计划在1818年3月25日，即贵妇节那天离开您位于米德庄园3号房子的公寓。您孝顺的儿子，G.B.索尔比。”[8]

这封信是在索尔比从诺里奇返回后不久的圣诞节写的，并在两个月后，乔治写了一封充满痛苦的信，显示他们之间的紧张关系：

“我希望尽可能明确地了解我能否得到，以及可能从您那里得到什么样的工作，因为尽管您曾明确表示，我一旦离开这所房子，就应该彻底离开您的雇佣。但我有理由期望，这并不会被强硬执行。因此，问题更多的在于：我将如何被雇佣，而不只是我是否会被雇佣。如果我可以表达我的愿望，我会请求您让我管理着色的工作。如果您能为此支付合理的报酬，我相信我就能有足够的收入，来解决我所有的生计问题。”

信中接着提出另一个难题：乔治将矿石卖给他父亲已经快一年了，但尚未收到付款。他现在感到有些绝望，因为在他最需要钱的时候，却最无力调配。这封信以一句犀利的句子作结：“您知道，我不会反对以您认为适当的方式与您交流。但既然我已经这样开启了话题，请您就考虑它们，并可以根据您的选择，决定我们是否做进一步的交流。”[9]

索尔比希望掌控，且的确在掌控一切，但他即将失去团队中的一个关键成员，尽管他已经不再属于“他的家庭”。乔治和他的妻子以及三个孩子一个月后离开了米德庄园，但他们从事的具体生意尚不为人所知。他开始经营自己的博物学物品交易，同时也继续参与《矿物贝类学》和《现生与化石贝壳属类》的工作。索尔比对这个结果并不满意。他失去了妻子，现在又失去了他的助手。安妮去世一年后，他向詹姆斯·史密斯表达了对失去妻子的痛苦，然后，他给法国的德吉尔维尔写信，解释说，他一直在投入大量的时间和金钱在他的博物馆上，但是结果远没有达到他预期的效果。他还补充说，“我儿子乔治离开了我，使我的士气大减，我也发现，自己可能需要一段时间，甚至可能永远也无法看到瓦朗日！”[10]

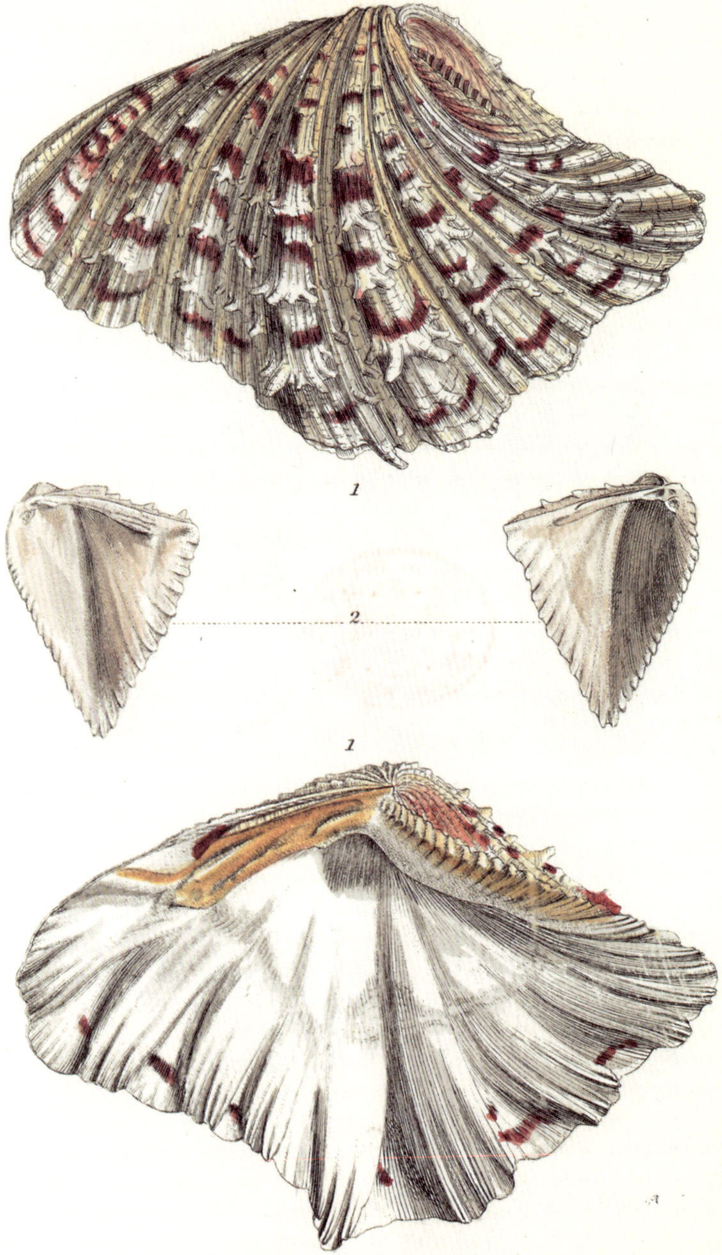

1. *Hippopus maculatus*.
2. ....? *avicularis*.

< 14/5 迷人的石车蚝属(*Hippopus*)的两个物种，它们属于被称为“巨蛤”的石车磲科(Tridacnidae)，其标本经常被用作装饰。来源索尔比的《贝壳分类》。

尽管索尔比仍然充满激情，但在失去了他习惯的、支持他的人之后，他未能顺利管理他的时间和事务。他写给吉迪恩·曼特尔的信揭示了他的心态和他的事务中的某种程度的混乱，尽管他对研究的热情和对更多标本的渴望仍然展现无遗。他正在与时间竞赛，但越来越无人分享他的压力和抱负。虽然不情愿，但他还是把接力棒传给了儿子乔治。乔治凭借他的技能和知识，现在的工作方式几乎与他在米德庄园时仍然是一样的。詹姆斯·德·卡尔同样学到了许多知识，并已经成为一名与他父亲类型相同的熟练艺术家。他将与他的兄弟们一起为《现生与化石贝壳属类》一书工作，并继续服务于《希腊植物志》。即使索尔比决定让位，但家族事业的大部分活动仍在持续进行。

为了解决安妮去世后这些年来遇到的问题，他决定娶玛丽亚·卡塔琳娜·雷诺兹，她是雷诺兹海军上将的女儿。[11]如人们所预料，这样的事件可能在工作和家庭环境中引发紧张和变革，结果并非总是和谐的，这在索尔比兄弟姐妹的来往信件中很快就显现出来了。

在婚后的那一年，20岁的夏洛特在詹姆斯·德·卡尔的陪同下前往巴黎，她计划在那里待上几个月，学习法语，并与一些法国的博物学学者建立工作关系。她寄宿在一位81岁的退伍军人——巴赞廷先生的家中。他热衷于历史学，有三个迷人的女儿。她在那里有自己的房间，可以和家人一起用餐，自由选择喝茶或咖啡，每月仅需支付5英镑。这个住所离“首席博物学家”杜弗雷斯尼先生的家很近。詹姆斯·德·卡尔帮助她安顿下来，并向他的父亲保证了几项事宜，包括：“**杜弗雷斯尼夫人和她的女儿会在夏洛特需要时提供帮助，为她提供信息，并帮助她购物，使她不会被经常向英国人索取高价的巴黎商人欺骗。**”回到英格兰后，他作为一位负责任且关心妹妹的哥哥，经常给她写信，有时用法语，更多的时候用英语，告诉她家里的动态，并在行为和金钱上给出建议。但是，仅在她到达后的几周内，他就不得不写信告诉她，他们的父亲对她的住宿费用感到不满，并且拒绝为她购买一块手表。后来，詹姆斯·德·卡尔给她发送了他正在为杜弗雷斯尼先生准备的标本的详细信息，这需要她的帮助，并提供了更多家里的消息，尤其是关于他们的继母：

“索尔比夫人在店里忙个不停，她已经完成了四套产品，还在接着制作。我想她不会留给你太多要做的……索尔比夫人在为书商服务，她似乎想尽可能多地将业务掌控在自己手中。我不知道原因何在，可能是因为她认为自己能更好地进行管理，或者是因为她想模仿我亲爱的已故母亲在所有事情上……你要永远记住我们已故母亲的善良和她的优秀品质，不会因为我们继母所有的计谋和权宜之计而将她视为相等。”[12]

也许是由于在米德庄园3号有四个年轻的孩子在，索尔比并没有寻求更多的家庭互动。当詹姆斯·德·卡尔在巴黎时，他的妻子玛丽告诉他家里的动态，但也报告说他的父亲似乎并不希望有任何干涉，因为两个家庭之间的门始终是关着的，虽然他们每天都会一起吃晚餐，还有周日的晚餐是由玛丽自己烹制的。[13]尽管夏洛特在巴黎的生活十分愉快，但索尔比和她都深深地想念家人。家里寄来的信中提到侄女的诞生，她的父亲由于一次重重摔倒，导致视力受损；还有一个孩子患上了水痘，这些消息都使她更加渴望回家。当她的哥哥乔治来到巴黎陪她返回伦敦时，她最后决定，她再也不会离家这么久了。[14]

随着索尔比不再像过去那样健壮或活跃，詹姆斯·德·卡尔开始处理更多的通信和项目，如《希腊植物志》，而索尔比的新妻子则负责处理销售以及许多询问的常规工作。索尔比仍然忙于进行绘图，改善他的博物馆，并接待访客。而且，他仍然在他一直热衷的领域，并且教授绘制植物和其他自然领域事物。对于朋友的一个请求，他回答道：

“当你觉得方便的时候，我会很高兴能见到你和你可爱的女儿。我每周二都会在博物馆中生火，但为了让你可爱的女儿在我的指导下画画，我会在你觉得最适宜的时候尽我所能提供方便。如果你愿意安排第一次约会，我会准时赴约。”[15]

然而，疾病已经越来越难以控制了。他患有前列腺肥大症，这个病在过去的几个月里已经给他带来了不少困扰，到了1822年的夏天，病情明显加重。尽管病情严重，他仍然坚持工作，然而到了10月21日，他意识到自己已经时日无多，因此写下了简短的遗嘱。四天后，即1822年10月25日，他在米德庄园离世。

他的去世引发了一些简短的报道，如《绅士杂志》上的几段文字，但并未出现正式的讣告[16]。道森·特纳曾提议发表一篇讣告，但未能实现。詹姆斯·史密斯缺乏动力去撰写悼词，虽然他写信给詹姆斯·德·卡尔，表达了他的悲痛和同情，并提到他失去了一个经过考验、忠实的朋友，但他同时也询问了关于商业事务和《希腊植物志》的工作如何继续。[17]实际上，詹姆斯·德·卡尔后来尝试撰写并发布关于他父亲生平和成就的文章，但被詹姆斯·史密斯阻止，原因并不明确。[18]甚至他在兰贝斯的圣玛丽教堂墓碑上的铭文，似乎也受到史密斯的影响，没有真正体现出他的成就。在初步的细节之后，墓碑铭文几乎是漠不关心地写道：

“他最初是一名绘画老师，后来主要致力于绘制植物，因此被我们一些主要的植物学家所注意，尤其是林奈学会的主席约翰·E.史密斯爵士，他聘请索尔比为他的作品制作插图。在这样的鼓励下，索尔比先生积累了丰富的博物学知识，并收集了大量的博物馆藏品，他非常乐于分享这些藏品。他的出版物主要关于植物学和矿物学，他偶尔也向《林奈学会会刊》投稿。”[19]

如果人们对索尔比的离世感到震惊和悲痛，他们在文字表达上也并未过多地流露。但是，在一封致詹姆斯·史密斯的长信中，外科医生兼植物学家托马斯·卡卢姆爵士用一句简洁的话揭示了事实：“哎，可怜的索尔比不在了，这对科学界是多么大的损失。”[20]

22

尾声

在伦敦自然博物馆的档案馆中，有一个小小的纸包裹，里面装着詹姆斯·索尔比细长、灰色的头发。

它的标签写着："慈父詹姆斯·索尔比之发。父亲于1822年10月25日逝世，享年65岁。"这一感人之举，很可能是他的长子詹姆斯·德·卡尔所做——他和父亲的关系最为亲近。索尔比将大部分（七分之四）的财产留给了大儿子，其余的份额（七分之三）留给了他的第五个儿子查尔斯·爱德华，希望他们能够继续家族的事业。遗嘱简洁明了，写于他去世前四天。[1] 对于他的第二任妻子玛丽亚·卡塔琳娜，詹姆斯·德·卡尔和查尔斯需要每年给她支付50英镑，直到她去世。同时，还要安排她能够取回她在他们结婚前拥有的斯托克新顿的房子。他的两个健在的女儿夏洛特和菲利西亚，在未婚期间每人每年应得到100英镑，夏洛特在婚后的七年中还将额外得到每年50英镑。然而，他的第二个儿子乔治并没有获得慷慨的待遇，只得到了100英镑。

这笔小额的钱可能反映了父子之间的紧张关系，以及乔治现在经营着自己的生意（作为一个商人和出版商），拥有自己的财产，且有照顾自己的能力。

遗嘱的语气是希望业务能够持续进行，至少在一段时间内，事情确实如此。

< 15/1 卡罗利纳百合 *Lilium carolinianum*（现名密歇根百合 *Lilium michauxii*）。这幅原创水彩画由詹姆斯·索尔比于1815年创作，但直到他去世的那一年才在《植物学杂志》上发表。

﹀ 15/2 詹姆斯·索尔比去世后的一幅框装微型画（艺术家不详）。根据希菲的肖像画制作。

詹姆斯和查尔斯合作直到1831年，之后查尔斯接管了公司，但没有了父亲的推动，公司的势头就没有那么强了，博物馆也渐渐成了负担，而不再是有用的资源。詹姆斯的家庭在壮大，他的八个孩子都在米德庄园出生。相比之下，查尔斯只有三个孩子。

詹姆斯通过为顶尖的地质学家和其他人绘制插图来工作。（他还因此于1840年获得地质学会的奖励）他继续为索尔比家族的《矿物贝类学》《现生与化石贝壳属类》以及《希腊植物志》的插图业务工作。这两兄弟可能还保持了其他商业活动，如协助记录林奈学会的相关事宜，詹姆斯·德·卡尔在他父亲去世后的第二年成了会员。他与他的表兄菲利普·巴恩斯和其他人于1839年在摄政公园创立了皇家植物学会和植物园。

儿子们也试图维系博物馆的运营，并使其持续对公众开放。如同过去一样，他们在父亲去世后的几个月内，就在每周二开放博物馆。几年后，人们可以花10先令买到在博物馆和图书馆学习三个月的入场券，或者花2英镑买到一年的入场券。博物馆大部分的物品在1831年被拍卖，虽然那次拍卖有多成功并没有进行记录。[2]销售目录显示出了众多的可供选择的珍宝。幸运的是，许多物品，包括部分植物标本、矿石和化石，以及著名的沃尔德山村陨石，最终在伦敦自然博物馆找到了它们的归宿。[3]这些收藏品不仅仅是历史遗留下来的奇观，它们对于多个领域的当前研究都具有关联性，特别是它们包含了索尔比首次介绍和描述的物种，仅仅从这个意义上来说，他的贡献已经非常重要，并将继续保持其重要性。

如果说索尔比的收藏品在其多样性上具有独特性，那么他的出版物也是如此。当时没有其他人能达到他的工作的广度和深度，特别是在面对相对广泛的受众方面，也十分亲民。索尔比没有自我夸大，他用他的多种技能创造了具有艺术和科学完整性的作品。这些作品仍然受到科学家、艺术家和收藏家的高度重视。然而，讽刺的是，那些给他委托的人不知不觉地过度利用了这些技能。因此，看到有几部植物学作品强调了插图的重要性，但却对插图的绘制者几乎没有真正的认可。这并不奇怪，作者因为完成了这项工作而获得了声望，而艺术家只能得到付款。

理查德·索尔兹伯里在1791年用高质量的纸张出版了一本大部头的书，书中只描述了十种稀有植物，其主要原因就是为了展示索尔比的插图。索尔兹伯里因此得到了认可，销售量也会比任何普通的植物描述都要更高。其他的作者也是这样做的。甚至詹姆斯·史密斯在他的《植物学拾遗》（1792年）中也认识到了高质量插图的必要性。他写道："本作品旨在提供那些尚未被任何作者充分描绘的，罕见植物的彩色代表。"吉尔·桑德斯在其关于植物插图历史的研究中说道："几乎整个出版的重担都由图片来承担的。"这句话十分准确。[4]

索尔比的重要性不仅仅在于他作为作者或合作者，完成了六部以上的主要作品，这些作品包含了超过五十卷、总计四千多幅的精美插图。他所取得的成功和认可，也是他重要性的体现。约瑟夫·班克斯爵士给史密斯写信说："自我投身植物学以来，它的进步之巨大难以想象……如果你们的描述与索尔比的英国植物插图早在那时就存在，可为我节省多年的艰苦努力。"[5]

《英国植物学》通过植物学家威廉·杰克逊·胡克爵士（他是邱园的首位全职主任，1841年上任）发起的三卷补充本（1831—1843年），并在詹姆斯·德·卡尔·索尔比的插图协助下，取得了长期的成功。直到十九世纪末，索尔比家族在不同程度上都参与了其后续版本的制作。《矿物贝类学》作为詹姆斯·索尔比最为著名的一部，在索尔比去世后的几年，分别在法语和德语中出版了两个盗版版本，而原版至今仍被科学家和收藏家高度珍视。[6]如前所述，古生物学家格雷厄姆·埃利奥特指出："其精准的彩色插图和描述性注解确保了这部作品的实用价值，而不仅仅是历史的兴趣点一直延续至今。尽管内容中有许多开创性的部分，由于地层学（及其术语）在出版期间的逐渐发展，使得地质文档记录参差不齐，但这并未影响到它璀璨的价值。"[7]

埃利奥特对插图的"惊人精确度"印象深刻，这对分类学家极为有用。同时，插图的简洁美观也令众人赞叹。《英国真菌》保持了其突破性作品的声誉，并在1972年引发了作家萨切弗尔·西特维尔爵士创作一系列以所描绘种类为主题的诗篇。这七首诗的最后一首是关于引人入胜的马勃菌（真菌种类）：

> 15/3 一种地星菌，由詹姆斯·索尔比在他的《英国真菌》中作了描绘，这部作品激发了萨切弗尔·西特维尔创作出了他的诗篇。索尔比写道："这种真菌与它的同类有所不同，它有多个孔供孢子排出，以及多个小支柱或支撑头部。"（在《英国真菌》中名为多孔球囊菌（*Lycoperdon coliforme*），现名多孔壶囊菌（*Myriostoma coliforme*）。）

"然而，这种类似死亡之头蛾的马粪菌或'死亡头'也有它自己的声音，

它能将其白色球状部分'抛出至六至八英寸的距离，不再多'，伴随着'轻微而明显的爆裂声'，

这让我们想到了那些近看犹如小型火山的马粪菌，其孢子或烟从顶部的孔口或开口升腾而出；

或者更奇特的'地星'或三裂地星菌，其孔口由六个似龙虾爪的裂片支撑；

以及另一个地星菌或灯蛹草，除了由六个裂片或腿支撑，还有许多小柱子或支撑物来撑起它的孔口，其中有数个孔口来排放烟或粉末。

在风大的日子里，巨大的马粪菌——巨球马粪菌滚动向我们逼近，直到它们在黑莓丛中停下来，隐藏在'颠茄'的光滑绿色浆果之下。"[8]

总的来说，索尔比并非一个"理念家"，他更倾向于观察、记录和交流。但在那个时代，许多博物学学者的学识主要存在于描述性分类学中。然而，索尔比确实是一个创新者：他接受了《英国矿物学》的挑战、为俄罗斯皇帝制造了一把陨石剑、制作了一套教育性的真菌模型，并设计了他的光谱色度计等。

这些创新行为虽然不同寻常，且成功程度不一，但无论持续多久，它们都作为他独有的特征而存在。他并非学识浅薄，通过书信和阅读论文，包括许多来自海外的资料，我们知道他对当时的相关科学知识十分精通。他会对各种观点进行评估（例如，关于地质学中的海洋主义者和火山主义者的对立观点），但很少坚定地支持任何一方，常常认为还需要更多的证据。同时，他的写作还揭示了他对自然奇观的惊奇，并且他具有疑问和探索的精神。他有时会推测，尤其是关于矿物的起源或化石出现的多种因素。

Jan.y 1. 1801. Published by Jas. Sowerby. London.

在他去世的那一年，他提到了化石可能具有的地层学价值，并暗示可能存在与那时尚未知的“大陆漂移”或板块构造相关的现象：

“地球核心上方的各种层状结构，除了那些普遍分布在其中的化石，是否在其地层或覆盖层中具有连续的带状区域，充满了特有动物等的化石遗骸？这些带状区域可能通过对不同国家化石的详细比较被发现，并可能指示出在那些地层中生命消亡前极有可能的位置。因为许多化石遗骸的有序和完整似乎表明，它们离原始地点并不遥远。”[9]

索尔比的众多家庭成员都为他展示自然世界的使命所熏陶着。在他的启发下，四代人继承了他的事业。他被誉为一个到20世纪仍然延续着的王朝的创始人。从大约1780年到1954年间，有14个家庭成员出版、撰写或描绘过博物学作品。索尔比的儿子们沿着他们父亲的脚步前进。乔治·布雷廷汉（二世）是一位杰出的化石插图画家，他出版了几部关于化石的著作。詹姆斯·德·卡尔的长子，在1834年早逝前出版了一部描绘真菌的插图作品。例子多得不胜枚举。这个家庭因其产出的质量和数量而荣获高度赞誉。

建立一个创新的家族企业并提供足够的收入来支持家庭成员是一项任务。而另一项任务则是作为年轻人和老年人的指导者和导师，索尔比无数次的援助、指导、鼓励和慷慨行为是无法一一记录的。

然而当他们把这些行为记录下来时，都揭示了他是一个乐于助人的人，尤其是在他们尝试绘图或鉴定标本时。有时，人们可能因为他不愿借出一块陨石或他没有回复信件而感到沮丧，但总的来说，他是一个活跃人际网络的中心，该网络在相互合作的准则下运转得十分顺畅。人们需要他，因为他渊博的知识、他充沛的活力、他浩如烟海的收藏和他大师级的技巧。此外，人们需要他，还因为他的人格魅力。正如一位感谢索尔比在一次咨询中提供帮助的信件作者所写到的那样：“我永远不会忘记您在那次场合展现出的亲和力。我对此表示深深的感激，我已经多次向我的朋友们表达过这种感激之情。这种真诚的礼貌体现了科学家们的优秀品质。很多科学家都展现出了这种性格特质。”

詹姆斯·索尔比可能并未在公众视线中大放光彩，他生前可能也没有获得像其他一些博物学家那样的高度认可。但他成功地传承了一份我们将在未来许多年中视为珍宝的、非凡的遗产。

15/4 粉白蕊苣苔，俗称粉状蕊苣苔。这是由詹姆斯·索尔比所绘制的一幅大幅度水生植物版画，植物源自美国，能生长至六英尺或更高。这幅版画于 1794 年为约翰·弗雷泽绘制并雕刻，但很可能已被保留并单独出售。索尔比在他的一生中制作了大量的版画。

附录

詹姆斯·索尔比的家谱

约翰·索尔比 + 阿拉贝拉·古德里德
1718年11月17日—1766年
1725年3月3日—1782年8月10日

罗伯特·德·卡尔 + 安妮·卡尔
1724年7月8日—1796年
1725年2月—1809年

詹姆斯·索尔比 + 安妮·德·卡尔
1757年3月21日—1822年10月25日
1764年1月17日—1815年9月30日

詹姆斯·德·卡尔
1787年6月5日—1871年8月26日
娶玛丽·安·爱德华兹
（1813年9月26日）

乔治·布雷廷翰
1788年5月12日—1854年7月26日
娶伊丽莎白·梅雷迪斯
（1811年4月16日）

马克汉姆·瓦伦丁
1791年2月14日—1802年8月12日

约翰·爱德华
1793年—?

玛丽·安妮
1814年—1882年

詹姆斯
1815年11月18日—1834年

玛丽亚
1819年6月—1829年

萨拉（昵称“萨利”）
1819年11月7日—1892年
嫁给约翰·威廉·萨尔特
（1846年）
育有七个孩子

查尔斯·亨利
1821年10月29日—约1826年

夏洛特

乔治·布雷廷翰
1812年3月25日—1884年7月26日

查尔斯
1813年12月3日—

资料来源说明

编制此树状图使用了多个资料来源。主要的两个来源是 A·德·卡尔·索尔比（1952 年）和 J·德·卡尔·索尔比（1825 年）。另外一些有用的来源是德·卡尔家族的 E·德·卡尔·布洛姆菲尔德的信件（1978 年）以及由詹姆斯·爱德华·莱珀构建的家谱树（1973 年）（自然博物馆，索尔比手稿，65 号盒）。大多数来源都包含一些错误，它们之间存在一些不一致，但总的来说，可以忽略不计。认为版本尽可能准确，但仍作为暂定版本。

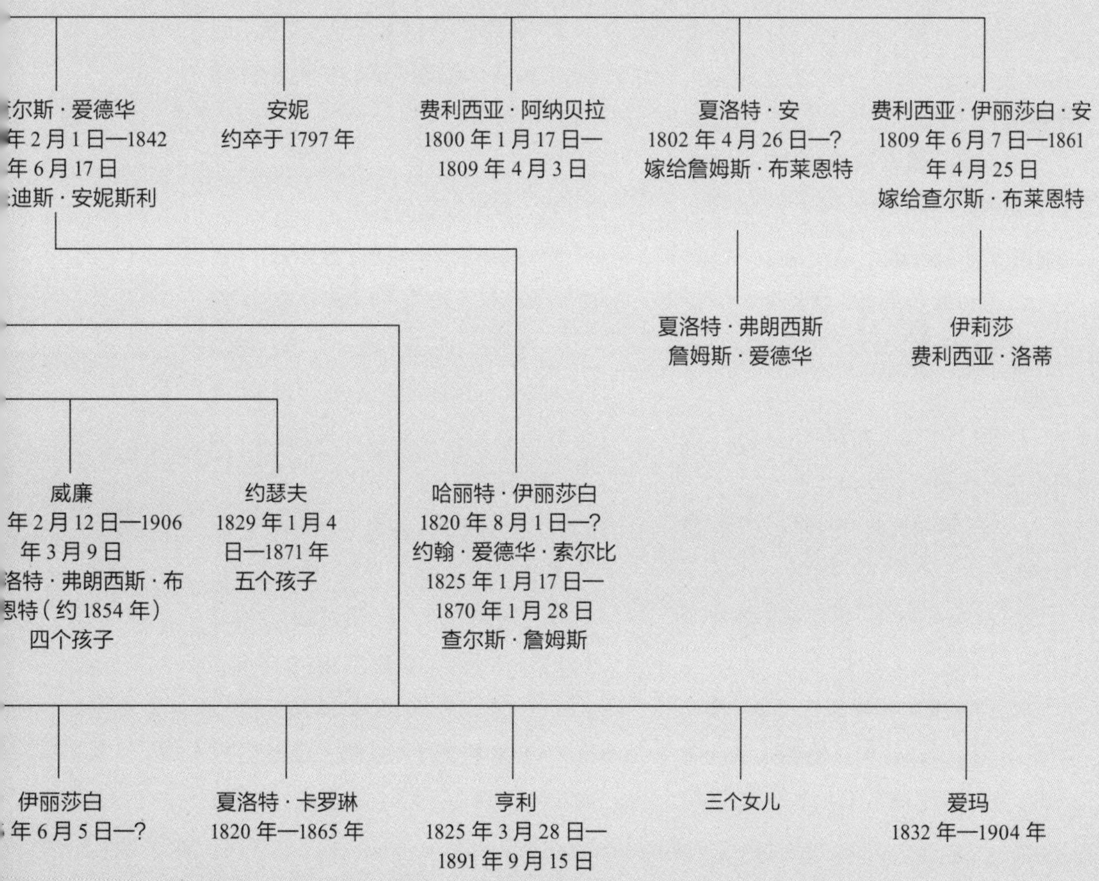

注释和引文

缩写：

LS：林奈学会

LSS：林奈学会史密斯手稿收藏。

NHMS：伦敦自然博物馆索尔比收藏的书信、图版、插图等。

OUS：牛津大学谢拉德手稿收藏。

UBEC：布里斯托大学。伊莱斯特别收藏

序章

1. 约翰·霍金斯致詹姆斯·爱德华·史密斯。1805年2月3日，牛津大学谢拉德手稿收藏。

2. 瑟科德（1994）。

3. 哈里斯（2007）；拉克与梅伯利（1999）。

4. 同上注 3；布朗特（1950）；西特维尔与布朗特（1956）。

5. 波特（1978，1991）；瑟科德（1994）。

6. 林奈（1753）。另见第一章和第二章。

7. 作家兼博物学家托马斯·潘南特是个例子。1747年，仍在牛津读本科时，他游历了康沃尔，遇见威廉·博尔拉斯牧师，“给我对矿物和化石的强烈热情”。佩南特的收藏成为重要的收藏，一部分现藏伦敦自然博物馆。他对其他自然领域也有同样强烈的热情，并从动物学著作中获得了相当高的声誉。佩南特的文学生活，引自威瑟斯（2004）。

8. 作者例子包括亚瑟·艾金、威廉·巴宾顿（如1795年）和理查德·柯尔万（如1784年）。

第一章　风雨飘摇的开始

1. 主要来源于亚瑟·德·卡尔·索尔比（1952）和詹姆斯·德·卡尔·索尔比（1825）。亚瑟·德·卡尔·索尔比1952年的记述，与他1950年的家谱（伦敦自然博物馆索尔比收藏，54号盒）之间存在一些小的差异。这里采用1952年的日期，家谱见附录A。

约翰·索尔比的孩子们：约翰（1746年2月27日—?）、阿拉贝拉（1748年2月15日—1814年）、查尔斯（1750年2月16日—?）、托马斯（1753年6月12日—?）、詹姆斯（1757年3月21日—1822年10月25日）、威廉（1760年1

月6日—?)、伊丽莎白（1762年5月4日—?)。约翰·索尔比的父亲是理查德·索尔比，伦敦菲特巷，与伊丽莎白·格洛弗结婚。詹姆斯·爱德华·莱珀1973年的家谱（伦敦自然博物馆索尔比收藏，65号盒）表明理查德·索尔比的父亲是凯斯维克的查尔斯·索尔比。

詹姆斯·德·卡尔·索尔比未出版的关于他父亲的简短自传（1825），詹姆斯·史密斯爵士对其做了一些补充和修改，包含一些不一致和不准确之处。另见辛普金斯（1974a）著作。

2. 伦敦自然博物馆索尔比收藏，第32号盒，B15文件夹。

3. 哈本（1918）；霍伍德（1813）。

4. 索恩伯里（1878）；阿尔蒂克（1978）。

5. Brotheridge,T. 铅晶历史。www.brotheridgechandeliers.co.uk 最后访问时间为2015年3月22日。

6. 霍尔银行网站：www.hoaresbank.co.uk/history.htm 最后访问时间为 2015年3月22日。

7. 贝尔（1912）。

8. 佩南特（1791）。

9. 贝尔（1912）。

10. J·德·卡尔·索尔比（1825）。

11. 同上。

12. 阿莱克斯·基德森个人通讯，利物浦国家博物馆，2010年11月；蒙克斯（2008）；尼科尔森（2004）。

13. J·德·卡尔·索尔比（1825）；蒙克斯（2008）。

14. 格雷夫斯（1907）。

15. 注12同上；格雷夫斯（1907）。

16. 证据表明索尔比被学徒约束的是这位特定的威廉·霍奇斯，尽管不是完全确定但十分可能。另见J·德·卡尔·索尔比（1825）；卡斯特（2004）。

17. J·德·卡尔·索尔比（1825）；福斯凯特（1987）。

18. 鲁德（1971）。

19. 布朗特（1950）；亨特（2004）。

20. 莱特富特（1777）。

21. 鲍登（2004）。

22. W. H. 柯蒂斯（1941：28）。

23. 同上，第19页。

24. 插入柯蒂斯1777年关于林奈系统的作品末尾的页面。精装本价格3英镑4先令，彩色版，平装本1英镑4便士，《伦敦植物志》第一分册：包含72页大开本图版，配图说明。

这部作品首先拟对伦敦近郊生长的野生植物进行治理，然后扩展至英国其余植物，现定期以每期5先令的分册出版彩色版，平装本2先令6便士，已出到第十五期：每期包含六张图版，以拉丁文和英文描述每种植物，并说明其在医药、农业和其他技术中的用途。

25. W. H. 柯蒂斯（1941）。

26. 亨特（2004）。

27. 皇家艺术学院图书馆，2009 年 4 月 21 日个人通讯。

第二章 名声鹊起

1. 德斯蒙德（1995）；施威泽（2004）。

2. W. H. 柯蒂斯（1941）。尊敬的达伊内斯 • 巴林顿 • 坦普尔在看到柯蒂斯的请求后，在 1781 年 3 月 26 日的来信中给予了恰当的建议。

3. S. 柯蒂斯（1805）。

4. 德斯蒙德（1995）。

5. Carter（1988：121）。约瑟夫 • 班克斯（1743—1820）继承了地主财富，从小就对植物学表现出显著的热情。他是英国“奋进号”（1768—1771 年）前往大溪地、新西兰和澳大利亚的成员（与植物学家丹尼尔 • 索兰德一起）。他返回后被引荐给乔治三世国王，与之建立关系，1773 年实际上成为英国皇家植物园邱园的主管。1778 年，他成为英国皇家学会主席，任职至逝世，其财富地位给予他巨大的影响力。1781 年他被授予从男爵称号。

6. 格雷夫斯（1907）。

7. 皇家艺术学院图书馆，2014 年 5 月 22 日个人通讯。

8. 罗斯科等（2009）。科德人造石工厂由埃莉诺 • 科德经营，1769—1840 年位于泰晤士河畔兰贝斯，现为南岸中心所在地。

它生产了各种建筑、室内和园林装饰用途的模制“石料”。罗伯特 • 亚当、约翰 • 索恩和约翰 • 纳什等知名建筑师均接受委托。罗伯特 • 布莱廷汉姆 • 德 • 卡尔从 18 世纪 80 年代中期开始在那里工作，负责几件高质量作品。

9. 皇家艺术学院，2010 年 10 月 29 日个人通讯。1785 年，罗伯特 • 布莱廷汉姆 • 德 • 卡尔在皇家艺术学院展出三幅肖像画，一幅是儿童画像，两幅是蜡制的未知女士画像。

10. J • 德 • 卡尔 • 索尔比（1825）。

11. 根据伦敦自然博物馆索尔比收藏 86 号盒中的素描。素描中一个女人抱着一个婴儿。纸张水印是 1797 年。婴儿可能是他们的女儿安妮。

12. B. B. 伍德沃德（2004）。

13. 托马斯 • 伍德沃德致詹姆斯 • 索尔比，1784 年 12 月 1 日及 1785 年 8 月 29 日来信，后者提出出版建议。

他提到雅各布 • 克里斯蒂安 • 谢弗（1718—1790），一位杰出的德国博物学教授。伦敦自然历史博物馆索尔比收藏，24 号盒，71 号文件夹。

14. 沃克（1988）；博尔杰（2004d）。

15. 有几种方法可以确定不同时期货币价值的近似值。这里采用基于“历史生活水准”的方法，可以定义为一篮子商品或服务的购买力。

参见 www.measuringworth.com/

ukcompare（最后访问日期：2015 年 3 月 22 日）。从 1790 年到 2010 年，近似倍数为 85。

16. 沃克（1988）；博尔杰（2004d）。

17. 麦康奈尔（2004）。

18. 第十五分册（1798 年），第 24 号。结晶岩标本上的裂缝地衣（Lichen rimosus）。这是保存在伦敦自然博物馆的约瑟夫·班克斯的副本，保存状态极好。

19. 沃克（1988）；吉尔达特（1914）。

20. J. C. 莱特索姆致詹姆斯·索尔比，费特巷 6 号罗斯楼。1785 年 6 月 9 日。伦敦自然博物馆索尔比收藏，11 号盒，32 号文件夹。

21. 无名（1804）。这份小书中还记录道："图书馆收藏约六千卷书籍，贝壳、昆虫和各种标本的柜子；木材和琥珀标本广泛而珍贵……干燥植物标本占据了六十卷。"

22. 这些绘画（142 幅）由两卷组成，标题为《山林园绘画集》，藏于伦敦自然博物馆。被认为完成于约 1787 年。

23. 1785 年 5 月 30 日—1786 年 1 月 6 日期间的信件。伦敦自然博物馆索尔比收藏，9 号盒。

24. 詹姆斯·博尔顿著有自己的书籍。其中两部是：《英国蕨类植物史》（1790），一部引人入胜的作品，对蕨类植物进行了直接的描述，并包含了他自己绘制和雕刻的 31 幅彩色插图；《生长于哈利法克斯真菌史》（1788），一部三卷本的作品，也包含了他自己绘制和雕刻的 182 幅彩色插图，其中几幅质量上乘。

25. W. H. 柯蒂斯（1941）。

26. 柯林斯（1973）提出索尔比可能是作者，但克利维利（1974a: 486）并不认同。他认为索尔比可能是贡献者，但只是部分贡献者（即"几位作者"中的一位）。

第三章　远郊

1. 莱克斯顿和威思顿（1985）的霍伍德地图；伦敦自然博物馆索尔比收藏，Box 号盒，B20 号文件夹。

2. 伦敦皇家学会。MS/709/52 (1817)。

3. T. 艾伦（1827）；坦斯韦尔（1858）。

4. T. 艾伦（1827）。

5. 同上，第 336 页。

6. 麦克唐纳（1974）。

7. 佩南特（1791）。

8. 这个声明印在第一期插图文本的蓝色纸包装上。

9. 在瑞士生活的英国植物学家埃德蒙·达瓦尔正在准备一本带插图的《瑞士植物志》。更多信息请参见第四章。伦敦自然博物馆索尔比收藏的一般通信也显示可能还有其他较小的案例。

10. 参见第 2 章。麦康奈尔(2004)。

11. 现在认为这是一种子囊菌类：丝状白雪藻(Thamnolia vermicularis)。

12. 现名为：线叶顶端双锥藓(Didymodon tophaceus var. linearis)。

13. 霍克斯沃思(1976)。

14. 卡特(1988)。

15. 同上，第 225 页。

16. 约瑟夫·班克斯给詹姆斯·史密斯，1787 年 8 月 15 日。伦敦林奈学会。

17. 目前举例为 http://www.gutenberg.org/files/38937/38937-h/38937-h.htm，最后访问日期为 2015 年 3 月 22 日。

18. 基于威廉·布朗特的介绍性论文“英格兰花环的插图画家”，在由宾夕法尼亚州匹兹堡亨特植物图书馆出版的赫里提埃的《英格兰花环》的影印本中。

19. 柯蒂斯：植物学杂志，第三卷：103 醋香天竺葵

20. 卡特(1988: 252)。

21. 德斯蒙德(1995: 106)。丹尼尔·索兰德(1733—1782)在 1760 年来到英国之前曾在林奈的指导下接受训练。他是约瑟夫·班克斯的图书馆员，也是大英博物馆的助理图书馆员(1765—1788)。瑞典植物学家乔纳斯·卡尔松·德里安德(1748—1810)在 1782 年接替索兰德成为班克斯的图书馆员。

22. 布伦顿(2004)。

23. 第三卷，第 476 页。

24. D. E. 艾伦(2004)。

25. 索尔兹伯里致詹姆斯·索尔比，1791 年 5 月 6 日。伦敦自然博物馆索尔比收藏，17 号盒。

26. 博尔杰(2004b)。

27. 参见第二章和该章注释 22。

28. 对洛金厄姆女士给詹姆斯·索尔比，1790 年 6 月 5 日。伦敦自然博物馆索尔比收藏，16 号盒

29. 索恩顿(1803)；W. H. 柯蒂斯(1941)。

30. 罗斯科等人(2009)。在罗伯特·布莱廷汉姆·德·卡尔的条目中引用了新闻报道。

31. 索尔比家族的另两名成员是约翰(可能是詹姆斯的兄弟)和伊莎贝拉，但我们不知道她是谁。

32. 伦敦维多利亚博物馆和伦敦阿尔伯塔博物馆。罗伯特·布莱廷汉姆·德·卡尔：“水壶”1781，博物馆编号 C.90-1985。

第四章　两位詹姆斯

1. 沃克(1988)。

2. 例如 1789 年 8 月 21 日詹姆斯·史密斯致索尔比的信，关于他制作的两幅绘画，要求雕刻以用于他

的下一分册。作品标题未提及，但日期与《植物图鉴》相吻合。1789 年 9 月 9 日，他又寄来一幅红木凤尾蕨的图画。伦敦自然博物馆索尔比收藏。

3.《植物图鉴》详情见附录 C。

4. 1789 年 7 月 2 日来信。伦敦林奈学会。

5. 1789 年 7 月 2 日从希林登府致詹姆斯•史密斯的来信。伦敦林奈学会。提到的凯茨比是博物学家马克•凯茨比（Mark Catesby，1683—1749），著有《卡罗莱纳州、佛罗里达州和巴哈马群岛自然史》（1729—1747）和《英美植物园》（1763）。他自己画并雕刻插图。

6. http://www.illustratedgarden.org/mobot/rarebooks/title.asp?relation=QK98S657 最后访问日期：2015 年 3 月 22 日。

7. 1873 年 1 月 31 日来信。伦敦自然博物馆索尔比收藏，16 号盒，46 号文件夹。

8. 2006 年 4 月 13 日，伦敦南肯辛顿克里斯蒂拍卖 4071，成交价 3,840 英镑（约合 6 728 美元）。

9. 参见注释 5。

10. 1789 年 9 月 18 日信函。植物很可能是绒毛白玉兰（现红木凤尾蕨），如 1790 年 10 月 15 日另一封致史密斯的信中所指。伦敦林奈学会。

11. 1790 年 11 月 8 日致詹姆斯•史密斯的信，请他在达瓦尔从书商那里得到之前，将《彩色植物图鉴》的副本寄给达瓦尔。伦敦林奈学会。

12. 博尔杰（2004a）。

13. 沃克（1988）和伦敦林奈学会。

14. 詹姆斯•史密斯于 1790 年 4 月 27 日和 1791 年 3 月 31 日致达瓦尔的信。索尔比收到史密斯转交的 20 英镑的收据。伦敦林奈学会。

15.《分析评论》，1790 年 8 月，第 515 页。

第五章　索尔比的植物学

1. 史密斯和索尔比使用的标准植物学书之一是医生兼植物学家威廉•威瑟林（1776）的《植物分类汇编》。其中包括属和种的描述，按照杰出的林奈系统编排。威瑟林声称良好的图版对普通使用者来说太过昂贵，所以他的文本没有配图。他也放弃了林奈分类系统中的性别区分，以便女士参与植物研究。

《英国植物志》的出版和其他详情见附录 B。

2. 维吉尔口袋书（1907）中 S. E. 温博尔特整理的翻译是：“田野将自由自在地生长。”

3. 1790 年 11 月 29 日，詹姆斯•史密斯致托马斯•詹金森•伍德沃德的信。伦敦林奈学会。伍德沃德是植物学家，也是萨福克的治安法官和副中尉。他于1789年当选林奈学会会员，与塞缪尔·古德伊努夫共同撰写了《关于英国藓类的观察》（1797）（B. B. 伍德沃德，2004）。

4. 1792年3月17日，詹姆斯·史密斯致埃德蒙德·达瓦尔的信。伦敦林奈学会。

5. 1790年12月25日，托马斯·伍德沃德致詹姆斯·史密斯的信。伦敦林奈学会。

6. B. B. 伍德沃德（2004）。

7. 1791年3月20日，托马斯·伍德沃德致詹姆斯·史密斯的信。伦敦林奈学会。

8. 1791年7月2日，詹姆斯·史密斯致托马斯·伍德沃德的信。伦敦林奈学会。

9. 1793年3月29日，托马斯·伍德沃德致詹姆斯·史密斯的信。伦敦林奈学会。

10.《绅士杂志》：63卷（1793年）第102页RG的来信；詹姆斯·史密斯的回复，第325页。

11. 1797年3月30日，詹姆斯·史密斯致詹姆斯·索尔比的信。索尔比被列为第1-4卷的作者，第5和6卷的编辑，其余卷的出版人。伦敦自然博物馆索尔比收藏，19号盒。

12. 1799年7月16日，詹姆斯·史密斯致詹姆斯·索尔比的信。伦敦自然博物馆索尔比收藏，19号盒。

13.《英国植物学》第311表。

14. 查尔斯·阿伯特于1798年11月9日和12月9日致詹姆斯·索尔比的信。伦敦自然博物馆索尔比收藏，1号盒。

15.《英国植物学》，第5卷，第311页。

16.《英国植物学》，第12卷，第839页。

17.《英国植物学》，第9卷，第591页。

18.《英国植物学》，第20卷，第1377页。球状藓，或山地藻球。“指这些藻球类似山羊胃中发现的毛团。”

19. 如第9卷第604页的紫色岩生地衣。

20. 一个例子见第16卷第1149页，盾蕨属（现已废止）从铁线蕨属中分离出来。

21. 如第4卷第221页，林奈将学名黑麦草（*Triticum loliaceum*）误鉴定为海岸小麦（*T. maritimum*），被认为“错得离谱”。

22.《英国植物学》，第12卷，第857页。

23. 如第7卷第439页，关于索尔比对罗勒属中偶有双花药的观察。

24. 如《英国植物学》，第7卷第441页，关于报告大戟属花瓣数目的错误。

25. 1797年9月5日，道森·特纳

致詹姆斯·索尔比的信。伦敦自然博物馆索尔比收藏，22 号盒。

26. 一个例子是 1799 年 9 月 25 日诺里奇的沙顿牧师致索尔比的信，请他去城里（麦克巷）从某人那里拿 4.12 先令，那人欠沙顿这个钱。伦敦自然博物馆索尔比收藏，21 号盒。

27. 1798 年 9 月 2 日，德文、比克顿、迈克尔·弗莱致索尔比的信。伦敦自然博物馆索尔比收藏。17 号盒，A49 号文件夹。

28. 1797 年 7 月 6 日和 10 月 11 日，乔纳森·萨尔特致詹姆斯·索尔比的信。伦敦自然博物馆索尔比收藏。17 号盒，A49 号文件夹。

29. 1797 年 9 月 20 日，托马斯·潘南特从唐宁厅致索尔比的信。伦敦自然博物馆索尔比收藏，15 号盒，A44 号文件夹。

30. 沃克（1988）。

31. 1801 年 4 月 14 日，詹姆斯·史密斯致詹姆斯·索尔比的信。伦敦自然博物馆索尔比收藏，18 号盒。

32. 1811 年 5 月 26 日致詹姆斯·索尔比的信。伦敦自然博物馆索尔比收藏。隐花植物从第 2 卷起涵盖。许多后期卷册中它们占了大部分图版（如第 34 卷的 72 幅中 50 幅）。

33. 见第 3 章。

34. 记录在 1806 年 9 月 2 日詹姆斯·史密斯致塞缪尔·古德伊努夫的信中。当史密斯缺席时，古德伊努夫经常主持林奈学会的会议。在这封信中，史密斯还谈到他与索尔兹伯里的姐妹就索尔兹伯里的事务进行通信：“他还告诉我，他已将我的信件和他的副本寄给他的姐妹，她们‘强烈坚持’他发表这本小册，她们不会轻易再看好我。于是我写信给他的姐妹，告诉她们我的故事。她们回答说，他从未将任何信件或小册或关于此事的任何消息寄给她们，除了他‘可能会与史密斯为敌’。”林奈学会史密斯手稿收藏。

35. 索尔兹伯里（1806）。

36. 同上注 35。如小册中的第 50 号。

37. 安东尼·罗兰·德朱西厄在 1789 年出版了他的《植物类群》。他在分类中使用了植物的所有部位，因此能够更好地确定植物之间的真实关系。

38. 参见注释 12。

第六章　博物馆与模型

1. 真菌学家克里斯蒂安·亨德里克·珀松在 1801 年出版了他的《真菌概论》。他还在 1794 年发表过一篇关于根据真菌子实体的总体形态进行分类的论文。孢子最早在 1588 年被琴巴蒂斯塔·德拉·波尔塔观察到，但真菌自发生成的主流观点继续持续了两百多年（安斯沃思，1976）。即使意大利植物学家皮埃尔·安东尼奥·米开利（1679—1737）观察到孢子能产生与其来源相同类型的真菌，也遭受了怀疑态度。

2. 博尔杰（2004b）。

3. 方法载于《林奈学会会刊》，刊物 2: 263—266（1794）。1799 年 7 月 16 日，詹姆斯·史密斯致詹姆斯·索尔比的信。威瑟林医学博士，英国皇家学会会员，林奈学会会员（1792 年 12 月 4 日向学会汇报）。

4. 由于许多模型已被销毁或遗失，这一项目的全貌现在无法正确评估。大英博物馆于 1844 年从索尔比的儿子詹姆斯·德·卡尔那里购买了其中大部分，后来由沃辛顿·史密斯处理，以解决时间流逝带来的破坏，如灰尘积聚和色彩褪色。沃辛顿·史密斯还编写了一份指南（1898），以配合它们在南肯辛顿自然博物馆的展出。只有约三十件在二战期间躲过了画廊的炸弹袭击；其中一些在英国真菌会的经济援助下于 20 世纪 90 年代中期翻新，以配合 1996 年该学会百年庆典上的“真菌一百”展览。布朗特和斯特恩（1994：285）指出这些模型是用铁丝、灯心草、薄铁板、锌板、铅板和科德人造石以及泥灰制成的。

5. 1797 年 9 月 20 日，托马斯·潘南特致詹姆斯·索尔比的信。伦敦自然博物馆索尔比收藏。

6. 1798 年 11 月 17 日，约翰·赫尔致詹姆斯·索尔比的信。伦敦自然博物馆索尔比收藏。

7. 例如，笔记本记录他在 1794 年 11 月 16 日在佩克姆森林收集标本，另一记录显示诺里奇 1783 年，伦敦自然博物馆索尔比收藏，34 号盒，52 号文件夹。

8. 弗朗西斯·亨伯斯顿·麦肯齐（1754—1815）是第一代西福斯男爵。他是军人兼政治家，对艺术和科学有兴趣（他的妻子也是）。他于 1794 年当选英国皇家学会会员，1797 年成为贵族，1800—1806 年担任巴巴多斯总督，在任上改革了奴隶制。他经常为索尔比提供标本。另见奇切斯特（2006）。

9. 1795 年 2 月 9 日和 1798 年 6 月，詹姆斯·布罗迪，弗勒斯 Brodie 宅致詹姆斯·索尔比的信。伦敦自然博物馆索尔比收藏，4 号盒。

10. 1801 年 7 月 1 日，乔治·蒙塔古、金斯布里奇、德文致詹姆斯·索尔比的信。蒙塔古（1753—1815）是十分热衷的博物学家和鸟类收集家。他撰写了《鸟类学词典》，或英国鸟类字母概述。

11. 1800 年 10 月 16 日、18 日和 1801 年 2 月 6 日的付款单据。布里斯托大学，邓斯特维尔手稿 1186。

12. 詹姆斯·索尔比于 1817 年 12 月 4 日致未知收信人的信（草稿）。

13. 1797 年 9 月 23 日，休·戴维斯致詹姆斯·索尔比的信。伦敦自然博物馆索尔比收藏，6 号盒，16 号文件夹。

14. 同上，1798 年 5 月 22 日，戴维斯致索尔比的信。

15. 同上，1799 年 8 月 7 日，戴维斯致索尔比的信。

16. 同上，1799 年 10 月 15 日，戴维斯致索尔比的信。

17. 同上，1799 年 11 月 12 日，戴维斯致索尔比的信。

18. 同上，1800 年 1 月 31 日，戴维斯致索尔比的信。

19. J. 穆雷 1802 年 6 月 3 日给詹姆斯·索尔比的信。伦敦自然博物馆索尔比收藏，14 号盒，42 号文件夹。穆雷就《英国苹果图鉴》的制作与索尔比通信，并给他寄去一些水果以及对如何绘制插图的建议。部分原始插图现藏伦敦自然博物馆。

20. 拉克斯特罗博物馆的描述性目录，1782 年，位于弗利特街 197 号。据说这座博物馆一直持续经营到 19 世纪。伦敦惠康图书馆藏。

21. 例如，《伦敦植物志》第 5 册，第 69-72 版中的香菇属图片就是由索尔比绘制的。

22. 雅各布·沙弗（1718—1790）是一位德国学者博物学家，发表过重要的真菌和昆虫学著作，也是一位发明家。皮埃尔·布利亚（约 1742—1793）是一位医生和植物学家，发表过关于植物尤其是真菌的著作。他的作品插图十分丰富。

23.《英国真菌》第 2 卷：221 版及其说明文字。

24.《英国真菌》第 1 卷：第 2 版及其说明文字。

25. 詹姆斯·史密斯致詹姆斯·索尔比，1802 年 8 月 14 日的信中写道“我已尽可能画好你的真菌”。伦敦自然博物馆索尔比收藏，19 号盒，56 号文件夹。

26. 这是他在 1802 年底通过向詹姆斯·史密斯寄去 21 页手写的《关于索尔比英伦真菌图版的评论》完成的。B. M. 福斯特给詹姆斯·史密斯，1802 年 12 月 18 日；林奈学会图书馆。这份评论系列绑定在《英国真菌》第 1 卷中。它讨论了第 1 卷和第 2 卷。

27.《英国真菌》第 3 卷第 268 版（橙红粉膜菌）甚至展示了混合物的小插图。

28. 索尔比亲笔的，未注明日期的手写笔记。特定真菌未指明。伦敦自然博物馆索尔比收藏，34 号盒，52 号文件夹。

29. 笔记。伦敦自然博物馆索尔比收藏，34 号盒，52 号文件夹。

30.《英国真菌》，第 407 版，毒蘑菇，八个变种插图—第 2-6 个都是迪克森先生在米奇姆原生地收集的同一物种的变种。第 408 版又有十六个变种插图。

31.《英国真菌》，第417版，绒毛蘑菇的说明文字，补编 3号埃奇卡姆山位于普利茅斯。

32. 编号为1814年10月28日的由B. Meredith开具的账单，为《英国真菌》抄写500张开本傻瓜纸，3英镑4先令，并为《英国真菌》第30期蓝色封面印制500份，1英镑5先令。伦敦自然博物馆索尔比收藏，31号盒。

33. 彼得森（1983）。他列出根据索尔比256个新物种名称；弗里斯（《真菌学》）认可的46个。

34. 他们在布里斯托尔、格拉斯顿伯里修道院、牛津、韦茅斯、彭赞斯、普利茅斯、西德茅斯、邓斯特、利斯基德、巴恩斯特布尔、莱姆里杰斯、陶顿、蜥蜴角、法尔茅斯、兰茨尾等地采集。

35. 林奈学会报告为：XXIV 1799年6月达森·特纳先生F.L.S.和詹姆斯·索尔比先生（林奈学会会员）穿越英格兰西部郡参观期间发现的一些极为罕见植物目录。

36. 达森·特纳、大雅茅斯1800年4月24日致詹姆斯·索尔比。伦敦自然博物馆索尔比收藏，22号盒，65号文件夹。

37. 达森·特纳致詹姆斯·索尔比1801年5月24日信件。信中他表示非常高兴索尔比有可能与他一起去怀特岛"郊游"。"郊游"发生过，但具体日期和行程不详。伦敦自然博物馆索尔比收藏，22号盒，66号文件夹。

38. 安妮·索尔比1799年6月26日致詹姆斯·索尔比。伦敦自然博物馆索尔比收藏，32号盒。

第七章　麻烦的外来植物群落

1. 道森·特纳致詹姆斯·索尔比1801年5月24日信件。参见第6章注释37。

2. 第6章中，索尔比表达了他在康沃尔埃奇科姆山的景色给他带来的快乐。

3. 亚瑟·德·卡尔·索尔比（1952年）。

4. 哈里斯（2007）；拉克与梅伯利（1999）。另见斯蒂恩的论文（1967年）。

5. 约翰·西布索普（1758—1796）是牛津大学谢拉登植物学教授的儿子，后来接任这个职位。他在巴黎和蒙彼利埃学习植物学并旅行，尤其是在希腊，在那里他研究了植物并做了重要的收集。

6. 约翰·霍金斯（1761—1841）是一位富有的地质学家，对矿物学和采矿具有特殊的兴趣和经验。他出生在一个康沃尔有相当大采矿利益的家庭。他在德国跟随亚伯拉罕·维尔纳学习采矿，并跟随马丁·海因里希·克拉普托学习矿物学。他广泛旅行，包括与植物学家约翰·西布索普博士一起，并成为西布索普遗嘱的执行人之一。他建立了一套极好的矿物收藏，但这在他去世后被分散了。

7. 康沃尔记录办公室。特鲁罗。文件。参考号 RP16/132。牛津的费迪南德·鲍尔的信，日期为 7 月 31 日（无年份）致 J. 霍金斯。在信中他写道："我认为西布索普博士将在最后一天开始他的旅程，就像以前一样，突然所有的匆忙，这是最糟糕的。"

8. 约翰·霍金斯致詹姆斯·史密斯，1799 年 11 月 11 日。伦敦林奈学会。

9. 约翰·霍金斯致詹姆斯·史密斯，1799 年 12 月。伦敦林奈学会。

10. 詹姆斯·史密斯致詹姆斯·索尔比，1800 年 1 月 9 日。史密斯在信中写道："我很遗憾，但你现在无法承担《希腊植物志》的重任—无论如何，当我们见面时，我将与你讨论该计划，如果你能以任何方式帮助我，我知道你会的。"伦敦自然博物馆索尔比收藏，19 号盒。

11. 詹姆斯·史密斯致詹姆斯·索尔比，1800 年 10 月 20 日。伦敦自然博物馆索尔比收藏，19 号盒。

12. 约翰·霍金斯致詹姆斯·史密斯，1801 年 11 月 3 日。牛津大学谢拉德手稿收藏。248，大开本 48 页。

13. 詹姆斯·史密斯致詹姆斯·索尔比，1801 年 11 月 28 日。伦敦自然博物馆索尔比收藏，19 号盒。

14. 詹姆斯·史密斯致詹姆斯·索尔比，1802 年 10 月 22 日。伦敦自然博物馆索尔比收藏，19 号盒。

15. 该资产是从兰贝斯瓦克索尔行的木匠约翰·奥斯丁先生处租赁的。哈伯达什尔大厅的托马斯·G·克纳普起草了租约，于 1803 年 5 月开始工作。索尔比最初寻求一个 7 或 14 年的租约，由他选择，但在克纳普的劝说下，他签订了 21 年的租约，并仍有选择权在 7 或 14 年结束协议。索尔比在年底之前就已经占有该物业，可能在 6 月份不久之后。克纳普致索尔比的信，1803 年 5 月。伦敦自然博物馆索尔比收藏，11 号盒。

16. 詹姆斯·史密斯，诺里奇致詹姆斯·索尔比，1804 年 6 月 20 日。伦敦自然博物馆索尔比收藏，19 号盒。

17. 詹姆斯·史密斯致詹姆斯·索尔比，1804 年 12 月 23 日。伦敦自然博物馆索尔比收藏，19 号盒。

18. 詹姆斯·索尔比致詹姆斯·史密斯的信件草稿，1804 年 12 月 25 日。伦敦自然博物馆索尔比收藏，19 号盒。

19. 约翰·霍金斯致詹姆斯·史密斯，1805 年 1 月 20 日。牛津大学谢拉德手稿收藏，248，大开本 48 页。

20. 约翰·霍金斯致詹姆斯·史密

斯，1805 年 2 月 3 日。牛津大学谢拉德手稿收藏，248，大开本 48 页。

21. 包括七个孩子，其中安妮大约出生于 1797 年，但对她所知甚少。她可能很小就去世了。 七个孩子当中，不包括 1802 年去世的马克汉姆。

22. 详 见 http://www.bodleian.ox.ac.uk/science/eresources/flora_graeca 最后访问时间：2015 年 3 月 23 日。

23. 哈里斯（2007 年）。

24. 号令日期为 1803 年 7 月 20 日；索尔比于 1804 年 1 月 4 日宣誓就任特别警察，并于 1803—1804 年在兰贝斯担任教区公务员。伦敦自然博物馆索尔比收藏，32 号盒，B10 号文件夹。

25. 詹姆斯 • 史密斯致詹姆斯 • 索尔比，1804 年 12 月 5 日。伦敦自然博物馆索尔比收藏，19 号盒。

26. 詹姆斯 • 史密斯致詹姆斯 • 索尔比，1804 年 11 月 23 日。伦敦自然博物馆索尔比收藏，19 号盒。

27. 詹姆斯 • 史密斯致詹姆斯 • 索尔比，1806 年 3 月 8 日。伦敦林奈学会。克兰布鲁克收集的信件。

28. 詹姆斯 • 史密斯致詹姆斯 • 索尔比，1805 年 11 月 6 日。他写道 ：“请问异国植物志第 59 张桌子上的所有花朵的柱头为什么不呈头状，就像放大的花朵那样？它们不是那样的吗？你会从索尔兹伯里的信中看到，如果你犯了一个错误，这将是最不幸的错误。我对此非常焦虑。”伦敦自然博物馆索尔比收藏，19 号盒，57 号文件夹。

29. 詹姆斯 • 史密斯致詹姆斯 • 索尔比，1806 年 1 月 16 日的信中也报告了此事，他还写道 ：“每个人都认为是时候了，我并不打算把他赶出去。”伦敦自然博物馆索尔比收藏，19 号盒，57 号文件夹。

30. 詹姆斯 • 史密斯致威廉 • 罗斯科，1804 年 11 月 25 日。伦敦林奈学会。

31. 苏格兰医生弗朗西斯 • 布坎南 - 汉密尔顿（1762—1829 年）在印度生活期间积极从事博物学工作。他制作了一个来自尼泊尔和迈索尔的植物标本馆，以及近两百幅水彩画。他将这些收藏品赠送给詹姆斯 • 史密斯，目的是在异国植物志中公开。其中一些的确被索尔比用来重新绘制或雕刻，包括第 97—99 页、第 101 页、第 108 页、第 113—117 页（伦敦林奈学会，詹姆斯•史密斯 1806 年 9 月 2 日致 W. 古德伊诺的信，及马克 • 沃森 2012 年 1 月的个人通讯）。原来的水彩画是由未知艺术家创作的，现藏于伦敦林奈学会。艺术品的比较显示，在某些情况下（例如，《异国植物志》第 108 页植物的根和叶），索尔比的版本缺乏一些原作的细致和细节。

32. 詹姆斯 • 史密斯致詹姆斯 • 索尔比，1807 年 2 月 4 日。伦敦自然博物馆索尔比收藏，19 号盒。

33. 詹姆斯·史密斯致威廉·罗斯科，1808年8月14日。伦敦林奈学会。

34. 詹姆斯·史密斯致威廉·罗斯科，1806年10月16日。伦敦林奈学会。

第八章　索尔比的鲸

1. 沃勒（2013）提供了关于鲸鱼描述和一些后续出版的讨论和批评的进一步信息。模式标本的头骨现在在牛津大学自然博物馆（标本号06998）。

2. 杜赫斯特（1834）。

3. 星鱼 *Asterias equestris*，第63号图版；压缩琉璃毛 *Millepora compressa*，第41号图版——现名压缩孔菌 Porella compressa。

4.《英国百科杂谈》，第68号图版，短吻鲱 *Lernaea spratta*（现名短吻鲱鲱 *Lernaeenicus sprattae*）。伦敦自然博物馆的格奥夫·博克斯霍尔教授是这些生物（桡足纲）的权威，他对此描述提供了建议并评论说，索尔比是一位准确的观察者和出色的插图家。（2012年11月27日的个人通讯）。

5.《英国百科杂谈》，第59号图版的文字说明，金口猎甲虫 *Carabus chrysostomos*。

6. 弗朗西斯·亨伯斯顿·麦肯齐（1754—1815）是第一任西福斯男爵。他于1794年当选英国皇家学会会员，并于1797年获得贵族头衔。他追求军事和政治生涯，并对博物学十分感兴趣。他是巴巴多斯总督，1800—1806年，在那里他对奴隶制进行了一些改革。

7.《英国百科杂谈》，第61号图版。

8.《英国百科杂谈》，第8号图版。

9. 乔治·蒙塔古于1802年出版了他的《鸟类学词典》。很快就因其高质量的工作而获得认可。1803年，他出版了《不列颠软体动物志》，一部关于英国软体动物的重要科学著作。

10. 乔治·蒙塔古就几个话题与索尔比进行了通信，包括关于鱼类物种的问题，并寻求指导和材料为他的出版物制作图版。另见克利夫利（1978）。

11. 湖区附近J.贝尔牧师致詹姆斯·索尔比，1802年12月23日。伦敦自然博物馆索尔比收藏，2号盒，4号文件夹。长耳鸮 *Strix otus* 现名长耳鸮 *Asio otus*。

12.《英国百科杂谈》第36号图版的文字说明，以及乔治·索尔比1803年5月5—18日致父母的信件；伦敦自然博物馆索尔比收藏。

13. 穆尔（2004）。

14. W. 科尔比于1806年1月8日致索尔比，其中他送来两只昆虫的描述，这“需要相当大的关注”。金口猎甲虫（第59号图版）和斑褐尖蝇 *Staphylinus concolor*（第54号图版）。伦敦自然博物馆索尔比收藏。

15.《英国百科杂谈》第 45 号图版（毛蜂拟蛾 *Stylops melittae*）的文字说明，图版日期为 1805 年 12 月 1 日。

16. W. 科尔比致詹姆斯·索尔比，1806 年 4 月 26 日。伦敦自然博物馆索尔比收藏。

17. W. Kirby 于 1801 年 1 月 31 日致索尔比，请他为蜜蜂专著《英国蜜蜂专论》绘制一些蜜蜂标本，该专著于 1802 年出版（见附录 C）。 伦敦自然博物馆索尔比收藏。

18. 乔治·索尔比致他的“尊敬的父亲”，1802 年 9 月 8 日。伦敦自然博物馆索尔比收藏。

19. 道森·特纳致詹姆斯·索尔比，1803 年 10 月 19 日，他在信中说，他对索尔比发送的两号图版很满意，还说人们“被法国人吓坏了，大多数有钱的家庭都在把妻子和孩子从城里转移出去”。后来（1803 年 11 月 30 日），他再次催促索尔比更多的图版，说他计划销售这本书的 300 份副本。 伦敦自然博物馆索尔比收藏。

20. 道森·特纳对詹姆斯·德卡尔·索尔比（大雅茅斯）1803 年 8 月 15 日致父亲信件的补充。伦敦自然博物馆索尔比收藏。

21. 詹姆斯·德卡尔·索尔比（大雅茅斯）致父亲，1803 年 8 月 28 日。伦敦自然博物馆索尔比收藏。

22. 原始水彩画存放在伦敦自然博物馆。

23. 道森·特纳致索尔比，1803 年 10 月 3 日、10 月 19 日和 11 月 30 日，伦敦自然博物馆索尔比收藏。

24. BBC 新闻，高地和岛屿。2013 年 9 月 18 日。http://www.bbc.co.uk/news/uk-scotland-highlands-islands-24143838。最后访问日期：2015 年 3 月 24 日。

第九章　矿石、晶体与色彩

1. 例如 1783 年开办的巴黎国立矿业学院和 1765 年开办的德国萨克森州弗赖贝格矿业学院。

2. 约翰·戈特弗里德·施麦塞（1767—1837）是一位德国药剂师、化学家和矿物学家。1794 年，他在前往英格兰的长途旅行中逗留在伦敦，同年根据克龙施泰特的工作出版了《矿物学体系》（1794—1795 年）。书中系统地列出了矿物、岩石和金属的性质、分析方法等。柯蒂斯·P·舒。《矿物学参考书目》，可在矿物记录网站上获取：www.minrec.org/library.asp。最后访问日期：2015 年 3 月 24 日。

3. 英格兰德文郡普利茅斯市博物馆和美术馆收藏有约翰·圣奥宾爵士的矿物和岩石藏品。详情请参阅博物馆网页：http://www.plymouth.gov.uk/museumstaubyncollection。最后访问日期：2015 年 3 月 26 日。

4. W. 戴致 P. 拉什利，1794 年 7 月 21 日，康沃尔记录处，拉什利文书，DDR5764/9。

5. 詹姆斯·史密斯致詹姆斯·索尔比，1802 年 10 月 22 日，自然博物馆，19 号盒，5 号文件夹

6. 为避免单页出版物征收的印花税，必须提供两张纸。索尔比通过印在蓝色封套上的注释通知他的潜在订户："第一期样本演示了图像的执行效果，整个作品旨在成为英国植物学的同伴"，以及"图形将根据实际样本绘制，突出有趣的部分。正文将尽可能明晰。将尽可能方便地参考科学作者，特别是林奈。"他还抓住早期机会请求朋友们向他寄送标本，并感谢他们的协助。卷册的题页上索尔比的名字后面包含"（在协助下）"字样，以此充分肯定他所得到的帮助，这无疑是他需要的。

7. 例如，在他的矿物学手册中，艾金写道："动物学家和植物学家关注的成千上万乃至上万种物种非常适合恰当的渐进排列......然而，矿物学家可能从外观、物理属性或化学现象中找到区别，但迄今为止在将他研究的两三百种物种置于类似排列之下时完全徒劳无功。"（艾金，1814: 50）

索尔比多次引用这个问题，并强调需要了解不同的形式，例如第 378 张带锥形螺旋石榴石的字母印刷品。

8. 布尔查德（1994）。在他的矿物学手册中，艾金（1814）介绍了吹管的使用，并指导读者如何通过舌头和鼻孔等训练自己持续吹气，不致疲劳（就像某些木管乐器）。

9. 第 120 幅图版配文字说明。

10. 第 170 幅图版。硫酸铅。方解石无定形分解形式。

11. 第 301 幅图版配文字说明。

12. 海伦姆（1989 第 1 章）在他关于伟大地质争论的书中对争论焦点问题进行了有趣的讨论。

13. 第 280 幅图版配文字说明，一种铜氢氧化物。

14. 第 398 幅图版配文字说明，硫化锌。文字包括：

我选择这个样本是因为如果仔细考虑，它可以阐明一些其他主题。

基质主要是石英，可能以非常松散粗糙的方式形成在方解石上，正如印痕所示；在方解石消失后，闪长岩或硫化铅分散地形成在其周围。但是，这种闪长岩大部分已经消失，只留下薄壁棕榴石，覆盖了立方体，因闪长岩原来所处的各种位置而成直角。

15. 第 151 幅图版配文字说明。海胆形碳酸钙。

16. 例如，第 62 张的配字说明引用了希思菲尔德勋爵、阿索尔公爵和亨利·穆雷勋爵。

17. 威尔逊（1994: 78）。

18. 格雷维尔的藏品在 1810 年通

过 13,727 英镑的特别投票购买（W. C. Smith，1978）。

19. 克利维利（2004a）。

20. 拉什利，康沃尔福伊附近的梅纳比利，致索尔比，1804 年 6 月 13 日。布里斯托大学，DM 1186。

21. 拉什利，康沃尔福伊附近的梅纳比利致索尔比。1804 年 3 月 30 日。自然历史博物馆，16 号盒，47 号文件夹

22. 拉什利，康沃尔福伊附近的梅纳比利，致索尔比，1804 年 4 月 21 日，自然博物馆，16 号盒，47 号文件夹。

23. 威尔逊（1994：79）。

24. 爱丁堡的吉尔伯特・莱恩经常向索尔比寄送矿石标本，并在 1806 年（3 月 18 日信件，自然博物馆索尔比收藏）报告他对玄武岩的实验结果。彭赞斯的亨利・佩内克警告索尔比（1806 年 10 月 3 日信件，自然博物馆）邮寄花岗岩柱的费用会很高，要求给出更明确的指示以便他知道应该做什么。谢菲尔德刀匠乔纳森・索尔特（1759—1810）对《英国植物学》做出过几次贡献。他与索尔比的通信可以追溯到 1797 年至 1808 年。他是林奈学会的会员（1797 年，由索尔比提名）。关于血玉的信日期为 1797 年 8 月 14 日。伦敦自然博物馆索尔比收藏，17 号盒。

25.《年鉴评论与文学史》。亚瑟・艾金编辑。1803 年第 2 卷，1804 年出版，伦敦。第 24 章矿物学（第 926 页）第 II 条。矿物学（第 926 页）第 II 条。

26. 本杰明・福斯特致詹姆斯・史密斯，1802 年 12 月 18 日。林奈学会。涵盖史密斯《英国真菌》第一卷中。

27. 爱德华・克拉克，剑桥大学，致詹姆斯・索尔比，1804 年 11 月 19 日邮戳。布里斯托大学，邓斯特维尔手稿 1186。

28.《英国矿物学》，第 337 幅图版配文字说明。

29. 威尔逊（1994）。

30.《英国矿物学》第 58 张无烟煤配字说明写道："我们感谢剑桥大学耶稣学院的 E.D. 克拉克先生于 1804 年 2 月赠送林恩煤的标本，呈现五角柱，他观察到这一点已有一年多。"

31. M・詹特，致索尔比，1816 年 3 月 11 日。自然博物馆，8 号盒，22 号文件夹

32. 在他的《颜色新解》中，索尔比引用了托马斯・杨和威廉・沃拉斯顿的工作，特别是那些发表在 1801 年和 1802 年《皇家学会哲学交流》上的文章。

33. 按照索尔比的说明在阳光下查看色度计并观察他描述的颜色顺序相对容易。为了测试他的方法，使用了一个标准的六英寸三角玻璃棱镜。

34. 威廉・柯比致詹姆斯・索尔比，1810 年 4 月 17 日。伦敦自然博物馆索

尔比收藏，10 号盒。

35. 制作了各种广告。这里使用的广告印在他的晶体模型作品的后封面上。

36. 詹姆斯·德·卡尔·索尔比起草的关于他父亲的传记。辛普金斯（1974a）。

37. 乔治·索尔比的信，第一个未注日期但可能是 1808 年底，第二个致父母亲的 1810 年 7 月 26 日。伦敦自然博物馆索尔比收藏，33 号盒，B23 号文件夹。

38. G. B. 索尔比，米德庄园 2 号致父亲，1811 年 2 月 6 日。伦敦自然博物馆索尔比收藏，33 号盒，B23 号文件夹。

第十章　陨石与“天堂之剑”

1. 皮林格和皮林格（1996）。这篇论文生动有趣地叙述了围绕沃尔德山村陨石坠落事件。

2. 詹姆斯·索尔比《英国矿物学》第二卷，第 1—19 页。编号或部分（二十六）出现于 1804 年 12 月。

3. 索尔比致托普汉姆少校的信件副本，无日期。伦敦自然博物馆索尔比收藏，第 32 号盒，B17 号文件夹 T。

4. 一份有影响力的说明是爱德华·金爵士英国皇家学会会员私人出版的论文《关于据称从天上落下的石头的备注—无论是现今还是古代》（1796）。爱德华·金偏向火山起源论。

5. 1806 年 2 月《英国矿物学》第 28 期封套。

6. 大幅版画题为“陨石”，日期为 1812 年 5 月 25 日。它展示了三件样本：沃尔德山村（1795 年 12 月 13 日着陆）；苏格兰格拉斯哥的波瑟（1804 年 4 月 5 日）；和爱尔兰蒂珀雷里（1810 年 8 月）。五个小插图描绘了球粒和黄铁矿粒等组分。样本均来自索尔比自己的收藏。Pillinger 和 Pillinger（1996）记录了有关沃尔德山村大幅版画的一些细节。

7. 无日期的印刷卡，标题为“陨石”，伦敦自然博物馆索尔比收藏，37 号盒，B110 号文件夹。

8. 格罗斯曼（2010）。1810 年 8 月，穆尔斯福特陨石落在提珀雷里郡。索尔比在 1811 年 5 月 2 日请求样品。

9. 查尔斯·潘塞致詹姆斯·索尔比，1820 年 4 月 9 日。英国皇家学会。MS/709。

10. 断断续续通信跨越很多年；克拉克致索尔比，1811 年 2 月 16 日；1812 年 1 月 26 日和 1815 年 2 月 15 日。在 1815 年的来信中，克拉克还写道“地质学会已协助我获取所有弗格森的陨石—所以您的单件样本就无用武之地了，现在提供也太迟了”。伦敦自然博物馆索尔比收藏，5 号盒，13 号文件夹。

11. 道森·特纳致詹姆斯·索尔比，

1803 年 10 月 9 日。伦敦自然博物馆索尔比收藏，22 号盒，66 号文件夹。

12. 亨德森（2013）描述了这把剑的制造和后续历史。

13. 斯坦利夫人（爱德华·斯坦利夫人）致其嫂子玛丽亚·斯坦利夫人的信，1814 年 6 月 16 日（阿丁与格伦费尔，1906: 86）。

14. 1814 年 5 月 4 日，索尔比收到帐单，“制作并抛光一块铁块的工时”，他被收取 4 先令 6 便士，来自“亨利·莫兹利和合伙人位于兰贝斯切尔滕纳姆广场的专利压力蒸汽机和机器制造厂”。伦敦自然博物馆索尔比收藏，账单，31 号盒。

15. 伦敦自然博物馆索尔比收藏，37 号盒，B121 文件夹。

16. 斯坦利夫人致玛丽亚·斯坦利夫人的信。伦敦，1814 年 6 月 23 日，星期一（阿丁与格伦费尔，1906: 93）。

17. 关于包裹内容的描述基于索尔比手写的铅笔草稿注释。1814 年 7 月 3 日詹姆斯·索尔比致沙皇的信件文本来自索尔比的儿子乔治制作的副本。伦敦自然博物馆索尔比收藏，37 号盒，B120 文件夹。

18. 正是亨德森（2013）做了搜索工作。

19. 科萨达维列夫致索尔比。1819 年 5 月 16/28 日。伦敦自然博物馆索尔比收藏，37 号盒，B120 文件夹。

20. 威廉·史密斯（1769—1839）。他认识到地质层可通过它们所含的特定化石来识别。1815 年，他发表了英国大部分地区的第一张地质图。直到多年后，他的成就才得到应有的认可，这让他被称为“英国地质学之父”。

21. 詹姆斯·瑞安（约 1770—1847）在 1808 年 4 月 11 日在米德庄园 2 号向约瑟夫·班克斯爵士和一些地质学会成员展示了他的设备。他用 8 英寸直径的工具钻到总深度 9 英尺 6 英寸。19 人出席。根据这次演示制作了一个地层剖面图。伦敦自然博物馆索尔比收藏，第 32 号盒，B125 文件夹。托伦斯（1997，2004b）详细介绍了赖恩的生平和发明。

22. 附录 C 提供了相关出版物的信息。

第十一章　满目疮痍

1. 安斯沃思（1976: 91）。

2. 1812 年 7 月 15 日 J. 诺尔斯海军部致索尔比的来信；7 月 17 日海军部致索尔比的来信。伦敦自然博物馆索尔比收藏，36 号盒，95 号文件夹。

3. J. 诺尔斯海军部，1812 年 7 月 17 日致索尔比。伦敦自然博物馆索尔比收藏，36 号盒，95 号文件夹。

4. J. 诺尔斯海军部，1812 年 7 月 18 日致索尔比。伦敦自然博物馆索尔比收藏，36 号盒，95 号文件夹。

5. 拉姆斯博顿（1937）；莫里斯（2004）。拉姆斯博顿的论文是获取关于"夏洛特皇后陛下号"干腐问题及索尔比处理干腐所起的作用的详细信息的好资源。

6. 笔记本，包含索尔比亲笔的旅行日志，伦敦自然博物馆索尔比收藏，36 号盒，96 号文件夹。

7. 这些物种目前的学名如下：杂交牛肝菌（*Boletus hybridus* 现名为：菲氏纤孔菌 *Fibroporia vaillantii*）；面包软腹菌（*Boletus medulla-panis* 现名为：面包软孔菌 *Perenniporia medulla-panis*）；粉末树耳（*Auricularia pulverulenta* 现名为：粉末盘菌 *Serpula pulverulenta*）；泪柄牛肝菌（*Boletus lacrymans* 现名为：泪柄盘菌 *Serpula lacrymans*）。

8. 索尔比首先在 7 月 25 日从普利茅斯向专员写信，指出腐烂"深深扎根"。他的正式报告于 8 月 4 日递交专员，为 11 页长信纸。国家海事博物馆，MSS: ADM/BP/32C。注释和副本：伦敦自然博物馆索尔比收藏，36 号盒，95 号文件夹。

9. 拉姆斯博顿（1937）提供了完整的报告。

10. 索尔比在报告中列出的真菌包括杂交牛肝菌 *Boletus hybridus*（见《英国真菌》289 页插图）"即：面包软腹菌 *Boletus medulla-panis* 的幼态"（EF 326），巨盘菌 *Xylostroma giganteum*（EF 358），粉末树耳 *Auricularia pulverulenta*（EF 214）和一些泪柄牛肝菌 *Boletus Lacrymans*（EF 113）的残余。目前，粉末树耳 *Auricularia pulverulenta* 是知名干腐真菌粉末盘菌 *Serpula pulverulenta* 的同物异名，杂交牛肝菌 *Boletus hybridus* 是菲氏纤孔菌 *Fibroporia vaillantii* 的同物异名。参见注释 7。

11. 奥内尔·卢金 1811 年 9 月 25 日致威廉·鲁尔爵士的来信。他在信中建议移除腐朽的木材，"然后在每层甲板的每个框架之间引入闪锌矿，以蒸汽状态，这在每种情况和位置下都会破坏所有类型的植被，因为它含有大量的砷；并将由于其所含硫磺相当部分而停止发酵"。国家海事博物馆。MSS ADM/BP/31B。这样的建议在实施中可能对任何受雇执行的人员极为危险。

12. 普利茅斯海军工厂军官致海军部的信，1812 年 8 月 8 日。国家海事博物馆，档案。ADM/BP/32C。

13. J. 诺尔斯，海军部致索尔比，1812 年 8 月 24 日。伦敦自然博物馆索尔比收藏，36 号盒，95 号文件夹。

14. 海军部致索尔比，1812 年 8 月 28 日。伦敦自然博物馆索尔比收藏，36 号盒，95 号文件夹。

15. 奥内尔·卢金致海军委员会，1812 年 8 月 5 日。国家海事博物馆，档案 ADM/BP/32C。

16. 见诺尔斯（1821）的报告。

17. 詹姆斯·索尔比致其子詹姆斯·德·卡尔（当时在大雅茅斯）的未注日期信件。伦敦自然博物馆索尔比收藏，38 号盒，C15 号文件夹。

18. 索尔比致海军委员会的报告，1813 年 2 月 17 日。伦敦自然历史博物馆索尔比收藏，36 号盒，95 号文件夹。参见拉姆斯博顿（1937）。

19. 詹姆斯·索尔比致海军委员会的报告，1813 年 10 月 29 日，伦敦自然博物馆索尔比收藏，36 号盒，95 号文件夹。

20. 索尔比对其过去活动致海军委员会的报告副本，1813 年 12 月。自然博物馆植物图书馆，报告和信件文件夹。

21. 海军部致索尔比的信，1814 年 1 月 5 日。伦敦自然博物馆索尔比收藏，36 号盒，95 号文件夹。

22. 索尔比亲笔致其陛下海军专员的未注日期粗略信件草稿，对委员会不承认他救船有功提出异议。他写道："我实在有义务对我的国家和自己，不能不对这份说明提出评论……在检查这艘船时，我发现灾难仍在加剧，并提出了可以采取的措施。"伦敦自然博物馆索尔比收藏，36 号盒，95 号文件夹。

23. J. 诺尔斯致索尔比，1814 年 1 月 1 日，及索尔比的草稿回复。伦敦自然博物馆索尔比收藏，36 号盒，95 号文件夹。

24. 1813 年 12 月 24 日会议记录。海军委员会会议记录。国家档案馆，海军部 106/2679。

25. 1813 年 12 月 31 日会议记录。调查委员会，信件和会议记录。国家档案馆，海军部 92/1。

26. 1813 年 12 月 31 日会议记录。海军委员会会议记录。国家档案馆，海军部 106/2679。

27. 詹姆斯·索尔比致约翰·诺尔斯的信，1815 年 7 月 6 日，关于 1 月 23 日着色湿度计的账单，自那时起没有见过也未收到回音。他询问是否可以找到并支付该账单。伦敦自然博物馆索尔比收藏，36 号盒，95 号文件夹。

28. 道森·特纳致詹姆斯·索尔比，1813 年 6 月 6 日。伦敦自然博物馆索尔比收藏，22 号盒，66 号文件夹。

第十二章　矿物贝类学

1. 詹姆斯·索尔比于 1797 年 8 月 8 日从诺维奇致小片纸上的信给伦敦的詹姆斯·德·卡尔·索尔比。伦敦自然博物馆索尔比收藏，38 号盒，C15 号文件夹。

2. 例如，1808 年 8 月，索尔比曾写信给诺福克罗顿的弗郎西斯牧师（林奈学会会员），询问该地区是否有化石，并说“我已经开始为出版绘制化石贝壳图画”。伦敦自然博物馆索尔比收藏。7号盒，20号文件夹。

3. 埃塞尔德雷德·贝内特（1776—1845)。拉明与拉明（2007）对他有简短介绍。

4. 乔治·居维叶关于巴黎盆地地层的主要著作与亚历山大·布朗尼亚于1811年合著发表《关于巴黎附近地区矿物地理学试验、附地质图和地层剖面图》。

5. 伦敦北部海格特的拱门处，多年来一直在进行大规模道路工程，涉及大量挖掘和暴露伦敦黏土。到1815年，霍恩西道路沿线大部分已兴建成独立住宅和花园，直达1813年建成的新拱门。拱门道路穿过拱门，也是在1813年“建成”的。原计划建隧道，但在1812年4月坍塌。

6. 关于这些报告的具体信件示例是：迪恩·曼特尔于1816年12月31日从萨塞克斯郡刘易斯的卡斯尔广场致詹姆斯·索尔比的信。曼特尔档案，亚历山大·特恩布尔图书馆，惠灵顿，新西兰。

7. 索尔比分别于1813年5月5日和1815年6月7日致曼特尔。曼特尔档案，亚历山大·特恩布尔图书馆，惠灵顿，新西兰。

8. 埃利奥特（1975）。

9.《阿蒙尼特·邓肯》，第129页，表157。

10. 查尔斯·阿德里安·德埃里西耶·德·吉尔维尔（1769—1853)，来自诺曼底Valonges。克利维利（2012）介绍了他与索尔比父子的合作及其重要性。

11. 查尔斯·阿德里安·德埃里西耶·德·吉尔维尔致索尔比，1818年7月27日。布里斯托大学，邓斯特维尔手稿1186。

12. 稚角菊石属（Inoceramus）是一已绝迹的双壳纲属，其中一些物种可以达到相当大的体型。索尔比在1814年11月向林奈学会发表演讲，但直到1822年才在《会刊》上发表，可能是索尔比准备最后的文章时有所延误。他的文章还详细讨论了生长速率和铰链结构。

13. 詹姆斯·索尔比（在伦敦）与其子詹姆斯·德·卡尔（在雅茅斯）之间的通信跨越1812年8月30日至11月2日两个月。伦敦自然博物馆索尔比收藏，38号盒，C15号文件夹。

14. 詹姆斯·德·卡尔·索尔比致父亲的信，1813年6月22日。伦敦自然博物馆索尔比收藏，33号盒，B22号文件夹。

15. 这是一种简要描述和100多幅彩色插图的目录，曾在《英国矿物学》和《矿物贝类学》中使用。

16. 托马斯·珀顿于1816年11月

3日从阿尔塞斯特致詹姆斯·索尔比的信。伦敦皇家学会，MS/709/48。

17. 詹姆斯·布罗迪于1815年12月11日致索尔比，随信附上索尔比的回信草稿。伦敦自然博物馆索尔比收藏，4号盒，10文件夹。

18. 索尔比致迪恩·曼特尔，1814年9月19日。曼特尔档案，惠灵顿特恩布尔图书馆，新西兰。

19. 索尔比在德·法朗斯的来信上写就回信草稿，1817年3月18日。伦敦自然博物馆索尔比收藏，第32号盒，B19文件夹。

20. 诺森顿勋爵，卡什尔·阿什比致索尔比，1817年4月28日，以及索尔比的回信草稿。伦敦自然博物馆索尔比收藏，15号盒，A43号文件夹。

21. 查尔斯·莱尔致索尔比，1811年3月1日和13日。伦敦自然博物馆索尔比收藏，12号盒，A36号文件夹。

22. 詹姆斯·史密斯致索尔比，1813年10月27日，林奈学会会刊，第25卷。

23. 休·戴维斯与索尔比，1816年5月3日，随信附上索尔比的回信草稿。伦敦自然博物馆索尔比收藏，6号盒，16号文件夹。

24. 詹姆斯·史密斯致索尔比，1815年12月15日。伦敦自然博物馆索尔比收藏，第20号盒，50号文件夹。

第十三章　哲学与化学社团

1. T. J. H. 佩蒂格鲁于1811年1月18日致索尔比的印刷信，告知他当选为荣誉会员；佩蒂格鲁于1811年1月22日致索尔比的手写信，表达他的高兴以及提名他的原因；随有索尔比的铅笔回信草稿。其他管理文件。伦敦自然博物馆索尔比收藏，12号盒，34号文件夹和32号盒，B17号文件夹。

2. 索尔比于1817年担任副会长，并于1819年10月21日重新当选，所以尽管他写了辞职信，但似乎后来撤回了。伦敦自然博物馆索尔比收藏，12号盒，34号文件夹。

3. 拉奇福德（1925）。

4. Noehden，奥尔巴尼皮卡迪利致索尔比，1816年8月21日。伦敦自然博物馆索尔比收藏，15号盒，43号文件夹。

5. 克拉克（2000）。

6. 伦敦自然博物馆索尔比收藏，6号盒，18号文件夹。

7. 例如，戴维1807年分离出了钠和钾。

8. 伦敦自然博物馆索尔比收藏，43号盒，106号文件夹。参见阿弗利（1986）。

9. 阿弗利（1986）详细介绍了兰贝斯学会。另见：伦敦自然博物馆索尔比收藏，11 号盒，31 号文件夹。兰贝斯档案馆手稿；伦敦兰贝斯中央图书馆，米内特收藏库。

10. 伦敦自然博物馆索尔比收藏，11 号盒，31 号文件夹。

11. 亚瑟·德·卡尔·索尔比（1952 年）。

12. 约翰·马韦（1766—1829）是矿物学家和矿物商，首先在科芬园开店，后在伦敦斯特兰开店（托伦斯 2004a）。他出版过几本著作，包括《巴西内陆旅行》（1812，索尔比制版画），《钻石论》（1813，两张彩色版画），和畅销的《易懂的矿物学和地质学教程》（1819），再版多次。包括二十二个矿物图版。笔记、图纸和校样版画表明，索尔比至少参与了第二版彩色版画的制作。索尔比还为一些宝石提供了彩色版画，例如蓝宝石，并可能参与了《钻石论文》后期含两张彩色版画的版次，以及莫关于化学口吹管应用的著作。伦敦自然博物馆索尔比收藏，29 号盒，A95、96 号文件夹；32 号盒，B17 号文件夹；35 号盒，B83 号文件夹。见威尔逊（1994: 79）。

13. 四篇论文的详细信息见附录 B。

14. 索尔比宣读但未在会刊上发表的论文实例包括："关于一些称为阿氏星鱼属 *Asterias Arberis* 和地衣型巢属 *Nidus Licheniformis* 的蜡状物品的注释"（1799）；"关于碳酸钙的长对角破裂等"（1812）；"关于腐烂和腐朽木材"（1813）；"关于几种凝胶状物质的通知，通常称为星状物、星状泥等，认为是陨石起源"（1814）。他的论文通常伴有插图。

15. 伦敦自然博物馆索尔比收藏，30 号盒。账单可能与约翰·亚当斯的"关于一些微小英国贝壳的描述"一文中的版画有关。此外，乔纳斯·德莱安德（班克斯爵士的图书管理员，《英国皇家植物园邱园植物志》的合著者）委托索尔比为他关于秋海棠属的论文做一幅插图。

16. D. 特纳（1808）。"八种新英国地衣的描述"，《伦敦林奈学会交流》，会刊 9:137—150。

17. T. 沃尔福德（1808）。"关于一种破坏小麦的昆虫的一些观察，疑为蚯蚓"，发表于《伦敦林奈学会交流》，会刊 9:156—159。

18. J.E. 史密斯（1798）。"二十个植物新属的特征"，发表于《伦敦林奈学会交流》，会刊 4:213—223。

第十四章　薪火相传

1. 肖像是时尚肖像画家托马斯·希普（1775—1835）的水彩画。J. C. 爱德华兹（另一位肖像画家）制作了其雕版画，理查德·泰勒印刷。辛普金斯（1974a）。

2. 引自克利维利（2004c）。

3. W. J. 胡克，海尔斯沃思，致索尔比，1817 年 1 月 8 日；伦敦自然博物馆索尔比收藏，10 号盒，28 号文件夹。

4. 詹姆斯·史密斯博士，内科医生及植物学家，是《植物学杂志》的编辑。通信（伦敦自然博物馆索尔比收藏）显示，索尔比偶尔会被要求为《植物学杂志》做一些工作。例如，1817 年 3 月 8 日，索尔比被要求前往苏豪广场的约瑟夫·班克斯那里，为切尔西药用植物园的一种新金盏藤绘制图画。伦敦自然博物馆索尔比收藏，18 号盒，53 号文件夹。

5. 詹姆斯·史密斯与詹姆斯·索尔比之间的通信，1820 年 3 月 26 日至 5 月 24 日；伦敦自然博物馆索尔比收藏，20 号盒，59 号文件夹。

6. 索尔比，米德庄园，致在诺福克的夏洛特，约 1817 年 7 月 15 日，对她从伯里 7 月 15 日来信的回复草稿。伦敦自然博物馆索尔比收藏，38 号盒，C15 号文件夹。

7. 索尔比，诺维奇致詹姆斯·德·卡尔，伦敦，1817 年 8 月 12 日。伦敦自然博物馆索尔比收藏，38 号盒，C15 号文件夹。

8. 乔治·索尔比，米德庄园 3 号致父亲，米德庄园 2 号，1817 年 12 月 25 日。伦敦自然博物馆索尔比收藏，33 号盒，B23 号文件夹。

9. 乔治·索尔比，米德庄园 3 号致父亲，米德庄园 2 号，1818 年 2 月 24 日。伦敦自然博物馆索尔比收藏，33 号盒，B23 号文件夹。

10. 索尔比致德·吉尔维尔，1818 年 11 月。法国诺曼底古文书学会，卡昂。引自克利维利（2012）。

11. 亚瑟·德·卡尔·索尔比（1952 年）。玛丽亚是约翰·雷诺兹上将（1713—1788）的女儿，曾任北美佐治亚殖民地总督。

12. 詹姆斯·德·卡尔，巴黎致父亲，1820 年 6 月 25 日。伦敦自然历史博物馆索尔比收藏，33 号盒，B22 号文件夹。詹姆斯·德·卡尔致夏洛特·索尔比，巴黎，1820 年 8 月 1 日（法语）和 9 月 8 日。伦敦自然博物馆索尔比收藏，48 号盒，G1 号文件夹。

13. 玛丽·索尔比，米德庄园致詹姆斯·德·卡尔·索尔比（无日期）。伦敦自然博物馆索尔比收藏，39 号盒，C19 号文件夹。

14. 夏洛特，巴黎致索尔比家，米德庄园，1820 年 10 月 2 日。伦敦自然博物馆索尔比收藏，25 号盒，A75 号文件夹。

15. 索尔比对 A. L. 爱默生致索尔比的来信（1821 年 1 月 20 日）的回复草稿。伦敦自然博物馆索尔比收藏，6 号盒，18 号文件夹。

16.《绅士杂志》，1822 年，第

568页。

17. 詹姆斯·史密斯，霍尔克姆庄园致詹姆斯·德·卡尔·索尔比，米德庄园，1822年10月31日。伦敦自然博物馆索尔比收藏，第20号盒，59号文件夹。

18. 辛普金斯（1974a）。

19. 亚瑟·德·卡尔·索尔比（1952年）。墓碑不再能找到，也不知道他的确切墓地。

20. 托马斯·格里·卡勒姆爵士，伯里，致詹姆斯·史密斯，诺维奇，1822年11月11日。伦敦林奈学会。卡勒姆在1774年出版了《英国植物志》。

尾声

1. 英国公共记录局。国家档案馆。遗嘱认证 11/1664。

2. 英国图书馆的拍卖目录副本显示，拍卖于1831年6月23日至米德庄园为期四天，拍卖行为托马斯与史蒂文斯先生。目录题为：已故詹姆斯·索尔比先生杰出收藏馆的剩余部分目录。近八百批拍品，超过五百批是矿物。其他批次涉及贝壳、鸟类、昆虫、鱼类、爬行动物和书籍。

标本馆未包括在内。

3. 麦克唐纳（1974）给出了一些自然博物馆购得的详细信息。她还提供了一些关于索尔比儿子詹姆斯·德·卡尔和乔治·布雷廷翰的生平信息。索尔比的标本馆于1859年以100英镑从詹姆斯·德·卡尔处购得，化石收藏于1861年购得。自然博物馆购买的与索尔比相关文件的详细信息，

见博物馆档案馆的索尔比收藏档案（DF601）。

4. 桑德斯（1995）。

5. 约瑟夫·班克斯致詹姆斯·史密斯，1817年12月25日，林奈学会。

6. 关于《矿物贝类学》的详细信息及这些副本的讨论见克利维利（1974b）。

7. 埃利奥特（1975）。

8. 摘自《真菌学》。《詹姆斯·索尔比英国真菌或蘑菇彩色图谱赏析，1797年伦敦》，作者为第六代雷尼肖会馆从萨切弗尔·西特维尔爵士，艾迪丝·西特维尔女爵士和奥斯伯特·西特维尔爵士的弟弟。在此衷心感谢西特维尔家族允许引用这段摘录。

9. 这个例子引自埃利奥特（1975）。

10. J. H. 迪金森牧师，斯塔福德郡，致詹姆斯·索尔比，1812年7月27日。伦敦自然博物馆索尔比收藏，6号盒，17号文件夹。

参考文献

这些清单不包括索尔比和他儿子的作品。附录如下：

Adeane, J. H. & Grenfell, M. (eds) (1906). Before and After Waterloo. Letters from Edward Stanley, sometime Bishop of Norwich, (1802; 1814; 1816). T. Fisher Unwin, London.

Aikin, Arthur. (1814). A Manual of Mineralogy. Taylor, London.

Ainsworth, G. C. (1976). Introduction to the History of Mycology. Cambridge University Press, Cambridge.

Allen, D. E. (2004). Salisbury, Richard Anthony (1761–1829). Oxford Dictionary of National Biography. Oxford University Press, Oxford.

Allen, Thomas (1827). The History and Antiquities of the Parish of Lambeth, and the Archiepiscopal Palace, in the county of Surrey. London.

Altick, Richard Daniel (1978). The Shows of London. Harvard University Press, Cambridge, Mass & London.

Anon (1804). Grove-Hill. A rural and horticultural sketch. London.

Averley, Gwen (1986). The 'social chemists'. English chemical societies in the eighteenth and early nineteenth century. Ambix 33: 99–128.

Babington, William (1795). A Systematic Arrangement of Minerals founded on the joint consideration of their chemical, physical, and external characters: reduced to the form of tables and exhibiting the analysis of such species as have hitherto been made the subject of experiment. London.

Bell, William George (1912). Fleet Street in Seven Centuries being a history of the growth of London beyond the walls into the western liberty, and of Fleet Street to our time. London: Sir Isaac Pitman and Sons Ltd.

Bjelic, Dusan & Lynch, Michael (1992). The work of a (scientific) demonstration. Respecifying Newton's and Goethe's theories of prismatic colour. In:Text in Context. Contributions to Ethnomethodology, eds. G. Watson and R. M. Seiler, pp. 52–78. Sage Publications.

Blunt, Wilfrid (1950). The Art of Botanical Illustration. Collins, London.

Blunt, Wilfrid & Stearn, William T. (1994). The Art of Botanical Illustration. (New edn.) Antique Collectors' Club with Royal Botanic Gardens, Kew.

Boulger, G. S. (2004a). Davall, Edmund (1763–1798). Oxford Dictionary of National Biography. Oxford University Press, Oxford.

Boulger, G. S. (2004b). Forster, Benjamin Meggot (1764–1829). Oxford Dictionary of National Biography. Oxford University Press, Oxford.

Boulger, G. S. (2004c). Fraser, John (bap 1750, d 1811). Oxford Dictionary of National Biography. Oxford University Press, Oxford.

Boulger, G. S. (2004d). Smith, Sir James Edward (1759–1828). Oxford Dictionary of National Biography. Oxford University Press, Oxford.

Bowden, Jean K. (2004). Lightfoot, John (1735–1788). Oxford Dictionary of National Biography. Oxford University Press, Oxford.Britten, J. & Woodward, B. B. (1905).

L'Héritier's Botanical Works. J. Bot. 43: 266–73, 325–9.

Brook, Anthony (2001a). Unto the Fourth Generation. Outcrop 23: 4–6.

Brunton, Deborah (2004). Woodville, William (1752–1805). Oxford Dictionary of National Biography. Oxford University Press, Oxford.

Bulliard, P. (1791). Histoire des Champignons de la France ou traité elémentaire renfermant dans un ordre méthodique les descriptions et les figures des champignons qui croissent naturellement en France. Paris.

Burchard, R. (1994). The history and apparatus of blowpipe analysis. Mineralogical Record 25: 252–77.

Carruth, Nick, Cleevely, Ron & Green, David I. (2007). A Scorodite Specimen Figured by James Sowerby and Analysed by William Gregor. UK Journal of Mines and Minerals 28: 4–6.

Carter, Harold B. (1988). Sir Joseph Banks 1743–1820. British Museum (Natural History), London.

Chichester, H. M. (2006). Mackenzie, Francis Humberston, Baron Seaforth and Mackenzie of Kintail (1754–1815). Oxford Dictionary of National Biography. Oxford University Press, online edn, May 2006 [http://www.oxforddnb.com/view/article/14126. Last accessed 27 March 2015]

Clark, Peter (2000). British Clubs and Societies 1580–1800. The origins of an associational world. Oxford University Press, New York.

Cleevely, R. J. (1974a). A provisional bibliography of natural history works by the Sowerby family. J. Soc. Bibliogr. Nat. Hist. 6: 482–559.

Cleevely, R. J. (1974b). The Sowerbys, the Mineral Conchology, and their fossil collection. J. Soc. Bibliogr. Nat. Hist. 6: 418–81.

Cleevely, R. J. (1976). The Sowerbys and their publications in the light of the manuscript material in the British Museum (Natural History). J. Soc. Bibliogr. Nat. Hist. 7: 343–68.

Cleevely, R. J. (1978). Some background to the life and publications of Colonel George Montagu (1753–1815). J. Soc. Bibliogr. Nat. Hist. 8: 445–80.

Cleevely, R. J. (2000). The contributions of a trio of Cornish geologists to the development of 18th century mineralogy. Transactions of the Royal Geological Society of Cornwall 22(3): 89–120.

Cleevely, Ron J. (2004a). Rashleigh, Philip (1729–1811). Oxford Dictionary of National Biography. Oxford University Press, Oxford.

Cleevely, Ron J. (2004b). Sowerby, James (1757–1822). Oxford Dictionary of National Biography. Oxford University Press, Oxford.

Cleevely, Ron J. (2004c). Sowerby, James De Carle (1787–1871). Oxford Dictionary of National Biography. Oxford University Press, Oxford.

Cleevely, R. J. (2011). Collecting the New, Rare and Curious. Devon and Cornwall Record Society, Exeter.

Cleevely, R. J. (2012). The collaboration of the French naturalist Charles De Gerville with the Sowerby family and its contribution to early nineteenth-century geology. Arch. Nat. Hist. 39(1): 77–110.

Cleevely, R. J. & Bristow, C. M. (2003). Revd William Gregor (1761–1817): The Contributions of a Cornish Cleric and Analytical Chemist. Journal of the Royal Institution of Cornwall. 85–108.

Coan, E. V., Kabat, A. R. & Petit, R. E. (2009). 2,400 Years of Malacology (7th edn). American Malacological Society. [Latest edition available online from the society's website http://www.malacological.org/2004_malacology.html. Last accessed 27 March 2015]

Collins, J. (1969). Supplementa Sowerbiana; or a catalogue of books and manuscripts written or illustrated by members of the Sowerby family. Issued as a supplement to Bernard Quaritch's Catalogue no. 894. London.

Collins, John (1973). A note on the history of the Sowerby family archive. J. S. Seaton & Co., London.

Conklin, Lawrence H. (1995). James Sowerby, his publications and collections. Mineralogical Record 26: 85–105.

Cooper, Michael P. (2001). Keeping it in the family: the Humphreys, Forsters and Heulands. Matrix 9: 3–31.

Cooper, Michael P. (2006). Robbing the Sparry Garniture. A 200-year History of British Mineral Dealers, 1750–1950. Mineralogical Record, Inc., Tucson, Arizona.

Curtis, Samuel (1805). Lectures on Botany as delivered in the Botanic Garden at Lambeth by the late William Curtis, F.L.S. London.

Curtis, W. Hugh (1941). William Curtis 1746–1799. Fellow of the Linnean Society. Botanist and Entomologist. With some notes on his son-in-law Samuel Curtis, F.L.S.. Winchester.

Curtis, William (1771). Instructions for Collecting and Preserving Insects. Particularly moths and butterflies. London.

Curtis, William (1777). Linnaeus's System of Botany, so far as relates to his classes and orders of plants; illustrated by figures entirely new, with copious explanatory description. Drawn up for the use of his pupils by William Curtis, author of the Flora Londinensis, and teacher of botany in London. Gracechurch Street, London.

Cust, L. H. (2004). Hodges, William (1744–1797). Oxford Dictionary of National Biography. Oxford University Press, Oxford.

Davies, Hugh (1813). A systematic catalogue of the native plants of the Isle of Anglesey, in Latin, English, and Welsh; with the habitats of the rarer species, and a few observations. W. Marchant, London.

Desmond, Ray (1987). A Celebration of Flowers. Two hundred years of Curtis's Botanical Magazine. Royal Botanic Gardens, Kew, with Collingridge, Kew.

Desmond, Ray (1995). Kew. The History of the Royal Botanic Gardens. London: The Harvill Press with the Royal Botanic Gardens, Kew, London.

Dewhurst, Henry William (1834). The natural history of the order Cetacea: and the oceanic inhabitants of the Arctic regions. Published by the author.

'Editor' (1974). Note by editor of the series of papers in this journal giving an introduction: J. Soc. Bibliogr. Nat. Hist. 6: 373–79. (The editor was Alwyne Wheeler but name not given.)

Elliott, Graham (1975). The non-descriptive palaeontology of the Sowerbys' Mineral Conchology. Bull. Brit. Mus. (Nat. Hist.), Hist. 4: 387–99.

Emmerling, Ludwig A. (1799, 1802). Lehrbuch der Mineralogie.

Eyles, J. M. (1969). William Smith (1769–1839): A bibliography of his published writings, maps and geological sections, printed and lithographed. J. Soc. Bibliogr.

Nat. Hist. 5: 87–109. Foskett, Daphne (1987). Miniatures Dictionary and Guide. Antique Collectors' Club, Suffolk.

Garry, F. N. A. (1905). Notes on the drawings for Sowerby's English Botany. Journal of Botany 41 supplement (1903): 1–32, 33–120, 121–276.

Gascoigne, John (1994). Joseph Banks and the English Enlightenment. Useful knowledge and polite culture. Cambridge University Press, Cambridge.

Geldart, A. M. (1914). Sir James Edward Smith and some of his friends. Transactions of the Norfolk & Norwich Naturalists' Society (Presidential Address). 9: 645–92.

Gilmour, John (1946). British Botanists. Collins, London.

Graves, Algernon (1907). The Society of Artists of Great Britain 1760–1791 The Free Society of Artists 1761–1783 A complete dictionary of contributors and their work from the foundation of the societies to 1791. London.

Green, David I., Cotterell, Tom F., Jones, Ian, Cox, David & Cleevely, Ron. (2007). Wavellite: Its Discovery and Occurrence in the British Isles. UK Journal of Mines

and Minerals 28: 11–30.

Grossman, Mark I. (2007). Smithson Tennant. Meteorites and the final trip to France. Notes & Rec. Roy. Soc. 61: 265–83.

Grossman, Mark I. (2010). William Higgins at the Dublin Society 1810–20. The loss of a professorship and a claim to the atomic theory. Notes & Rec. Roy. Soc. 64: 417–34.

Hallam, A. (1989). Great Geological Controversies (2nd edn). Oxford University Press, Oxford.

Harben, Henry, A. (1918). A Dictionary of London: being notes topographical and historical relating to the streets and principal buildings in the City of London. Herbert Jenkins Ltd, London.

Harris, Stephen (2007). The Magnificent Flora Graeca. How the Mediterranean came to the English Garden. Bodleian Library, Oxford.

Hawkesworth, D. L. (1976). Introduction to facsimile edition of J. Dickson Plantarum Cryptogamicarum Britanniae. The Richmond Publishing Co. Ltd, Richmond.

Haüy, René-Just (1801) Traité de Minéralogie. Paris.

Henderson, Paul (2013). James Sowerby: Meteorites and his meteoritic sword made for the Emperor of Russia, Alexander I, in 1814. Notes & Rec. Roy. Soc. 67: 387–401.

Horwood, Richard (1813) A Map of the Cities of London and Westminster. In: The A–Z of Regency London. Paul Laxton (introduction) & Joseph Wisdom (1985). Lympne Castle, Harry Margary, Kent.

Hunt, Robert. (2004) Curtis, William (1746–1799). Oxford Dictionary of National Biography. Oxford University Press, Oxford.

Jameson, Robert (1804, 1808). System of Mineralogy. Edinburgh.

Kirwan, Richard (1784). Elements of Mineralogy. London. (2nd edn: vol. 1 1794; vol. 2 1796.)

Knight, David (2009) Chemists get down to Earth. In: The Making of the Geological Society of London, ed. C. L. E. Lewis & S. J. Knell, pp. 93–103. Geological Society, London.

Knowles, John (1821). An Inquiry into the means which have been take to preserve the British Navy from the earliest period to the present time particularly from that species of decay now denominated dry-rot. Winchester and Farnham.

Lack, Walter H. with Mabberley, David J. (1999). The Flora Graeca Story. Sibthorp, Bauer and Hawkins in the Levant. Oxford University Press, Oxford.

Laming, S. & Laming D. (2007). Etheldred Benett (1776–1845): the first woman geologist? In: The Role of

Women in the History of Geology, ed. C. B. Burek & B. Higgs, pp. 247–249. Geological Society, London.

Laxton, Paul & Wisdom, Joseph. (1985). The A–Z of Regency London. Lympne Castle, Harry Margary, Kent.

Lightfoot, John (1777). Flora Scotia or, a systematic arrangement in the Linnean method of the native plants of Scotland and the Hebrides. London.

Linnaeus, Carl (1753). Species Plantarum. Laurentius Salvius, Stockholm.

Macdonald, Jessie Bell (1974). The Sowerby Collection in the British Museums (Natural History): a brief description of its holdings and a history of its acquisition from 1821–1971. J. Soc. Bibliogr. Nat. Hist. 6: 380–401.

McConnell, A. (2004). Dickson, James (1738?–1822). Oxford Dictionary of National Biography. Oxford University Press, Oxford.

Monks, Sarah (2008). Fishy Business: Richard Wright's The fishery (1764), Marine Painting, and the Limits of Refinement in Eighteenth-Century London. Eighteenth-Century Studies 41: 405–21.

Montagu, George (1802). Ornithological Dictionary; or, Alphabetical Synopsis of British Birds. London.

Moore, D. T. (2004). Kirby, William (1759–1850). Oxford Dictionary of National Biography. Oxford University Press, Oxford.

Morriss, Roger (2004). Naval Power and British Culture, 1760–1850. Public Trust and Government Ideology. Ashgate, Aldershot, England.

Nicholson, A. (2004). Wright, Richard (c.1720–c.1775). Oxford Dictionary of National Biography. Oxford University Press, Oxford.

Parkinson, James (1804–1811). Organic remains of a former world. An examination of the mineralized remains of the vegetable and animals of the Antediluvian world; generally termed extraneous fossils. London.

Payne, J. F. (2004). Lettsom, John Coakley (1744–1815). Oxford Dictionary of National Biography. Oxford University Press, Oxford.

Pennant, Thomas (1791). Some Account of London (2nd edn). Dublin.

Petit, Richard E. (2006). Notes on Sowerby's The genera of recent and fossil shells (1821–1834). Arch. Nat. Hist. 33: 71–89.

Petersen, Ronald H. (1983). An annotated index for James Sowerby's 'Coloured Figures of English Fungi'. Mycotaxon XVII: 148–212.

Petit, R. E. (2009). George Brettingham Sowerby, I, II, & III: their conchological publications and molluscan taxa. Zootaxa 2189.

Pillinger, C. T. & Pillinger, J. M. (1996). The Wold Cottage meteorite: not just any ordinary chondrite. Meteoritics & Planetary Science 31: 589–605.

Porter, Roy (1978). Gentlemen and geology. The emergence of a scientific career, 1660–1920. The Historical Journal 21: 809–36.

Porter, Roy (1991). English Society in the Eighteenth Century. Penguin, London.

Ramsbottom, J. (1933). Dates of Publication of Sowerby's English Fungi. Transactions of the British Mycological Society 18: 167–170.

Ramsbottom, J. (1937). Dry rot in ships. The Essex Naturalist 24: 231–67. (Presidential address of 20 March 1937.)

Rashleigh, Philip (1797, 1802). Specimens of British Minerals, selected from the cabinet of Philip Rashleigh, of Menabilly, in the county of Cornwall. W. Bulmer & Co.

Ratchford, F. E. (1925). S. T. Coleridge and the London Philosophical Society. Modern Language Review 20: 76–80.

Roscoe, I, Hardy, E & Sullivan, M. G. (2009). A Biographical Dictionary of Sculptors in Britain 1660–1851. Yale University Press, New Haven, Conn & London.

Rudé, George (1971). Hanoverian London 1714–1808. Secker & Warburg, London.

Russan, Lilian & Russan, Ashmore (1923). Historic Streets of London. An Alphabetical Index. Simpkin Marshall & Co., London.

Salisbury, Richard, Anthony (1806). The Generic Characters in The English Botany, collated with those of Linné. W. Bulmer, London.

Saunders, Gill (1995). Picturing Plants. An Analytical History of Botanical Illustration. University of California Press, CA.

Schweizer K. W. (2004). Stuart, John, third earl of Bute (1713–1792). Oxford Dictionary of National Biography. Oxford University Press, Oxford.

Secord, Anne (1994). Corresponding interests: artisans and gentlemen in nineteenth-century natural history. British Journal for the History of Science 27: 383–408.

Simpkins, Diana M. (1974a). Biographical sketch of James Sowerby, written by his son, James de Carle Sowerby 1825. J. Soc. Bibliogr. Nat. Hist. 6: 402–15.

Simpkins, Diana M. (1974b). Childhood reminiscences of James Sowerby. J. Soc. Bibliogr. Nat. Hist. 6: 416–17.

Sitwell, Sacheverell (1972). Fungi. A Look at Coloured Figures of English Fungi or Mushrooms by James Sowerby F.L.S. London 1797. Smart &Co. (Printers) Ltd. Brackley, Northants.

Sitwell, Sacheverell & Blunt, Wilfrid (1956). Great Flower Books 1700–1900. A Bibliographical Record of two-Centuries of finely-illustrated Flower Books. Collins, London. [Note: the bibliography was drawn up by W. T. Stearn, Sabine Wilson and Handasyde Buchanan, and edited by Patrick M Synge.]

Smith, Worthington G. (1898). Guide to Sowerby's models of British fungi in the Department of Botany, British Museum (Natural History). London.

Smith, Worthington G. (1905). Sowerby's drawings of fungi. Journal of Botany 43: 156–60, 180–6, 209–15, 239–43, 258–66.

Smith, W. Campbell (1978). Early mineralogy in Great Britain and Ireland. Bull. Brit. Mus. (Nat. Hist.), Hist. 6:(3): 49–74.

Sowerby, Arthur De Carle, in collaboration with Sowerby, Alice Muriel & Stone, Joan Evelyn (1952). The Sowerby Saga. Being a brief account of the Sowerby Family and of its history from earliest times down to the present based upon recent research into available extant literature. Washington DC.

Sowerby, J. De C. (1825). A short account of the life of Mr. James Sowerby F.L.S.G.S.W.S. Unpublished MS. [See Simpkins, D. M. (1974a).]

Sowerby, R. R. (1956). Sowerby of China. Arthur de Carle Sowerby F.R.G.S., F.Z.S. Titus Wilson & son, Ltd., Kendal.

Stafleu, F. A. & Cowan, R. S. (1985). Taxonomic Literature. A selective guide to botanical publications and collections with dates, commentaries and types. Vol. (2nd edn). Bohn, Scheltema & Halkema, Utrecht.

Stearn, William T. (1967). Sibthorp, Smith, the Flora Graeca and the Flora Graeca Prodromus. Taxon 16: 168–78.

Swann, Tony (1997). Great Botanical Books. A bookseller's perspective. [Printed version of talk given By Tony Swann at the Natural History Museum, London, 13 October 1997.]

Tanswell, John (1858). The history and antiquities of Lambeth. London.

Taquet, Philippe (2009). Geology beyond the Channel: the beginnings of geohistory in early nineteenth-century France. In: The Making of the Geological Society of London, ed. C. L. E. Lewis & S. J. Knell, pp.155–61. The Geological Society, London.

Thackray, John C. (1985). Separately published prints of fossils in nineteenth century Britain. Arch. Nat. Hist. 12(2): 175–99.

Thornbury, Walter (1878). Old and New London. Vol.1: 32–53. Cited via British History Online website: http://www. british-history.ac.uk (http://www.british-history.ac.uk/report.aspx?compid=45023 Last accessed 27 March 2015.

Thornton, Robert John (1803). Sketch of the Life and Writings of the Late Mr. William Curtis. London.

Torrens, Hugh S. (1997). James Ryan (c.1770–1847) and the problems of introducing Irish 'new technology' to British mines in the early nineteenth century. In: Science and Society in Ireland: The Social Context of Science and Technology in Ireland, 1800–1950, ed. P. J. Bowler & N. Whyte, pp. 67–83. Queen's University of Belfast, Belfast.

Torrens, H. S. (2004a). Mawe, John (1766–1829). Oxford Dictionary of National Biography. Oxford University Press, Oxford.

Torrens, H. S. (2004b). Ryan, James (c.1770–1847). Oxford Dictionary of National Biography. Oxford University Press, Oxford.

Torrens, Hugh S. (2009). Dissenting science: the Quakers among the Founding Fathers. In: The Making of the Geological Society of London ed. C. L. E. Lewis & S. J. Knell, pp. 129–44. Geological Society, London.

Walker, Margot (1988). Sir James Edward Smith M.D., F.R.S., P.L.S. 1759–1828 First President of the Linnean Society of London. Linnean Society, London.

Waller, G. N. H. (2013) Note on James Sowerby and the discovery of Sowerby's beaked whale, Mesoplodon bidens. Arch. Nat. Hist. 40: 270–76.

Wheeler, Alwyne (1974). [See Bibliography entry for 'Editor' (1974)].

Wilson, Wendall E. (1994). The history of Mineral collecting 1530–1799. Mineralogical Record 25(6): 1–243.

Withering, William (1796). An Arrangement of British Plants; according to the latest improvements of the Linnean system to which is prefixed an easy introduction to the study of botany. (3rd. edn.) London.

Withers, Charles, W. J. (2004). Pennant, Thomas (1726–1798). Oxford Dictionary of National Biography. Oxford University Press, Oxford.

Woodward, B. B. (2004). Woodward, Thomas Jenkinson (1745–1820). Oxford Dictionary of National Biography. Oxford University Press, Oxford.

Woodward, Horace B. (1907). The History of the Geological Society of London. Geological Society, London.